Constanze Wimmer

Musikvermittlung im Kontext

Impulse · Strategien · Berufsfelder

ConBrio Fachbuch · Band 17

2010 ConBrio Verlagsgesellschaft

Gedruckt mit freundlicher Unterstützung der
Direktion Kultur des Landes Oberösterreich.

KULTUR

Printed in Germany

Satz: Maria Landl
Produktionsbetreuung und Titelfoto: Dr. Juan Martin Koch
Herstellung: Books on Demand, Norderstedt

CB 1219
ISBN 978-3-940768-19-3
www.conbrio.de

1 Einleitung[1]

Die neuen Berufsfelder der Musikvermittlung entwickeln sich aus der Praxis der Musiker, Musikpädagoginnen, Journalisten und Dramaturginnen. Sie verschmelzen ihre Erfahrungen zu Projekten in vernetzten Arbeitszusammenhängen und im Verlauf von Portfolio-Karrieren. Für manche stellt die Tätigkeit des Musikvermittelns einen integralen Bestandteil ihres Berufs als Musikerin oder als Musikpädagoge dar: moderierte Konzerte oder themenzentrierte Musikschulabende bekommen durch das Augenmerk auf die Kommunikation zwischen Bühne und Publikum eine neue Qualität. Andere entwickeln aus Feldern der Musikvermittlung eigene berufliche Schwerpunkte: Musikvermittlungskonzepte für eine Stadtverwaltung oder ein Orchester können daraus entstehen.

Wenn Musikvermittlung ein aktueller und in der Öffentlichkeit inzwischen breit diskutierter Ansatz ist, um Erfahrungen mit Musik in einem kulturellen Kontext zu machen und dabei Akteure mit unterschiedlichem beruflichem Hintergrund tätig werden, lohnt ein kritischer Blick auf die Impulse, die aus Bildung und Kultur auf Musikvermittlung wirken und auf das Veränderungspotential für das Konzertleben birgt. Die beiden Schlüsselbegriffe Übersetzung und Kontextualisierung stehen für den Prozess des Erschließens von Musik vor dem sich beschleunigenden *Cultural Turn* aller gesellschaftlichen Bereiche und beleuchten dabei besonders die Entwicklungsspielräume, die sich durch die drei Wenden hin zum interpretativen, zum performativen und zum reflexiven Nachdenken über kulturelle Veränderungen eröffnen.

Die Praxis und Reflexion der Musikvermittlung wird nicht zuletzt aufgrund ihres interdisziplinären Zugangs, der Musikpädagogik und Kulturwissenschaften in Beziehung setzt, aus dem Fokus der Cultural Studies betrachtet, die kulturelle Formen, Praktiken und Prozesse einer kritischen Untersuchung unterziehen und ihre kontextuellen Beziehungen zu Machtverhältnissen befragen. Dabei verknüpft die Analyse den Radikalen Kontextualismus, wie ihn Lawrence Grossberg für die Interpretation kultureller Prozesse fordert und das Encoding/Decoding-Modell von Stuart Hall mit Kontextualisierung und Übersetzung im Bereich der Musikvermittlung.

Das zweite Kapitel wirft drei Schlaglichter auf historische Modelle der Musikvermittlung, die alle dem Gedanken der musikalischen Volksbildung verpflichtet sind, diesen aber höchst unterschiedlich umsetzten: Während Hermann Kretzschmar in Volkskonzerten und Einführungsvorträgen ein Ideal anstrebt, musikalische Bildung als stabilisierende Funktion eines Gesellschaftssystems zu verstehen, nutzt der

---

[1] Die Grundlage dieses Buches bildet eine Dissertation am Institut für Musikpädagogik der Universität für Musik und darstellende Kunst Wien.

Nationalsozialismus die volksbildnerische Arbeit mit Laien, um im musikalischen Gemeinschaftsgefühl trügerische Partizipation an einem neuen Staatsgefüge zu suggerieren. Mit Leonard Bernstein findet Musikvermittlung ihr Zentrum in der Musik an sich, die dem Publikum nicht durch biografische Anekdoten zu Komponisten näher gebracht werden soll, sondern durch anspruchsvolle Auseinandersetzung mit musikalischen Strukturen und Zusammenhängen. Dabei entfernt sich Bernstein vom Anspruch, Gesellschaft durch musikalische Bildung zu verändern und konzentriert sich auf seine Rolle als Musiker, der für sein Publikum Musik kontextualisiert und übersetzt.

Musikvermittlung ist ein Teil von Kunst- und Kulturvermittlung und fühlt sich innerhalb deren Positionen beheimatet: das Schaffen von Zugängen zu künstlerischen Ereignissen, die Erweiterung eigener künstlerischer Ausdrucksmöglichkeiten, die Stärkung der kulturellen Kompetenz und die Förderung der Partizipation ist auch das Anliegen der Musikvermittlung, darüber hinaus realisiert sie sich in spezifischen Handlungsfeldern: Im dritten Kapitel wird Musikvermittlung im Konzertleben vorgestellt, die in Form von moderierten Konzerten, inszenierten Konzerten und konzertpädagogischen Workshops gestaltet wird und dabei auf das Live-Erlebnis von Musik im Rahmen einer Konzertaufführung fokussiert bleibt. Musik und Wissensvermittlung richtet das Augenmerk auf Möglichkeiten der vorwiegend sprachlichen und intellektuellen Auseinandersetzung mit dem akustischen Phänomen Musik und meint in diesem Zusammenhang Einführungsvorträge, Kindervorlesungen, Programmhefte, Hörbücher, Radiofeatures, etc., die zwar zu einem Live-Erlebnis von Musik hinführen können, dies aber nicht zur Bedingung haben.

Das vierte Kapitel zeigt das Praxisfeld Musikvermittlung als einen Handlungsspielraum, der sich mittels Impulsen aus der Kulturellen Bildung, der Kulturpolitik und des Kulturmanagements künstlerisch und pädagogisch entfalten kann. Kulturelle Bildung wird als eine Zugangsweise vorgestellt, die den Menschen in die Lage versetzt, sich durch Methoden der ästhetischen Bildung und der Künste zu entwickeln – sie findet innerhalb von Bildungsinstitutionen statt, in Kooperationen zwischen Kultur- und Bildungseinrichtungen oder im informellen Zusammenhang. Diese Aktivitäten geschehen vor dem Hintergrund kulturpolitischer Steuerungsprozesse, die sich aus der „Kultur für alle" - Bewegung der Nachkriegszeit herleiten lassen und inzwischen aktuelle Relevanz im Hinblick auf Publikumsforschung und öffentliche Förderpraxis erhält. Audience Development und Besucherbindung markieren zwei Schlagworte des Kulturmanagements, die Praktiken und Methoden der Musikvermittlung einsetzen, um unterschiedliche Publikumsgruppen für Konzerte zu generieren und in der Folge durch attraktive Angebote als regelmäßige Besucher zu gewinnen.

Das fünfte Kapitel greift zwei Verfahren der Musikvermittlung heraus, die Bedeutungen und Interpretationen von Musik im Sinne von „Kultur als Text" über Zeichen und Symbole erfahrbar machen – Übersetzungsleistungen und Kontextualisierung. Übersetzung wird dabei als Kommunikation in Symbolen verstanden, die die Lesefähigkeit von ästhetischen Ereignissen unterstützt. Musik wirkt als Symbolsprache jenseits gesprochener Sprache und generiert für den Übersetzungsprozess einen „Dritten Raum", in dem Musiker, das Publikum und Vermittlerinnen einen gemeinsamen Aktionsraum herstellen, wodurch kulturelle Differenz erfahrbar wird. Kontextualisierung bildet das kreative und deutende Verfahren, das Musikerinnen und Vermittler anwenden, während sie ihre kulturelle Praxis ausüben. Für die Interpretation dieser beiden Verfahren bieten die Cultural Studies das geeignete Analysewerkzeug, die Kultur immer im Kontext ihrer Akteure, deren Machtbeziehungen und in Bezügen zu kulturellen Phänomen betrachten. Auch das Nachdenken über Musikvermittlung ist davon geprägt, in welchen Kontexten Vermittlungsprozesse stattfinden, welche Symbolisierungen und Bedeutungen der Akteure eine Rolle spielen und welche Machtpositionen dabei verschoben oder neu festgesetzt werden.

Die fünf Beispiele des sechsten Kapitels, die drei Projekte aus dem Praxisfeld „Musikvermittlung im Konzertleben" und zwei Projekte aus dem Praxisfeld „Musik und Wissensvermittlung" vorstellen, werden in ihrer strukturellen, medialen und personalen Kontextualisierung beschrieben und im Sinne der interpretativen Ethnographie erforscht und auf ihren Übersetzungsprozess hin befragt.

Das siebente Kapitel widmet sich den Akteuren, die in der Musikvermittlung und Konzertpädagogik tätig sind. Dabei wird ihr unterschiedlicher beruflich-künstlerischer Hintergrund beschrieben und die aktuellen Möglichkeiten der Aus-, Fort- und Weiterbildung im allgemeinen Bereich der Kulturvermittlung und im speziellen der Musikvermittlung aufgezeigt.

Rudolf-Dieter Kraemer legt den Leserinnen und Lesern seiner Einführung in das Studium der Musikpädagogik ans Herz, dass musikpädagogisches Wissen immer dem Wandel der Zeit unterliegt und sich mit den gesellschaftlichen Bedingungen, Musikanschauungen und pädagogischen Überlegungen beständig ändert. (Kraemer 2007, S. 11)

In diesem Sinn möchte die vorliegende Arbeit einen Beitrag zum aktuellen Diskurs der Musikvermittlung im kulturellen Leben unserer Gesellschaft leisten und aus einer historischen und zeitgenössischen Perspektive Reflexion ermöglichen, die dazu beitragen soll, in der Zukunft neue Fragestellungen und Lösungen herauszufordern.

2   Historische Markierungen

Musikvermittlung als kulturpädagogisches und künstlerisches Praxisfeld, das die Produktion von Musik, deren Rezeption durch das Publikum und die Distribution an unterschiedliche Gruppen von Zuhörerinnen und Zuhörer miteinander in Beziehung bringt, blickt auf eine Geschichte zurück, die als Einleitung in die vorliegende Arbeit lediglich anhand dreier Markierungen aufgezeigt werden kann.

Musikvermittlung stellt das bekannte Zitat Joseph Haydns – „meine Sprache verstehet man durch die ganz Welt" (zit. nach Barbaud 1997, S. 77) – grundsätzlich in Abrede. Joseph Haydn konnte zu seiner Zeit davon ausgehen, dass Musik als Sprache grundsätzlich verstanden wurde. Gegen Ende des 18. Jahrhunderts herrschte noch keine Trennung zwischen Ernster Musik und Unterhaltungsmusik, wie wir sie heute kennen. Haydn schöpfte aus derselben Inspirationsquelle wie die Volksmusik und fand dabei hocharttifizielle Lösungen. Die musikalische Sprache wurde jedoch von allen verstanden.

Heute herrscht beim Publikum oftmals das Bedürfnis, der Aufführung von Musik weitere Kommunikationsmittel oder Texte zur Seite zu stellen. Von der Kontextualisierung der Werke über die Übersetzung in andere Künste bis zur Aneignung durch eigenes Musizieren werden in der Musikvermittlung viele Wege beschritten, für Publikum unterschiedlichen Alters und unterschiedlicher Rezeptions-Erfahrung spezielle Formen des Zuhörens und Erlebens zu schaffen[2]. Den Hintergrund für dieses Handeln bildet häufig das Konstatieren eines Defizits auf Seiten der Zuhörerschaft durch die Akteure des Musikbetriebs, wie dieses beispielsweise Franz Liszt 1881 äußert:

> „Es ist Thatsache, dass gegenwärtig nur wenigen eine gründliche musikalische Bildung zu eigen ist. Die Majorität ignorirt die ersten Elemente der Musik und nichts ist selbst in den höheren Klassen seltener als ein ernstes Studium unserer Meister. Man begnügt sich meistens von Zeit zu Zeit und ohne Wahl unter einer Menge erbärmlichen Zeugs, das den Geschmack verdirbt und das Ohr an kleinliche Armuth gewöhnt, einige gute Werke zu hören." (zit. nach Nolte 2001, S. 51)

Es ist also schwer möglich, eine historische Chronologie im Sinne einer Entwicklungslinie zu zeichnen. Würde die Rechtschreibung und die Wortwahl nicht auf das 19. Jahrhundert deuten, wäre dieselbe inhaltliche Aussage ebenso zu Beginn des 21. Jahrhunderts möglich.

Auch die Ausdifferenzierung des Praxisfeldes „Musikvermittlung" in konzertpädagogische Projekte für Kinder, inszenierte und moderierte Konzertformen für Kinder und Erwachsene oder Formate der Wissensvermittlung wie Einführungsvorträge zu

---

[2] In der vorliegenden Arbeit liegt der Fokus auf Kunstmusik *(Western Classical Music)*, die in Prozessen der Musikvermittlung behandelt wird.

Konzerten oder musikpädagogische Kindervorlesungen lassen keine lineare historische Herleitung zu.

Die vorliegende Arbeit beschäftigt sich mit Musikvermittlung als Übersetzung und
Kontextualisierung von Musik. In diesem Sinne sollen drei Beispiele aus der Geschichte dazu dienen, Markierungen auf dem verästelten Weg zur heutigen Praxis zu
zeichnen, die diese beiden Ansätze verfolgen. Im Versuch, dabei den jeweiligen
kultur- und gesellschaftspolitischen Hintergrund zu skizzieren, mögen diese Beispiele dazu beitragen, das Thema für die gegenwärtige Praxis einzuleiten.

2.1   Praxisorientierte Musikwissenschaft – Hermann Kretzschmar als musikalischer Volkserzieher

> „In Volkskonzerten und Jugendkonzerten, auch wenn sie immer einwandfrei
> angelegt wären, bietet er / der ‚Weg' / sich freilich nicht, denn bei der Musik heißt's
> vor allem: mittun! Wer aber einmal die Glasbläser von Lauscha hat Beethovensche
> Sinfonien spielen, die Volkschöre in Barmen und Heidelberg Händelsche,
> Haydnsche, Bruchsche Oratorien singen hören, der weiß, was geschehen muß.
> Liebhaber und Laienorchester … brauchen wir und zwar über das ganze Land hin,
> bis in die kleinen Städte hinein." (Hermann Kretzschmar, zit. bei Sommer
> 1985, S. 65)[3]

Hermann Kretzschmar (1848–1924) gilt in der Geschichte der Musikwissenschaft als
Begründer der musikalischen Hermeneutik. Für die Musikpädagogik gilt sein Beitrag
zu den Reformen der Schulmusik zu Beginn des 20. Jahrhunderts als wegweisend. In
seinem Wirken strebte Kretzschmar stets eine Einheit von Theorie und Praxis an, die
sich in seinen Tätigkeiten als Musikwissenschaftler, Volkserzieher, Bildungsreformer
und Künstler ausdrückte.

Kretzschmars Musikbegriff beruft sich auf das Ideal der griechischen Antike, indem
er zwei aufeinander bezogene Grundgedanken aufstellt: das ethische Moment der
Musik und die Definition der Musik als Sprache. Kretzschmar ist davon überzeugt,
dass jede Musik dazu in der Lage ist, auf den Menschen positiv oder negativ einzu-
wirken – er findet, dass Musik

> „…Gemüt und Phantasie erheben oder erniedrigen, klären oder verwirren, den
> Willen stimmen oder verstimmen, stärken oder schwächen, den Charakter adeln
> oder verderben kann." (Kretzschmar, zit. bei Sommer 1985, S. 53)

In dieser Auffassung liegen seine pädagogischen Anliegen begründet, wenn er
Musikwerke nach ihrem sittlichen Gehalt beurteilt. Seine Interpretationsmethode

---

[3] Jedes nun folgende Kapitel beginnt mit einem längeren Zitat, das durch die umfassende Wiedergabe in
die Denkweise der Protagonistinnen und Protagonisten bzw. Zeitspannen einführen möchte.

von Musik stützt sich darauf, dass er Musik als eine Art von Sprache versteht, die einen konkreten oder symbolischen Inhalt hat, der in Wortsprache übersetzt werden kann. Er wendet sich damit deutlich gegen die Auffassung, dass Musik „tönend bewegte Form" sei, weil diese darauf verzichtet, nach geistigen Elementen in der Musik zu suchen. (Sommer 1985, S. 53f.)

Kretzschmars Vorstellung einer Einheit von musikwissenschaftlicher Theorie und Musik-Praxis, die er als Dirigent, als Autor eines Konzertführers und in seinen pädagogischen Bestrebungen lebte, verbindet als geistiger Hintergrund der Wunsch nach Volkserziehung. Diesem Wunsch liegt nicht so sehr die Humboldtsche Idee einer allgemeinen Bildung zugrunde als vielmehr ein enzyklopädischer Begriff von Bildung. Kretzschmar sucht nicht nach individueller Selbstverwirklichung durch Bildung sondern ein Ideal, das in der sittlichen Erziehung des Volkes stabilisierende Funktionen für das gesamte Gesellschaftssystem beinhaltet. Wenn Kretzschmar zwischen dienender Musik, die sich außermusikalischen Zwecken unterordnet und freier Musik, die von allen äußeren Interessen gelöst rein und allein wirkt, unterscheidet, kommt dabei auch seine Sicht auf die Gesellschaft zum Tragen: dienende Musik transportiert ethischsittliche Werte für alle, freie Musik kommt in erster Linie den gebildeten Schichten in Form von Kunstmusik zu Gute. (Sommer 1985, S. 81ff.)

Im Gefolge der Kunsterzieherbewegung zu Beginn des 20. Jahrhunderts stehen einander zwei kulturpolitische Lager gegenüber: einerseits die Anhänger eines aristokratischen Standpunktes, die höheres Kunstverständnis als Vorrecht weniger sehen, die aufgrund ihrer Bildung in der Lage sind, Kunst sowie Künstlerinnen und Künstler zu würdigen und zu unterstützen. Ihnen treten die demokratischen Kunstsinnigen entgegen, die die Auffassung vertreten, dass sich jegliche Kunst an das Volk wenden müsse, und dass jeder das Recht auf Kunst und künstlerischen Genuss habe. Beide Lager konstatieren einen Bruch im Kunstverständnis und mit ihm einhergehend einen Riss zwischen den oberen und den unteren Klassen. (Pfeffer 1992, S. 158ff.)

> „Die ganze Zukunft der Musikpflege ruht auf der Empfänglichkeit und der Verständnisfähigkeit unserer Jugend, und wie die Jugend vorbereitet wird, an ihr einst Theil zu nehmen, davon hängt das ganze Schicksal der deutschen Musik ab." (Kretzschmar, zit. bei Pfeffer 1992, S. 231f.)

Musikpflege im Verständnis Hermann Kretzschmars dient der Fundierung des öffentlichen Musikverständnisses. Dabei sieht er um die Jahrhundertwende des 19. zum 20. Jahrhundert neben der Reform des schulischen Musikunterrichts noch weitere wichtige Veränderungen im Musikleben als notwendig: die Musikpflege sei nun nicht mehr als Gemeindeangelegenheit eingestuft, das Agentenwesen hält er für eine entscheidende organisatorische Fehlentwicklung und wünscht sich eine zentrale Stelle zur Vermittlung von Solistinnen und Solisten, die allein künstlerischen Interessen folgt. Daneben sollte das Aufleben teils historischer Institutionen wie Stadtpfeifereien, collegia musica oder Chören dazu beitragen, die Dilettantinnen und Dilettanten wieder stärker in der Öffentlichkeit zu positionieren. Reisende Gesangsquartette, Wanderopern und reisende Konzertorchester sollten die musikalische Unterversorgung des Landes gegenüber der Stadt ausgleichen. (Pfeffer 1992, S. 231–234)

Hermann Kretzschmar und Kollegen wie Alfred Heuß oder Richard Noatzsch plädierten darüber hinaus für pädagogisch aufgebaute Volkskonzertzyklen. Der Abonnementgedanke sollte zusätzlich gewährleisten, dass sich das Publikum an den regelmäßigen Genuss von guter Musik gewöhnen sollte, „da öfteres Musikhören das wichtigste Mittel zu einem ordentlichen Musikverständnis ist." (Alfred Heuß, zit. bei Pfeffer 1992, S. 163)

Hinsichtlich der Programmwahl liegt das Schwergewicht auf den Symphonien der Klassiker Haydn, Mozart und Beethoven und kleineren Werken wie Divertimenti oder Tanzsuiten. Romantische Orchestermusik wird in diesem Zusammenhang häufig abgelehnt, da man davon ausgeht, dass „das Volk" klare Vorstellungen liebe und die Werke der Klassiker viel näher am Volksliedgut beheimatet seien.

Schon damals ist man sich darüber uneinig, wie die Präsentation dieser Volkskonzerte gestaltet werden solle. Während sich manche dagegen verwehren, in oder vor die Konzerte allgemein verständliche Vorträge zu integrieren und dafür eintreten, dass die Werke aus sich heraus wirken sollen, sieht Richard Noatzsch darin einen Beweis, dass im Grunde kein Wert darauf gelegt würde, das Publikum zu erziehen – Wirkungen von Musik könnten sich erst einstellen, wenn ein mögliches Verstehen durch Bildung voraus gegangen sei. Mit Alfred Heuß tritt er dafür ein, kurze und prägnante Vorträge den Konzerten voran zu stellen, die alle Gelehrsamkeit vermeiden und stattdessen poetische Vorstellungen bei den Zuhörerinnen und Zuhörer wecken sollten.

Hermann Kretzschmar geht davon aus, dass das Volk Kunst nicht in Museen, Galerien oder Konzertsälen kennen lernt, sondern als dienende Kunst in der Kirche, auf öffentlichen Plätzen, während der Arbeit. Die damals beliebten Tafelmusiken oder Gartenkonzerte sollten nicht gering geschätzt werden, sondern im Gegenteil als Schlüssel zum Kontakt mit einfacheren Publikumsschichten gesehen werden. Vor allem Aufführungen im Freien hält er für besonders natürliche Formen der Volkskonzerte. Dabei sollte das Publikum so oft wie möglich in die Lage versetzt werden, selbst an der Gestaltung der Musik teilzunehmen, weil von den großen Werken „die das meiste [hätten], die selbst mitspielen und mitsingen." (Kretzschmar, zit. bei Pfeffer 1992, S. 245)

Seine eigenen Konzertzyklen in Rostock in den 80er Jahren des 19. Jahrhunderts programmiert er als historische Konzerte in einem zyklischen Aufbau und in einer Verflechtung von Konzert und Kommentar. Zusätzlich verfasst Kretzschmar Einführungen, die er entweder in der Tagespresse oder in den jeweiligen Programmheften veröffentlicht – diese Texte sollten ihm später als Grundlage für seinen Konzertführer dienen.

2.2 Volksbildung im NS-Staat – Musikvermittlung in einem totalitären Weltbild

„Ist es etwa wertvoller, von Berufsmusikern sich ein kompliziertes Werk nur vorspielen zu lassen, oder an einem schlichteren (aber nicht seichteren!) Werke selbst mitwirken zu können? Welche Stadt macht hier den Anfang und lädt alle Laien ein zum Mitspielen, wenn es sich um eine besondere Angelegenheit handelt? Was könnte das für einen Auftrieb zum Weiterstreben bedeuten, welche großen seelischen Erlebnisse würden den Mitmusizierenden entstehen, die nun merken würden: ‚Wir stehen nicht mehr außerhalb der (offiziellen) Musik, wir werden nicht mehr als unlautere Konkurrenz bekämpft, wir gehören dazu, wir sind auch in der Musik ein Volk!'… Wir haben das ‚Volkssingen', aber ob das ‚Volksmusizieren' jemals kommen wird? Aber das könnte die Rettung des Konzertes werden." (Karl Schüler: Konzert und Volkstum, in: Magdeburgische Zeitung vom 20.2.1934, zit. nach Wulf 1983; 1966, S. 278f.)

Partizipation, die nicht zur Emanzipation des Individuums in einer demokratischen Gesellschaft, sondern zum Zusammenwachsen einer Gemeinschaft durch kollektives Musizieren führen soll – als musikpädagogische und kulturpolitische Vision eines enthusiastischen Volksbildners eine Fußnote zu Beginn einer weltpolitischen Katastrophe, die der Nationalsozialismus zu verantworten hatte.
Der Nationalsozialismus schlägt den Weg der musikalischen Breitenbildung gezielt ein, um die von ihm propagierte Ästhetik möglichst breit zu verankern. Die straffe Organisation aller Bereiche in einem totalitären Staat und die Präzision der Verwaltungsarbeit ermöglichen das Sammeln künstlerischer und pädagogischer Kräfte, die auf ein gemeinsames Ziel ausgerichtet werden sollten. Neben Bildungs-Strategien, die die „völkische" Musikerziehung sowohl im Schulwesen als auch in der außerschulischen Hitler-Jugend (HJ) sichern sollten[4], kommt der musikalischen Erwachsenenbildung eine nicht unbeträchtliche Rolle zu, da Musik als aussichtsreiches Feld für die Selbstbestätigung und das Erfolgserlebnis einerseits und andererseits für die Bindung des jungen Volkes an Nation und Staat gilt.
1933 gibt es in Deutschland acht Jugend- bzw. Volksmusikschulen, 1940 bereits 160 Musikschulen, die ideologisch der HJ unterstellt sind. Eigene Spielscharen der

---

[4] „Erst in der Einheit von Musikschaffen und Weltanschauung empfängt diese Kunst ihren Wesenscharakter als sichtbaren Ausdruck des Dritten Reiches. Damit wird sie zur Kämpferin für die nationalsozialistische Idee, deren Geist von der HJ immer neu entfacht wird." (Der Referent für Musik in der Reichsjugendführung Johannes Günther, zit. nach Prieberg 1982, S. 243).

Hitlerjugend entwickeln neue Formen der Laien-Musikpädagogik. Ein eigener „Veranstaltungsring der Hitler-Jugend" wird gegründet, damit die Spielscharen mit einem festen Stamm an Zuhörerinnen und Zuhörern rechnen können. Im Rahmen dieser Publikumserziehung finden auch Einführungsvorträge vor den Konzerten und Moderationen durch die Dirigenten oder Mitarbeiter der HJ statt. Die Spielscharen treten dabei häufig vor oder nach regulären Konzerten der Stadt auf.

Die musikalische Erwachsenenbildung ist überwiegend dem Verband „Kraft durch Freude" zugeordnet:

> „Fröhliche Musikübung ist eine der Kernaufgaben der NS-Gemeinschaft, Kraft durch Freude'. Als besondere Verpflichtung gilt dem Deutschen Volksbildungswerk die Neugestaltung der Volksmusikerziehung." (Goslich o.J., o.S.)

Die musikalische Volksbildung soll an Volksbildungsstätten, Musikschulen und in Arbeitskreisen dafür sorgen, dass Laien in die Lage versetzt werden, einerseits selbst Hausmusik zu betreiben und andererseits Verständnis für die ausgewählten „Meisterwerke der Tonkunst" zu entwickeln. In der musikalischen Laienarbeit stehen – neben der musikalischen Brauchtumspflege – besonders die Werke des Barock und des Frühklassizismus im Mittelpunkt:

> „Ihr Schaffen [aus dem Brauchtum] findet willkommene Ergänzung durch die Sing- und Spielmusik der Vergangenheit, insbesondere aus der Zeit des musikalischen Barock und des Frühklassizismus mit ihrer, unserem Musikideal in wesentlichen Zügen so verwandten Ausdrucksgebung." (Goslich o.J., S. 13)

Einführungsvorträge werden als wichtiges Instrument volkbildnerischer Arbeit angesehen. Vergleichbar mit dem pädagogischen Impetus der Jugendbewegung wollen die nationalsozialistischen Volksbildner, dass ein

> „…neuer und lebendiger Geist auch die althergebrachte Form des Vortrages durchdringen, verändern und neu gestalten [möge]. Unkonventionelle Frische und – man verstehe recht – nicht traditionsbeschwerte Unmittelbarkeit sind grundlegende Voraussetzungen für die Wirkungskraft des Vortrags…" (Goslich, S. 78)

Doch es gibt auch Volksbildner, die nicht nur „frisch" und „lebendig" über Werke der klassischen Musik zu erzählen wissen. Ganz konkret werden sie vom Verband „Kraft durch Freude" daran erinnert, dass „am praktischen Beispiel Wesenszüge der weltanschaulichen Haltung in der Musik abgeleitet werden können." Aufgezählt werden bspw. folgende „erprobte" Themen:

- Musik als Ausdruck völkischer Wesensart
- Musik als Ausdruck von Volk und Rasse
- Musik im nordischen Kulturraum

- Nordische Dichtung, Musik und Malerei
- Musik bei den Germanen
- Deutsche Musik als Ausdruck deutscher Volksseele
- J.S. Bach als Künder deutscher Seele, etc. (Goslich o.J., S. 83)

Auch in den Betrieben wird durch den Verband „Kraft durch Freude" dafür gesorgt, dass das nationalsozialistische Gemeinschaftsleben eine „Verwurzelung unserer Weltanschauung im völkischen Brauchtum" (Goslich o.J., S. 88) unterstützt. Singgemeinschaften, Spielkreise für Musik, Bläserkameradschaften, Spielmannszüge und Werkorchester bilden die Grundlage, auf der sich Visionen vom kollektiven Volksmusizieren entfalten können.

2.3 Konzerte für junge Leute – Musikvermittlung im Konzertsaal und im Fernsehen

„Es drängt uns zu erklären, zu begreifen, zu rechtfertigen, zu analysieren, zu begrenzen, zu beschreiben. Und dazu kommt nun noch jener große Drang, Musik zu ‚verkaufen', wie er sich während der zwei letzten Jahrhunderte durch eine Umformung der Musik zur Musikindustrie gebildet hat. Plötzlich gibt es Massenmärkte, eine riesige Schallplattenindustrie, berufliche Karrieren, bürgerliche Konkurrenz und Handelskammern für Musik. So entstand jene Form der Unterweisung und Erklärung, die man mit ‚Musikverständnis' bezeichnet hat, was Virgil Thomson einmal treffend mit ‚Musikverständnis-Betriebsmacherei' verdeutlicht. Und tatsächlich handelt es sich dabei in der Hauptsache um oberflächliche und kommerzielle ‚Mache'. Jedes Mittel ist recht, Musik zu verkaufen: Verführung, Sprödigkeit, Schmeichelei, Vereinfachung, unterhaltende Belanglosigkeit und großartiges Gerede. Um das Geschäft mit der Musik in Schwung zu halten, ist ‚Musikverständnis' selbst zu einem Geschäft geworden. Und der nächste Schritt würde zu einem weiteren Parasitismus führen – dem ‚Musikverständnis-Verständnis'. (Bernstein 1963, S 11f.)

Leonard Bernstein ist uns in zahlreichen Fernseh-Dokumentationen und Büchern als begnadeter Künstler-Pädagoge gegenwärtig, der durch seine vielseitige Begabung als Instrumentalist, Dirigent, Komponist, Moderator und Schriftsteller fasziniert. Er nutzt die Medien der Zeit, um interessierte Musikhörerinnen und -hörer zu erreichen und sie zu verständnisvollen Musikliebhaberinnen und -liebhabern zu machen. Aus dem heute vorliegenden Material ist ersichtlich, dass sein Engagement kein Kulturpolitisches im Sinne der Volkserziehung war. Seinen Bemühungen liegt weniger ein Ziel der „Kultur für alle" zu Grunde, vielmehr sieht sich Bernstein selbst als Mittler von musikalischen Prinzipien und Bedeutungen, die rein aus der Kunst heraus verstanden werden sollen und richtet sich dabei an ein bereits gebildetes

Publikum, das tiefer in die Rezeption eintauchen bzw. seinen Kindern von früher Jugend an Zugänge verschaffen will.

Zwischen 1958 und 1972 finden mit den New Yorker Philharmonikern und Leonard Bernstein die inzwischen legendären „Young People's Concerts" statt, die ebenso wie Bernsteins Musikvermittlungs-Sendungen für Erwachsene nicht nur im Konzertsaal präsentiert, sondern zusätzlich vom amerikanischen Fernsehen ausgestrahlt werden. Die Konzerte sind für ein Publikum von acht bis achtzehn Jahren konzipiert, dauern eine Stunde und bringen Bernsteins Anliegen, Musik ohne „lauschige Geschichten über große Komponisten" (Bernstein 1963, S. 12) zu erklären und Wege der Vermittlung zu finden, die nicht „die Aufmerksamkeit des Zuhörers von der Musik ablenken," (ebda) zum Ausdruck. Gleich in seiner ersten Konzertmoderation, die auch in Buchform abgedruckt ist, richtet er einen diesbezüglichen Appell an seine jungen Zuhörerinnen und Zuhörer:

> „Ganz gleich, was für Geschichten die Leute euch über die Musik erzählen, vergesst sie. Geschichten können Musik nicht erklären. Musik ist einfach da. Sie besteht aus vielen schönen Noten und Klängen, die so zusammengefügt sind, dass wir Freude daran haben sie zu hören." (Bernstein 1999, S. 15).

Von den insgesamt 53 verschiedenen Konzertprogrammen kann man 13 auch schriftlich nachlesen. Ihre Thematik reicht von Humor in der Musik über Instrumentation bis zu den Intervallen. Auch vor schwierigen Kapiteln der musikalischen Formenlehre wie der Sonatensatzform schreckt er in seinen Präsentationen nicht zurück und findet in der Kombination aus einer durchaus anspruchsvollen Sprache[5], die Fachbegriffe, Fremdworte und Substantivierungen wie die nähere Beschreibung der Sonatensatzform als „Ausgewogenheit durch die dreiteilige Form und die aufregende Gegenüberstellung von kontrastierenden Themen" (Bernstein 1999, S. 203) nicht scheut und Musikbeispiele mit Orchester und Klavier zu äußerst anschaulichen Erklärungen für sein jugendliches Publikum verdichtet.

Leonard Bernstein ist weit davon entfernt, eine elitäre oder bildungsbürgerliche Attitüde einzunehmen oder zu unterstützen. Ganz im Gegenteil: Hector Berlioz' „Symphonie fantastique" beschreibt er in einer Moderation als die erste Drogenrausch-Symphonie der Musikgeschichte und vergleicht sie mit einem bewusstseinserweiternden Trip der Beatles (Bernstein 1999, S. 275). Er sucht nach Berührungspunkten zur Gegenwart und zur unmittelbaren Lebensrealität seiner Zuhörerinnen und Zuhörer, wenn er eine Fernsehsendung für Erwachsene mit dem Titel „Einführung in die moderne Musik" 1957 mit der atmosphärischen Schilderung einer Alltagssituation des Musikhörens beginnt, die den Hörer mit Bier und Zigarette im

---

[5] Die Altersgruppe 8 bis 18 scheint für die heutige Praxis der Musikvermittlung generell zu weit gefasst. In den diversen Buchkatalogen wird die Buchfassung „Konzert für junge Leute" für Jugendliche ab 12 empfohlen, was mit der gewählten Sprache und dem Inhalt der Moderationen weit besser übereinstimmt.

Lehnsessel erwartungsvoll auf Musik zur Entspannung warten lässt: „Und jetzt die Musik [„Lied der Nachtigall" von Igor Strawinsky]. Laufen Sie jetzt nicht stöhnend weg: ‚Verrückte moderne Musik.' Sie beisst nicht." (Bernstein 1963, S. 170f.)

Er macht deutlich, dass er sein Publikum in seiner Befindlichkeit Ernst nimmt, sich deren Perspektive zu eigen machen kann – aber es bleibt die Perspektive eines kulturell aufgeschlossenen Publikums, das noch mehr erfahren möchte und sich von einem charismatischen Vermittler zu neuen Hörerfahrungen leiten lassen möchte.

Mit seinen „Young People's Concerts" begründet und prägt er das Engagement des New York Philharmonic Orchestras, das heute gemeinsam mit der Carnegie Hall Amerikas eine der avanciertesten Musikvermittlungs-Abteilungen aufgebaut hat und mit seinen pädagogischen Programmen heute vor allem Kinder und Jugendliche aus bildungsfernen Schichten erreichen möchte.

3   Musikvermittlung als Teil der Kunst- und Kulturvermittlung

Kunst- und Kulturvermittlung bezeichnet im deutschen Sprachraum ein Praxisfeld, das kommunikative und „kunsthafte"[6] Wege zwischen künstlerischer Produktion und deren Rezeption sowie die eigene künstlerische und kulturelle Ausdrucks- fähigkeit von Menschen fördern möchte.

> „Kulturvermittlung ... meint nicht die einseitige Belehrung der Nicht-Wissenden, sondern stellt Bezüge her, vermittelt Begegnungen zwischen Kunst und Rezipient und versucht, eigene kulturelle Aktivitäten der Rezipienten anzuregen." (Mandel 2008, S. 21)

Kunst- und Kulturvermittlung kristallisiert sich während der „Kultur für alle"- Bestrebungen der 70er Jahre als neues Arbeitsfeld heraus, das zwar auf Traditionen von kulturpädagogischen Zugängen aufbaut, in der Begriffsdefinition und im Berufsbild aber neue Wege beschreitet. Ebenso wie sich die gesellschaftlichen Bedingungen ändern, in denen Kunst und Kultur stattfinden, stellen sich auch die persönlichen und professionellen Hintergründe der heutigen Kulturvermittlerinnen und -vermittler so vielfältig und sich stetig anpassend dar wie das Feld, in dem sie arbeiten.

Mit der Etablierung des Berufsfeldes sehen sich Kulturvermittlerinnen und - vermittler gleichzeitig mit Kritik an ihrer Tätigkeit konfrontiert: Die Publizistin und ehemalige Kultursenatorin von Berlin Adrienne Goehler sieht Kulturvermittlung in einer Reihe mit einem „Heiratsvermittler, Arbeitsvermittler, Kulturvermittler, ..." (Goehler 2008, S. 75) und vermisst in ihrer Beschreibung von Kulturvermittlung die Leidenschaft, die von der Kunst aus denkt. Stattdessen nimmt sie einen Geruch nach „Didaktik und Serviceleistung" (ebd.) wahr und sucht nach einem neuen Namen für das, was sie Übersetzung unterschiedlicher kultureller Praktiken und Lebensweisen nennt, bzw. die Animation zur Partizipation in allen gesellschaftlichen und kulturel- len Bereichen. Sobald Kunst- und Kulturvermittlung den Lernort Schule verlässt und an allgemein zugänglichen Orten der Kunst und Kultur stattfindet, muss sie ihre pädagogischen und künstlerischen Herangehensweisen immer wieder neu klären.

3.1   Was ist Kunst- und Kulturvermittlung?

In Österreich ist der Begriff „Kulturvermittlung" bis heute stark mit der Tätigkeit der Museumspädagogik verknüpft, was mit der spezifisch österreichischen Entwicklung des Berufsfeldes zu tun hat. In diesem Zusammenhang unterscheidet der österrei- chische Eintrag zum Begriff „KulturvermittlerIn" des „European Glossary on Arts

---

[6] Vgl. Maset 2006a, o.S. im Kapitel 3.2. Ästhetische Operationen – Künstlerische Kunstvermittlung

and Cultural Education"[7] Museumspädagoginnen von Kulturvermittlern insofern, als sich erstere an Schulklassen wenden, während Kulturvermittlerinnen und -vermittler mit allen Altersstufen zusammen arbeiten:

> „Ein/e Kulturvermittler/in initiiert und gestaltet Kommunikationsprozesse zwischen BesucherInnen und Kultureinrichtung. Sie/er unterstützt BesucherInnen dabei, kulturelle Objekte und Prozesse in ihrer künstlerischen, kulturellen, historischen und gesellschaftlichen Dimension zu erschließen, indem er/sie zu intellektueller Reflexion, emotionaler und kreativer Auseinandersetzung mit dem Werk anregt. KulturvermittlerInnen arbeiten selbstständig (freiberuflich) oder angestellt in Museen und anderen Kultureinrichtungen. Zielgruppen ihrer Vermittlungsarbeit sind Menschen aller Altersstufen und aller sozialen und kulturellen Schichten,"

heißt es weiter in diesem Glossary. Die Verortung des Arbeitsfeldes „Museen und andere Kultureinrichtungen" verweist noch einmal deutlich auf die Genese der Bezeichnung in Österreich. Bereits 1991 wurde hier ein eigener Berufsverband für KulturvermittlerInnen[8] gegründet, der ca. 100 Mitglieder umfasst. Elisabeth Ihrenberger veröffentlicht 2007 eine Übersicht zu den Ausbildungswegen der Kunst- und Kulturvermittlerinnen, die in den Kunstvermittlungsabteilungen der österreichischen Museen beschäftigt sind. Von 100 befragten Kunst- und Kulturvermittlerinnen haben 45% das Studium Kunstgeschichte absolviert, die anderen haben Geschichte, Philosophie, Literaturwissenschaften, Germanistik, Volkskunde, Betriebswirtschaft oder Sprachen studiert. Gut ein Drittel von ihnen verfügt auch über eine pädagogische Ausbildung, z.B. das Studium Kunstpädagogik oder die Ausbildung zur Kindergartenpädagogik. Ebenso finden sich in diesem Bereich bildende Künstlerinnen und Künstler.

Auch wenn in Österreich der Fokus für den Begriff „Kulturvermittlung" noch eng auf dem Arbeitsgebiet der Kunstvermittlung im Museum liegt, weisen die Ergebnisse dieser Studie doch Relevanz für die Entwicklung des Praxisfeldes auf, weil sie ebenso unmittelbar auf die Tätigkeit der Musikvermittlung bzw. andere Felder der Kulturvermittlung anzuwenden sind:

- Mehr als ein Drittel hat mehrere Ausbildungen absolviert, um sich durch ein breiteres Fachspektrum auszuweisen.
- Die Kombination von kunstspezifischem Fachwissen mit pädagogischen, organisatorischen und ökonomischen Fähigkeiten ebnet den Weg in dieses Berufsfeld.
- Bis heute gibt es kein definiertes „Curriculum" der Kulturvermittlung – für die Kunstvermittlerinnen und -vermittler stellt das Fachwissen über die Geschichte der Bildenden Kunst und ihre historischen und geistesgeschichtli-

---

[7] http://www.cultuurnetwerk.nl/glossary/ge/term.asp?termid=142 [28.7.2008]
[8] http://www.kulturvermittlerinnen.at [28.7.2008]

chen Zusammenhänge die Grundlage dar, ebenso wie eine visuelle Schulung der Kunstgeschichte und das Erlernen des wissenschaftlichen Arbeitens.

- Eine fachspezifische Zusatzausbildung können in dieser Befragung nur 7% vorweisen. Derzeit gibt es für diesen Sektor zwei Ausbildungsangebote den postgradualen Universitätslehrgang „ECM – Exhibition and Cultural Communication Management" an der Universität für angewandte Kunst und den Zertifikatskurs „Kunst- und Kulturvermittlung" des Instituts für Kulturkonzepte. Ebenso bieten die Pädagogischen Hochschulen nun zahlreiche Lehrgänge zum Bereich Kulturvermittlung an. [9] (Ihrenberger 2007, S. 49–53]

Im Bundesland Niederösterreich erscheint regelmäßig ein Überblick zu Kulturvermittlungsangeboten [10] für Schulen. Zu Beginn jeder neuen Saison fassen die Niederösterreichischen Kulturinstitutionen vom Archäologischen Park Carnuntum über den Klangturm St. Pölten, die Kunsthalle Krems und die Tonkünstler Niederösterreich ihre Vermittlungsangebote zusammen. Im Vorwort spricht Hermann Helm, Amtsführender Präsident des Landesschulrates für Niederösterreich von „ästhetischer Intelligenz" [11], die durch Kunst und Kultur gefördert würde. Wichtig ist ihm dabei die Auseinandersetzung der Kinder und Jugendlichen mit allen Sparten der Kultur, die er als Museen, Medienwerkstätten, Theater, Festivals und Ausstellungen auflistet und als Bildungsanbieter für die Persönlichkeitsentwicklung identifiziert. Tatsächlich bieten die Kulturvermittlungsangebote aus Niederösterreich einen für Österreich verallgemeinerbaren Überblick zum Verständnis von Kulturvermittlung, die in erster Linie Schulen und in jüngster Zeit auch Kindergärten als Zielgruppe anspricht und Kultur vor allem als Ausdruck künstlerischer Produktion versteht:

- Interaktive Führungen durch Museen
- Tanz-, Musik- und Theaterworkshops und Werkstätten für Bildende Kunst
- Einführungen vor Theater-, Konzert-, Tanz- oder Opernaufführungen

Die Universität Hildesheim (D) hat die Entwicklungen der Kulturvermittlung in ihrem Ausbildungsangebot für Studierende von Beginn an begleitet: von der Einführung ihres grundständigen Studiengangs „Kulturpädagogik" Ende der 70er Jahre bis zur Umbenennung in „Kulturwissenschaften und Ästhetische Praxis" zu Beginn des 21. Jahrhunderts haben die Lehrenden und Studierenden der Universität das Berufsfeld Kulturvermittlung mit reflexiven und kritischen Überlegungen bereichert – deswegen mögen an dieser Stelle Postulate von Birgit Mandel, die in Hildesheim den Fachbereich prägend gestaltet, die Überschriften für Überlegungen zur Vermittlung

---

[9] http://www.kulturvermittlerinnen.at [28.7.2008]
[10] Vgl. Förderverein Kulturbezirk St. Pölten (Hg.): Kulturvermittlung Niederösterreich 2007/2008 St. Pölten: Stiepan Druck GmbH.
[11] Ebda., S. 3

zwischen Produktion und Rezeption bilden. Mandels Einschätzung ist deutlich vom Kulturmanagement her orientiert, was in ökonomischen Formulierungen immer wieder zum Ausdruck kommt. Darüber hinaus strebt sie überzeugend die Verfestigung eines Konzepts von Kulturvermittlung an, das sowohl von Kultursoziologie, Kulturpolitik, den Kunstwissenschaften, der Kulturpädagogik und dem Kulturmanagement getragen wird und sich dessen bewusst ist, dass die Ausklammerung von einem dieser Aspekte zu einer verkürzten Sicht auf das Praxisfeld führt.

1) Kunstvermittlung schafft Zugänge zu künstlerischen Ereignissen
Kunstvermittlung, die Zugänge zu künstlerischen Ereignissen schaffen möchte, wird vorwiegend an traditionellen Orten der Hochkultur wie Museen, Theatern, Konzert- oder Opernhäusern angeboten. Beheimatet in der Dramaturgie, der Öffentlichkeitsarbeit oder eigenen Abteilungen für Kunstvermittlung, werden Projekte oder regelmäßige Reihen gestaltet, die das Saison-Programm bzw. den Spielplan des Hauses begleiten. Im Vordergrund steht das Kunstwerk, das Stück oder die Komposition. Kunstvermittler, Musikvermittlerinnen oder Theaterpädagogen suchen nach Wegen, die die künstlerische Aussage, den kulturellen Zusammenhang oder kunsthistorische Entwicklungen erhellen oder erschließen. In Form von Führungen, Vorträgen, Workshops oder Moderationen führen klassische Wege der kulturellen Bildung oder experimentelle Versuche zur künstlerischen Wahrnehmung zu den Artefakten der Kunst. Sie tragen dabei der Tatsache Rechnung, dass Kunst eine jeweils eigene Kommunikationsform wählt, die sich nicht allen Rezipientinnen und Rezipienten unmittelbar erschließt. In diesem Sinne wird Kunstvermittlung als kommunikative Übersetzungsleistung betrachtet, um Menschen Bezüge, Assoziationen oder kunstwissenschaftliche Informationen an die Hand zu geben, um die Möglichkeiten der Auseinandersetzung mit dem Kunstwerk vielfältiger zu machen.

2) Kunstvermittlung erweitert künstlerische Ausdrucksmöglichkeiten
Dieser Schwerpunkt der Kunstvermittlung findet vorrangig an Musikschulen, Kunstschulen und Volkshochschulen statt. Durch eigenes künstlerisches Tun am Instrument, in den Sparten der Bildenden Kunst oder im Laientheater werden Fähigkeiten geschult, die die eigenen künstlerischen Ausdrucksmöglichkeiten stärken.

3) Kunstvermittlung stärkt kulturelle Kompetenz
In diesem Feld ist vorrangig die Kulturpädagogik beheimatet, die sich der kulturellen Bildung und der Stärkung von Lebenskunst verpflichtet fühlt. In den 70er Jahren des 20. Jahrhunderts geprägt, steht in der Kulturpädagogik generell die Selbstbildung im Vordergrund, die durch künstlerische Prozesse initiiert werden kann.

4) Kunstvermittlung fördert Partizipation

Partizipative Formen der Kunstvermittlung unterstützen Konzepte der Sozio- und Alltagskultur, die zur Teilhabe am gesellschaftlichen und kulturellen Leben anregen möchten. Gesellschaftliche Gruppen wie Frauen, Migranten oder Bewohnerinnen eines Stadtteils werden ermutigt, ihre Umgebung aktiv mitzugestalten und Aufmerksamkeit herzustellen. (Mandel 2008, S. 17–72).

Partizipation kann sich dabei in unterschiedlicher Intensität verwirklichen: Informiert werden, Mitreden, Mitentscheiden, Mitgestalten, Selbst Gestalten. Gabriele Stöger versucht diesen Stufenschritt folgendermaßen zu erläutern: als Voraussetzung zur Partizipation ist die Information zur kulturellen Teilhabe unerlässlich. Erst wenn bekannt ist, welche Möglichkeiten existieren, können diese auch genutzt werden. Sobald sich Gelegenheiten des Mitredens eröffnen, wird das Kommentieren von kulturellen Prozessen machbar und sobald sich Menschen für oder gegen die Teilnahme daran entscheiden, sind sie davor nach ihren Bedürfnissen gefragt worden. Die beiden letzten Stufen der Partizipation sind erreicht, wenn Beteiligte aktiv mitgestalten oder selbst gestalten können. [12]

3.2 Ästhetische Operationen – Künstlerische Kunstvermittlung

> „Die Kunstvermittlung ist mit der Entstehung einer künstlerischen Kunstvermittlung insgesamt in eine neue Ära getreten. Sie ist nicht mehr als eine reine Service-Anwendung für Werke zuständig und diesen untergeordnet, sondern kann im günstigsten Falle selbst kunsthafte Züge entwickeln." (Maset 2006a, o.S.)

Mit dieser deutlichen Positionierung sieht der deutsche Kunstwissenschaftler Pierangelo Maset künstlerische Kunstvermittlung als neues Paradigma im Gegensatz zur Kunstvermittlung und Kulturpädagogik. Während Kulturpädagogik aus seiner Sicht Kunst aus pädagogischen Intentionen heraus instrumentalisiert und im Rahmen eines Schulgegenstandes Lernmöglichkeiten bietet, um künstlerische Parameter wie Farbgebung oder Perspektive zu klären, sieht er Kunstvermittlung dem Kunstmarkt untergeordnet, für den es zur symbolischen und ökonomischen Wertschöpfung zur Verfügung steht. Dagegen führt er das Konzept der „Ästhetischen Operation" ein und meint damit folgendes:

Der Begriff Operation soll veranschaulichen, dass es in der künstlerischen Kunstvermittlung um Eingriffe und Arbeitsvorgänge geht ohne dabei Kunst unterrichtstechnisch zu operationalisieren. Nicht portionierte Vermittlungsschritte sollen unternommen werden, sondern offene Prozesse mit dem Risiko des Scheiterns angeregt werden. Gesucht wird nach der Mentalität von Kunst und nach ihrem geistigen Gehalt. Maset greift dabei auf ein Verständnis des Begriffs „Operation" des

---

[12] http://www.publicwienspace.net/index.php?option=com_content&task=view&id=43 [28.7.2008]

italienischen Kunstkritikers Achille Bonito Oliva zurück, der z.B. folgende Operationen vorschlägt: „Operation Duchamp", „Operation Warhol", „Operation Maradona", „Operation Hl. Ignatius von Loyola" – man bedient sich dabei einer Operation von Andy Warhol, des „Seriellen", um damit einen ästhetischen Prozess auszulösen, der dabei aber auch eine andere Richtung nehmen kann als die Kunst Andy Warhols: die Kunstvermittlung muss dabei selbst einen kunsthaften Charakter aufweisen. (Maset 2006b, S. 54–62)

3.3   Die Position der Musikvermittlung innerhalb der Kunst- und Kulturvermittlung

Wie für Kunst- und Kulturvermittlung gibt es für Musikvermittlung vielfältige Definitionen[13] und der globale Terminus wird aus der Perspektive unterschiedlicher Berufsgruppen unterschiedlich eingesetzt.[14] In vielen Tätigkeitsfeldern der Musikvermittlung werden die Ansätze der Kunst- und Kulturvermittlung verknüpft und miteinander in Beziehung gesetzt.

Seit Ende der 80er Jahre des vorigen Jahrhunderts findet der Begriff „Musikvermittlung" Eingang in künstlerische und pädagogische Prozesse der Auseinandersetzung mit Musik. Besonders in der Neuen Musik sind Elemente des eigenen Gestaltens vorherrschend, um Verständnis und Zugang zu musikalischen Ausdrucksweisen bei Kindern und Jugendlichen zu wecken. Diese Arbeitsweisen finden in Kooperation oder im Rahmen des Faches Musikerziehung an Schulen statt oder aber im Freizeit- und Jugendbereich außerhalb des Regelunterrichts.

In Deutschland gesellt sich in der Folge die Bezeichnung „Konzertpädagogik" hinzu, um einen neuen Ort der musikvermittelnden Arbeit zu benennen: das Konzert. Zur Vorbereitung, während des Konzerts selbst und zur Nachbereitung entwickeln sich Methoden und Charakteristiken von künstlerischen und pädagogischen Kommunikationsformen in und über Musik, die von neuen Programmgestaltungen für Kinder und Jugendliche, überraschenden Aufführungsorten und musikpraktischen Workshops zur Hinführung reichen.

Stiller unternimmt 2008 erstmals den Versuch, Musikvermittlung sowohl als Handlungsfeld als auch als spezifische Umgangsform mit Musik zu beschreiben und aus den idealistisch überfrachteten Bedeutungen des Begriffs herauszufiltern, die Musikvermittlung als Arbeitsfeld besonders individueller Persönlichkeiten be-

---

[13] Musikvermittlung als Musikpädagogik, Musikjournalismus, Konzertpädagogik, 'Music Education', 'Audience Development', 'Community Music' oder im weitesten Sinn Musikmanagement.
[14] Martin Tröndle rät in diesem Zusammenhang zu einem 'umbrella term', der sich nicht um eine neue Definition bemüht, sondern als Überbegriff für viele Tätigkeitsfelder verwendet werden kann (Tröndle 2008, S. 133).

schreibt, die sich lediglich von traditionellen Musik- und Instrumentaldidaktiken unterscheiden möchten.

Sie sieht Musikvermittlung als
- Umgangsweise mit Musik, die sich produktiv, interpretativ, reflexiv oder beratend ausdrücken kann.
- Berufsfeld, das von Musikpädagogen, Konzertpädagoginnen, Musikern, Journalistinnen, Musikwissenschaftlern oder Kulturmanagerinnen ausgeübt wird.
- Arbeitsbereich in Institutionen wie Konzerthäusern, Kulturvereinen, Medien oder Orten der freien Musikszene.
- Studienrichtung, die Vernetzungen zwischen Musikpädagogik, Musikwissenschaft und künstlerischer Ausbildung anstreben. (Stiller 2008, S. 13–20)

3.3.1 Musikvermittlung im Konzertleben

Das Konzertwesen im deutschsprachigen Raum präsentiert sich heute als Kulturform, die sich seit dem Ende des 19. Jahrhunderts kaum verändert hat. Sowohl Repertoire als auch Präsentationsformen sind überwiegend gleich geblieben, neu hinzu gekommen sind vielerorts zusätzliche Programmschienen wie Kinder- und Jugendkonzerte, die in unterschiedlicher Qualität auf spezielle Bedürfnisse Rücksicht nehmen. Zunehmend profilieren sich Konzertreihen, die musikvermittelnde Elemente wie Moderationen, Inszenierungen und andere künstlerische Ausdrucksformen integrieren, um Musik für Zuhörerinnen und Zuhörer mit unterschiedlichen Rezeptionsgewohnheiten anzusprechen. Musikvermittlungs-Konzerte für Kinder und Jugendliche zeichnen sich darüber hinaus dadurch aus, dass musikalische Parameter wie rhythmische Patterns oder Melodien, die zum Mitsingen geeignet sind, von der Bühne aus mit dem Publikum im Rahmen von sogenannten Mitmach-Aktionen angeleitet werden. Bodypercussion, einfache Tanzschritte, die am Platz ausgeführt werden können und kurze Liedphrasen ermutigen Kinder und Jugendliche direkt zum musikalischen Gestalten und damit zu einem sinnlichen Verstehen und Erleben von Musik.

Musikvermittler und -vermittlerinnen sind in diesem Zusammenhang Personen, die zwischen den Akteuren auf der Bühne und dem Publikum konsensbildend agieren und Kommunikationsprozesse initiieren, die musikalische Erlebnisse beim Publikum möglich machen:

> „Der spezifische Vermittlungsgegenstand ‚Musik' impliziert dabei eine spezielle Weitergabe von Stimmungen, Vorstellungshilfen, Kenntnissen, Fertigkeiten und musikalischem Wissen, welche vornehmlich auf der Erfahrungsebene über

verschiedene Sinneskanäle stattfindet und nicht allein über Erklärungen erfolgt." (Stiller 2008, S. 41)

Inzwischen gibt es an Konzerthäusern altersspezifische Reihen für Eltern mit Säuglingen, für Kleinkinder bis 5 Jahren, für Kinder bis 12, für Jugendliche und für Erwachsene. Die Konzerte unterscheiden sich dabei in Länge, Musikauswahl und Adaption der Konzerträume. Spielt im Rahmen dieser Konzerte Musikvermittlung eine zentrale Rolle, findet diese gegenwärtig am häufigsten in folgenden drei Formen statt:

Moderierte Konzerte
Moderierte Konzerte bilden den traditionellen Kern jeglicher Musikvermittlung und finden in den Young People's Concerts von Leonard Bernstein ab den 50er Jahren des 20. Jahrhunderts eine künstlerisch-pädagogische Messlatte für folgende Generationen. Ein Moderator oder eine Moderatorin führt dabei das Publikum anhand eines „roten Fadens" durch das Konzert.

Die Moderation versucht entweder eine historische Kontextualisierung der zusammengestellten Werke, indem sie auf das Leben der Komponistinnen und Komponisten Bezug nimmt, deren historisch geprägte Kompositionsweise vorstellt oder kulturgeschichtliche Verweisungen zu anderen Kunstsparten, historischen Ereignissen oder sozialgeschichtlichen Bedingungen unternimmt.

Eine Moderation kann ebenso dazu dienen, den Konzertablauf für das Publikum aufzulockern. In diesem Fall beleuchten Interviews mit Musikerinnen und Musikern am Podium die Persönlichkeit der Ausübenden oder den Werkstattcharakter einer Aufführung im Bereich der Neuen Musik. Auch Konzerte im Rahmen von Ausbildungen – seien es Klassenabende in der Musikschule, Aufführungen von Ensembles in der allgemein bildenden Schule und Vortragsabende an Musikhochschulen – wählen Moderationen als dramaturgisches Element, um dem Publikum ein zusammenhängendes Konzerterlebnis zu vermitteln, obwohl die einzelnen Teile der Konzerte oft fragmentarisch sind.

Darüber hinaus können Moderationen für die Zuhörerinnen und Zuhörer Momente des konzentrierten Hinhörens auf zentrale Stellen in den Werken des Konzerts ermöglichen. Das Nachdenken über Musik wird mit dem Live-Erlebnis des Hörens verknüpft.

In diesen Konzerten ist der Moderator oder die Moderatorin in erster Linie Anwalt des Publikums. Bereits in der Vorbereitung des Konzerts werden für das Publikum interessante Fragestellungen abgeklärt und in die Moderation eingearbeitet. Die Kenntnisse des Publikums müssen abgeschätzt werden, um die Beiträge zu Kontext oder Hörbeispielen auf diese Kenntnisse abzustimmen, um neue Aspekte zu bieten ohne dabei abgehoben vom Wissens- und Erfahrungsstand der Zuhörerinnen und Zuhörer zu agieren.

Grundsätzlich finden moderierte Konzerte sowohl für Kinder und Jugendliche als auch für Erwachsene statt und unterscheiden sich in ihrer Ausrichtung jeweils in der Auswahl der Themen der Moderation, in der verwendeten Sprache und in der Länge der vorgestellten Musikbeispiele. In jedem Fall prägt die Moderation die Atmosphäre eines Konzerts und Moderatoren und Moderatorinnen müssen sich über ihre Rolle auf der Bühne vor ihrem Auftritt klar werden. Sie sind in keinem Fall Sprecherin oder Erzähler (dann würde die Konzertform bereits zum „Inszenierten Konzert" tendieren), sondern eine Person, die die Mittlerfunktion zwischen Bühne und Publikum wahrnimmt. So muss die Moderation gewährleisten, verbindende Texte frei zu sprechen und dabei maximal Stichwort-Kärtchen zu Hilfe zu nehmen. Gerade in Konzerten für Kinder muss der Moderator oder die Moderatorin auch in der Lage sein, Fragen ins Publikum zu stellen und mit den (oft überraschenden) Antworten der Kinder spontan weiterarbeiten zu können. (Schruff 2002, S. 123–131)

Inszenierte Konzerte

Hans Christian Schmidt-Banse brachte den Terminus des „Inszenierten Konzerts" 2001 im Rahmen eines Artikels[15] für die Neue Musikzeitschrift in die Diskussion zur Musikvermittlung ein. Er beschreibt inszenierte Konzerte als ein Genre aus Bildern, Text und Musik, das der filmischen Collage oder dem Radio-Feature verwandt ist und seinem Publikum durch Visualisierung und Kontextualisierung von Musik sowohl inhaltlich als auch „mehrsinnlich" entgegen kommt. Vehement setzt sich Banse dafür ein, in der Inszenierung von musikalischen Inhalten mit Mitteln des Erzählens, des Theaters oder der Bildenden Kunst Bedeutungen und musikalischen Ausdruck für Zuhörerinnen und Zuhörer transparent zu machen.

Ein Jahr zuvor hatte „The Noise of Time", eine *Theatralische Meditation* des Emerson String Quartett mit dem britischen Theatermacher Simon McBurney zum letzten Streichquartett und zu den letzten Lebensjahren von Dimitri Schostakowitsch in New York Premiere:

> "The first part of the performance includes a lot of visual images, such as photographs of Shostakovich that no one has ever seen; the archival work that went into this production was enormous. You get a very real picture of Shostakovich, especially of his last five years, during which he wrote the late quartets, and you learn things about him that are really stunning in their intensity, complexity and poignancy. You also hear tapes of a lot of his music other than the string quartets. **It's like going through very deep and elaborate program notes, and it all leads up to hearing the Fifteenth Quartet.** [Hervorhebung durch die Verf.] In the second part, we

---

[15] Vgl. Schmidt-Banse, Hans Christian: „Stillsitzen und anbeten und nichts verstehen…" in nmz (Feb.2001, S. 51).

are on stage with four professional actors, who function as our mirror images, reacting in very specific ways to the music and to each of us. We are expected to blend technically with their level of physical presence, which is of course very high and very beautiful. There is no speaking by anybody; they speak with their bodies and we speak with our instruments. It's a very gentle and subtle interaction; they follow our motions, but really it's the music that leads: when it starts, the action becomes extremely quiet, coordinated and complementary to the music."[16]

Die Musiker des Quartetts und Simon McBurney stellten für die Aufführung einen Kontext aus Briefstellen, autobiografischem Material, projizierten Fotografien, vier stummen Schauspielern und Filmausschnitten her, um das zentrale Werk – das 15. Streichquartett von Schostakowitsch daraus entstehen zu lassen. Die Musiker des Streichquartetts sprechen in dem obigen Zitat ein besonderes Problem dieser inszenatorischen Herangehensweise an Konzertmusik an: die einzelnen künstlerischen Elemente müssen auf demselben qualitativen Niveau der Performance sein, da die Wirkung eines derart aufbereiteten Konzerterlebnisses in diesem Fall ebenso von der darstellerischen Fähigkeit der Musiker (im oben genannten Fall im Wechsel und Spiegel zu vier pantomimisch agierenden Schauspielern), der Qualität der akustischen Zuspielungen und der Bildprojektionen abhängt als von der musikalischen Interpretation, zu der die Collage bzw. die *Theatralische Meditation* hinführen möchte.

Heute gibt es zahlreiche Spielarten dieser Inszenierungsansätze: Puppenspielerinnen und -spieler moderieren und interpretieren Familienkonzerte, Visualisierungen transportieren musikalische Inhalte und Feinheiten der Bühnenbeleuchtung fokussieren die Aufmerksamkeit des Publikums im Verlauf eines Konzerts. Wesentlich erscheint dabei, dass es stets das Anliegen der Konzertgestaltung ist, die Musik mit anderen Kunstformen für die Zuhörerschaft intensiver leuchten zu lassen. Dabei befinden sich die Herangehensweisen der Kunstformen oft im Wettbewerb der geeigneten Mittel für die Bühne: Schauspieler, Regisseurinnen, Bildende Künstler und Musikerinnen arbeiten gemeinsam an einem Konzert und müssen ihre Gestaltungselemente aufeinander abstimmen und miteinander in Beziehung setzen, um den Eindruck beim Publikum zu vermeiden, dass Musik unmittelbar zur funktionalen Ausdrucksprache filmischer oder theatralischer Aussagen wird, anstatt ihr Wesen auf mehreren sinnlichen Ebenen zu übersetzen.

Für Kinder bildet „Peter und der Wolf" von Sergej Prokofjew den Prototyp eines inszenierten Konzerts, das das Stilmittel des Märchen-Erzählens dafür einsetzt, die Klangfarben und Ausdrucksmittel der verschiedenen Instrumente des Orchesters

---

[16] http://www.andante.com/article/article.cfm?id=14536&highlight=1&highlightterms=&1stKeywords= [26.12.2008]

nicht nur zu erklären sondern im Verlauf einer spannenden Geschichte tonmalerisch sprechend für Kinder zu veranschaulichen.

Auch im Genre der Konzerte für Kinder hat sich die Inszenierung von musikalischen Inhalten in den letzten Jahren bedeutend weiterentwickelt. Gerade bei der Altersstufe der unter 12-jährigen herrscht ein breiter Konsens von Musikvermittlern, Konzertveranstalterinnen und Musikern, vielfältige ästhetische Zugänge zu eröffnen, um Musik wirken zu lassen. Ob dabei Vorstellungen einer ganzheitlichen sinnlichen Wahrnehmung von Kindern wirksam sind, oder Anpassungen an die Medienwelt, die Kinder dieser Altersgruppe tagtäglich umgeben, liegt im Auge bzw. Ohr der Macherin. Wird sie in ihrem Tun stärker von pädagogischen Überlegungen angeleitet, wird sie Zugänge wählen, die Musik und Höreindrücke altersgemäß aufbereiten, handelt sie jedoch stärker nach Vorstellungen der Besucherbindung und des Marketings, wird sie vielleicht zum selben Ergebnis der multiästhetischen Konzertgestaltung gelangen, damit aber kurzfristige Effekte des Lustempfindens während der Darbietung ansteuern.

Konzertpädagogische Workshops als Hinführung zum Live-Erlebnis von Musik

Der Begriff Konzertpädagogik definiert im Rahmen der Musikvermittlung am deutlichsten, welches Ziel im Zentrum steht: Es werden didaktisch-methodische Zugänge zur Kunstform „Konzert" gesucht, die den Herangehensweisen der Allgemeinen Musikpädagogik und der Elementaren Musikpädagogik entlehnt sind. In der überwiegenden Zahl findet Konzertpädagogik in Kooperation mit Schulen statt – sie sucht den Lernort Schule, um auf den Lernort Konzertsaal vorzubereiten.

Überwiegend schlagen diesen Weg Orchester ein, die vorbereitend zu speziell konzipierten Konzerten Workshops und Besuche an Schulen durchführen, die die Kinder und Jugendlichen auf den Konzertbesuch einstimmen sollen. In Deutschland sind es bereits über 50% der Orchester, die auf diese Weise in Schulen aktiv sind, wobei die konzertpädagogischen Workshops die Konzerte für Schülerinnen und Schüler bereits um das Doppelte übersteigen. (Germann 2006, S.50–54)

Einleitend soll eine kurze Gegenüberstellung[17] von musikalisch-künstlerischen Prozessen der kunsthaften bzw. künstlerischen Kunstvermittlung im Sinne von Pierangelo Maset und der Kunstvermittlung im Sinne von Birgit Mandel die Zugangsweisen zum Feld der Konzertpädagogik aufspannen.

---

[17] Die Künstlerinnen und Kunstpädagoginnen Stella Geppert und Seraphina Lenz gaben die Anregung zur folgenden Gegenüberstellung. Beide arbeiteten an einem Kunstprojekt, das über dreieinhalb Jahre an Berliner Schulen Teams von Lehrern und Künstlerinnen bildete, während ein Forschungsteam diesen Prozess begleitete (Geppert; Lenz 2006, S. 118-130).

Tabelle 1

Musikalisch-künstlerische Prozesse bzw. künstlerische Kunstvermittlung	Konzertpädagogik als Zugang zu künstlerischen Ereignissen
Ein musikalisch-künstlerischer Prozess verläuft eigenständig und erfolgt aus Eigenmotivation.	Lehr-/Lernprozesse werden von Musikerinnen bzw. Konzertpädagogen angeregt.
Künstlerische Prozesse sind schwer an einen äußeren Zeitrahmen anzupassen. Einzelne Phasen können mehr Zeit, Energie und Flexibilität in Anspruch nehmen als planbar ist.	Vorgegebene Unterrichtseinheiten bedingen einen strukturierten Umgang mit Zeit.
Künstlerische Prozesse entwickeln ihre eigene Struktur aus dem Schaffen heraus.	Lehr-/Lernprozesse werden vom Musikern bzw. Konzertpädagoginnen angeleitet. Sie steuern das Projekt durch Inputs an Ideen, Material und Knowhow. Ebenso geben sie einen Zeitrahmen vor.
Künstlerische Prozesse zeichnen sich durch Kommunikation mit sich selbst und anderen aus, sie verstärken die Sensibilität für sich und andere.	Lehr-/Lernprozesse führen zu einer Evaluierung, die nach Abschluss des Projekts durchgeführt werden kann.

Response & Klangnetze: Zwei Ansätze, die künstlerisch-musikalische Prozesse in den Vordergrund der Arbeit rücken

Seit Anfang der 90er Jahre finden an vielen Orten in Deutschland Workshops zur Vermittlung zeitgenössischer Musik statt, die sich dem „Response"-Gedanken verpflichtet fühlen, der wiederum seinen Ursprung in der britischen musikpädagogischen Arbeit der 70er Jahre des vorigen Jahrhunderts hat. Wesentlich für diesen Ansatz ist der Grundgedanke, dass der Akt des Komponierens im Klassenzimmer so selbstverständlich Platz greifen soll, wie das Malen eines Bildes im Kunstunterricht. Vordenker für die Entwicklung von tragfähigen Modellen für die Kooperation von Komponisten, Lehrerinnen und Kulturinstitutionen waren Peter Maxwell Davies als „composerteacher" und John Paynter mit seinem die didaktische Diskussion anregenden Buch „Sound and Silence: Classroom Projects in Creative Music". Die

Reform des englischen Musik-Curriculums wurde in den 90er Jahren auf vier Lernziele fokussiert: Hören, Verstehen, Musik machen und Komponieren.

Die London Sinfonietta, eines der wichtigsten Ensembles für Neue Musik, griff diese Neuorientierung und die sich bietenden Möglichkeiten der Partnerschaft mit Schulen auf und schrieb 1983 als erstes englisches Orchester die Stelle eines 'Education Organisers' aus, die mit Gillian Moore besetzt wurde, und entwickelte seither kontinuierlich wegweisende Projekte an Schulen, Hochschulen, in der Erwachsenenbildung und der Kommunalarbeit. Zwei Kriterien liegen jedem der Projekte zugrunde, die das Ensemble initiiert: Höchstmögliche Aufführungsqualität und ein Gefühl der Verantwortlichkeit gegenüber den Kompositionen, zu denen die Projekte hinführen sollten. London Sinfonietta verfügt inzwischen über einen breiten Zugang zur Vermittlungsarbeit von Kompositionsworkshops über Internet-Projekte, Diskussionsveranstaltungen oder interdisziplinären Kunstprojekten. Zum Grundgerüst jedes Kompositions-Workshops gehört ein Workshopleiter (Konzertpädagogin oder Komponist), der gemeinsam mit dem Ensemble ein Werk festlegt. Daraufhin werden Themen fixiert, die für vorbereitende Informationen bereitgestellt werden, und musikalische Parameter im Werk herausgefiltert, die für die Workshopteilnehmerinnen und -teilnehmer aufbereitet werden, um sie zu eigenem kompositorischem Gestalten anzuregen. Über einige Woche beginnt nun ein gemeinsamer Arbeitsprozess des Workshopleiters, einzelner Ensemblemitglieder, der Lehrerin und der Schülerinnen und -schüler bzw. Workshopteilnehmer und -teilnehmerinnen von Institutionen wie Gefängnissen oder Gemeindezentren. Den Abschluss bildet die Gegenüberstellung der Komposition(en) aus dem Workshop und dem Referenzwerk, das von der London Sinfonietta aufgeführt wird. [18]

Das erste deutsche Ensemble, das diesen Zugang zur Vermittlung von zeitgenössischer Musik aufnahm, war das Ensemble Modern: Im Rahmen der Veranstaltung „Berlin-Kulturstadt Europas 1988' regte das British Council eine Zusammenarbeit der London Sinfonietta mit dem Ensemble Modern an, aus dem sich an 17 Berliner Schulen Response-Projekte entwickelten. Das Ensemble Modern wurde dabei von der Idee überzeugt und nahm „Response" 1990 im Rahmen ihres 10jährigen Jubiläums in Frankfurt wieder auf und setzt es seit 1994 in zweijährigem Turnus fort, was ebenso Impulse in anderen Städten auslöste.

Von Deutschland aus erreichte das Modell Österreich, wo es in einer ersten „Klangnetze"-Version mit dem Klangforum Wien und englischen Komponisten und Konzertpädagogen, u.a. Richard McNicol, auf Initiative des Wiener Konzerthauses Fuß fasste. In weiterer Folge erfuhren die „Klangnetze" eine neue und eigenständige Schwerpunkt-Setzung: Das Team der Komponisten und Musikerinnen, die mit

---

[18] http://www.londonsinfonietta.org.uk/resources [1.6.2009]

Schülerinnen und Lehrern gemeinsam an kompositorischen Aussagen arbeiteten, setzte sich nach der Startphase überwiegend aus Komponisten und Vertreterinnen der elektronischen Musik und der Improvisationsszene zusammen. Dadurch entstand unter der Leitung des Musikpädagogen Hans Schneider, des Komponisten Burkhard Stangl und der Flötistin Cordula Bösze eine Suche nach Arbeitsweisen, die bei Kindern und Jugendlichen kompositorische Prozesse in Gang setzten, die nicht das Verständnis für Referenzwerke etablierter Komponistinnen und Komponisten wecken wollten, sondern Werke entstehen ließen, die aus sich selbst heraus wuchsen. Musikalisch-künstlerischen Prozessen verpflichtet, stand zwar ein Zeitrahmen (meist ca. 3 Monate) für die Durchführung des Projekts an einem Schulstandort zur Verfügung, im Verlauf der Arbeit blieb es jedoch so lang wie möglich offen, ob dabei ein Werk entstehen würde, das von den Teilnehmenden für eine öffentliche Aufführung geeignet erschien. (vgl. Schneider; Bösze; Stangl 2000)
„Klangnetze" wurde als Pilotprojekt mit staatlichen Mitteln unterstützt und prägt auch nach dem Ende seiner Durchführungsphase Komponistinnen und Komponisten, die im Bereich der Musikvermittlung in Österreich tätig sind.

Tonspiele: Ein Ansatz, der Lehr-/Lernprozesse im Unterricht in den Vordergrund der Arbeit rückt
Das Tonkünstler-Orchester Niederösterreich, das Bruckner Orchester Linz und die Wiener Philharmoniker gehören zu den ersten österreichischen Orchestern, die seit einigen Jahren Angebote entwickeln, die über einzelne Konzerte für Kinder oder geöffnete Generalproben für Schülerinnen und Schüler hinausgehen und daran interessiert sind, dass die Musikerinnen und Musiker des Orchesters persönliche Beziehungen zum jungen Publikum herstellen können und umgekehrt.
Konzertpädagogische Workshops finden meist im Vorfeld zu den Konzerten statt: Je zwei Musiker und Musikerinnen des Tonkünstler-Orchesters kommen an Schulen und bereiten die Schülerinnen und Schüler auf einen Konzertbesuch oder eine Generalprobe vor. Gearbeitet wird mit einem Orchesterwerk aus dem jeweiligen Konzertprogramm. Melodien, Rhythmus und Klangfarben werden untersucht, gemeinsam werden Geschichten zur Musik erfunden und die Musikerinnen und Musiker stellen ihre Instrumente vor. Aus einzelnen Thementeilen und harmonischen oder rhythmischen Elementen einzelner Werke des Orchesterrepertoires komponieren die Kinder und Jugendlichen eigene Musik, die sie anschließend mit den „Originalen" vergleichen können.
Für die 2. bis 4. Klasse Volksschule (7 bis 11-jährige) konzipierten die Tonkünstler beispielsweise den folgenden 2-stündigen konzertpädagogischen Workshop als Vorbereitung zu einer szenischen Aufführung des „Nussknacker" von Pjotr Iljitsch Tschaikowski: Nach kurzen Aufwärmspielen und einer Instrumentenpräsentation stellten die Musikerinnen und Musiker eine vereinfachte Form des Marsches aus

dem ersten Akt vor und ließen die Kinder dazu einen Text erfinden. Daraufhin teilten sich die Gruppen in Stabspiel-Instrumentalisten, Sängerinnen und Pantomimen, die zu dieser Musik und dem Kindergalopp typisch weihnachtliche Gesten wie Geschenke einpacken oder das Ausrollen von Keksteig ausführten. Zum Schluss hörten die Musikerinnen und Musiker und die Kinder gemeinsam die Passagen an, die sie selbst vorher erarbeitet hatten.

Bevor die Tonkünstler in die Klasse kamen, hatten die Lehrerinnen bereits das umfangreiche Vorbereitungsmaterial zugeschickt bekommen, aus dem sie Arbeitsblätter nach Schulstufen gestaffelt zur Komponistenbiografie und zu den Instrumenten des Orchesters verwenden konnten, bzw. verschiedene Erzählfassungen zum Märchen von E.T.A. Hoffmann vorfanden.

Im Moment nehmen ca. 20 von insgesamt 99 Tonkünstlern am Vermittlungsprogramm „Tonspiele" teil. Die meisten von ihnen bringen keine pädagogische Vorbildung von der Hochschule mit, sondern durchlaufen einen sogenannten „Inset-Workshop", der ihnen in groben Zügen das Rüstzeug für die jeweilige Produktion an die Hand gibt.

„Tonspiele" steht exemplarisch für die vor allem von größeren Symphonieorchestern in den letzten Jahren stark forcierte Vermittlungsarbeit, um dem jungen Publikum Anknüpfungsmöglichkeiten zum musikalischen Repertoire und zur Arbeitsweise eines Symphonieorchesters zu bieten. Neben dem oben genannten Beispiel eines 2stündigen Einführungsworkshops vor dem Besuch eines Konzerts haben sich mittlerweile folgende weiteren konzertpädagogischen Zugangsweisen, die Lehr- und Lernprozesse in den Vordergrund rücken, herauskristallisiert:

- Workshops, die Schülerinnen und Schüler in den Ablauf des Konzerts integrieren.

Dabei werden oft Elemente aus anderen Künsten, wie bspw. Tanz, Pantomime oder rhythmische Performances gewählt, die zu einzelnen Orchesterwerken durch die Schüler aufgeführt werden.

- Workshops, die Schülerinnen und Schülern den historischen Kontext oder die Lebenswelt eines Komponisten oder einer Komponistin erschließen.

Gerade Orchester von öffentlichen Rundfunkanstalten nutzen die Nähe zu journalistischen Redakteuren, um durch die eigene Gestaltung von Radiofeatures zu Konzertprogrammen oder mittels Interviews von Musikerinnen oder Komponisten die Schülerinnen und Schüler selbst zu Vermittlerinnen und Vermittlern des Konzerts zu machen.

- Einführungsvorträge von und für Schülerinnen und Schüler

Wie oben bereits beschrieben, dient auch diese Zugangsweise dazu, Schülerinnen und Schüler durch das Erarbeiten von musikalischen Inhalten oder historischen Zusammenhängen eigenständige Wege zum Hören von Orchestermusik zu eröffnen und sie gleichzeitig zu Vermittlerinnen zu machen, die diese Lehr-Lernprozesse dazu zu nützen, Mitschülern das erworbene Wissen und Verstehen weiterzugeben. Werden diese Einführungsvorträge auch für das Publikum gehalten, das die Konzerte des Orchesters im regulären Abendprogramm besucht, erhalten diese konzertpädagogischen Aktionen zusätzlich einen partizipatorischen Ansatz: nicht Erwachsene vermitteln an junge Leute, sondern Jugendliche an Erwachsene.

„L'ami musicien" vereint mehrere dieser Ansätze in einem Angebot
Seit über 15 Jahren gibt es eine Partnerschaft zwischen der Schulaufsicht des Bezirks „D'Ille-et-Vilaine" und dem Orchestre de Bretagne.[19] Siebenmal im Schuljahr kommt ein Musiker oder eine Musikerin des Orchesters in eine Schulklasse: zunächst entwickelt er oder sie gemeinsam mit der Lehrenden und den Bezirksinspektoren das für diese Klasse geeignete Programm. Einige Stationen bleiben allerdings immer gleich:
Die Begegnung mit den Schülerinnen und Schülern beginnt damit, dass über das Leben als Musikerin oder Musiker erzählt wird (wann er/sie begonnen hat, sein/ihr Instrument zu lernen, wie sein/ihr Berufsleben aussieht, ob seine/ihre Tourneen anstrengend sind), weitere Freunde aus dem Orchester werden in die Klasse eingeladen und Instrumente präsentiert, gemeinsam wird Musik gehört und an der Notation und Gestaltung von musikalischen Werken gearbeitet. Nachdem der Kontakt zwischen dem Musiker oder der Musikerin und der Klasse aufgebaut ist, verlässt er/sie die Schule und geht mit seinem/ihrem Orchester auf Tournee. Von den Reisen schickt er/sie Postkarten an die Schulklasse, diese wiederum sendet Zeichnungen und Briefe.
Wieder zurückgekehrt, entwickelt der „ami musicien" gemeinsam mit der Lehrerin eine musikalische Gestaltungsarbeit, die den Kindern angemessen ist – dabei können auch andere Felder wie Lesen oder darstellendes Spiel integriert werden. Zusammen kreieren die Schülerinnen und Schüler und der Musiker oder die Musikerin eine kleine musikalische Komposition.
Im Verlauf des Projekts erfahren die Kinder, dass die musikalische Arbeit im Orchester auch mit anderen Berufen verwoben ist. Organisation, Öffentlichkeitsarbeit und Werbung werden den Kindern als Berufsfelder vorgestellt. Eine Schulklasse übernimmt in der Folge gemeinsam mit der Grafikerin des Orchesters und dem Verant-

---

[19] Vgl. www.orchestre-de-bretagne.com [10.1.2009]

wortlichen für die Öffentlichkeitsarbeit die Werbung und Kommunikation für ein Jugend-Konzert.

Am Ende des Projekts lädt das Orchester zur Probe und zu einer Aufführung eines speziell für die Schülerinnen und Schüler ausgerichteten Programms.

„L'ami musicien" zielt nicht nur auf die musikalische Arbeit mit Kindern. Die Schülerinnen und Schüler sollen durch dieses Projekt auch zu wichtigen Akteuren innerhalb ihrer Stadt werden – vor allem in der Phase der Öffentlichkeitsarbeit für das Jugendkonzert erleben sie vielfältige Kommunikationsphasen mit dem Bürgermeister, dem Pfarrer oder der Lokalreporterin des Ortes, wo das Konzert stattfindet. (Macian; Fanjas 2003, S. 208–223)

Einführungsvorträge

Bevor Musikvermittlung intensiv mit den beiden Praxisfeldern Konzerte für Kinder und Konzertpädagogik verknüpft wurde, standen die beiden Bereiche der praxisorientierten Musikwissenschaft in der Musikvermittlung im Vordergrund: das Sprechen und Schreiben über Musik. Programmhefte, Einführungsvorträge, Konzertführer, Radiofeatures und Hörbücher zu musikalischen Themen sind auch heute zentrale Aufgabengebiete für die Vermittlung von Musik, die unmittelbar zu einem Live-Erlebnis im Rahmen eines Konzertes führen können, dies allerdings nicht zur Bedingung machen.

Bei der Vorbereitung von Einführungsvorträgen sehen sich Musikvermittlerinnen und -vermittler mit einer oft heterogenen Zielgruppe konfrontiert. Der Bedarf an Erwachsenenbildung steigt und Konzerthäuser entsprechen dem Wunsch des Publikums mit einem zunehmenden Angebot an wissensvermittelnden Vorträgen, die in ihrer Gestaltung ebenso dem Wandel des Zeitgeistes unterworfen sind, wie das Verfassen von Programmheft-Texten. Standen einander in der Vergangenheit eine populärwissenschaftliche Herangehensweise und eine musikwissenschaftlich orientierte Aufbereitung von musikalischen Inhalten unverbunden für unterschiedliche Zielgruppen gegenüber – auf der einen Seite Zuhörerinnen und Zuhörer ohne Hintergrundwissen, auf der anderen Seite aus dem Bildungsbürgertum – vermischt sich dieses Publikumssegment heute zu einer interessierten Gruppe, die unmittelbar vor Konzerten eine Kontextualisierung der zu hörenden Werke in ihren kulturellen Erfahrungshorizont einfordert. Habakuk Traber, der für das Deutsche Symphonie-Orchester Berlin regelmäßig Einführungsvorträge hält, beschreibt seine Zuhörerinnen und Zuhörer folgendermaßen:

- Abonnenten und regelmäßige Konzertbesucherinnen, die meist bereits über 50 Jahre alt sind: diese verfügen über viele Hörerfahrungen und können als Musikliebhaberinnen und -liebhaber bezeichnet werden.

- Konzertbesucherinnen und -besucher, die sich besonders für ein Genre des musikalischen Repertoires interessieren: z.B. Konzerte im Rahmen von Festivals Zeitgenössischer oder Alter Musik.
- Schulklassen und Studierende, die im Rahmen ihrer Schul- oder Hochschulbildung Einführungen verpflichtend besuchen oder freiwillig in ein späteres Berufsfeld schnuppern.

Die Ziele von Einführungsvorträgen stimmen mit denen von Moderationen überein. In beiden Fällen werden nicht Kurzvorlesungen geboten, sondern das Öffnen von Zugängen und das Ermöglichen von konzentriertem und neugierigem Zuhören im Konzert stehen im Mittelpunkt. Dafür stehen dem Einführenden beispielsweise die historische und kulturelle Kontextualisierung der zu hörenden Werke, das beispielhafte Hervorheben einzelner Aspekte, das Vergleichen formaler Strukturen oder die Beschreibung der musikalischen Gestaltung zur Verfügung.

Als Kombination von Einführungsvortrag und Moderation konnte sich auch das sogenannte „lecture concert" etablieren – vor allem in der Kammermusik und in der Neuen Musik werden dabei Vortrag und Konzert auf der Bühne verknüpft. (Traber 2005, S. 43–48)

3.3.2   Musik und Wissensvermittlung

Ebenso wie die Künste Vermittlung betreiben, streben die Wissenschaften nach einem größeren Verständnis für ihre Erkenntnisse in der Öffentlichkeit. Wissenschaftskollegs, Kinderuniversitäten, Science Weeks oder Vorlesungen für eine größere Öffentlichkeit kommen diesem Bedürfnis entgegen. Dabei gibt es zahlreiche Überschneidungen zwischen Musik- und Wissenschaftsvermittlung, wenn beispielsweise eine Kindervorlesung zum Verständnis musikalischer Parameter wie Rhythmus, Metrum und Puls angeboten oder ein medizinisches Wissenschaftskolleg zu den Wechselwirkungen von Musik und Heilungsprozessen veranstaltet wird. Interessierte nützen Veranstaltungen dieser Art für sich selbst und ihre Kinder zur Vertiefung ihrer Erfassung von Welt.

Seit 2008 kommt in der Schweiz eine Musikzeitschrift für Kinder von 7 bis 12 Jahren heraus: „klaxon" sucht die Nähe zu Leserinnen und Lesern, die nicht in städtischen Ballungszentren leben und daher nicht so häufig Musikvermittlungs-Projekte nutzen können. Die erste Ausgabe dieser Zeitschrift widmet sich dem Thema Fußball und Musik und lädt dabei bspw. einen bekannten Schweizer Fußballreporter ein, eine Orchesterprobe im Stil der Kommentierung eines Fußballmatches zu beschreiben:

> „Für das Spiel des (nicht gegen das!) Violinkonzerts in D-Dur von Johannes Brahms hat sich das Team des Tonhalle-Orchesters Zürich mit einem ausländischen Profi

verstärkt, dem jungen Russen Sergej Khachatryan. Er soll vorne in der Mitte die Tore schießen, das heißt in diesem Fall: das Publikum zu Jubelstürmen hinreißen. Bevor der Trainer – pardon, der Dirigent – Peter Oundjian erscheint, werden die Instrumente gestimmt. Weil das jeder Einzelne für sich tut, ergibt sich daraus eine wahre Katzenmusik – und doch verschmelzen die Töne zu einer Einheit, wie beim Durcheinander der Bälle auf dem Rasen ...“ [20]

In der ersten Ausgabe von „klaxon“ prägt die Verbindung von Fußball und Musik[21] die Themen der Wissensvermittlung: Ob die Schiedsrichter-Pfeife ein Instrument ist, wird ebenso behandelt, wie die Komposition „Yale-Princeton Football Game“ von Charles Ives mit Anleitungen zum Selbstkomponieren. Außerdem wird ein 12-jähriges Mädchen vorgestellt, das sowohl im Fußballklub mitspielt als auch Violine lernt. Daneben runden ein Artikel zu Schwingungen und Musik, zum Komponisten Bohuslav Martin oder Bauanleitungen für einfache Musikinstrumente einen vielfältigen Einblick in Musik und Musiktheorie ab. Die Zeitschrift will Informationen aufbereiten, Ideen zum Mitmachen geben, aktuelle Bezüge zum Schweizer Kulturschaffen herstellen und Anregungen zum Hören bilden. Die Zeitschrift „klaxon“ erscheint dreisprachig und verdeutlicht damit das Sprachenbewusstsein der Schweizer.

Auch Websites von Orchestern, Instrumentenmuseen oder Musikgedenkstätten werden zunehmend dafür genützt, musiktheoretische und musikhistorische Inhalte medial aufzubereiten.[22] Die Internetseite „Notenmax“ versteht sich beispielsweise als systematisches eLearning Projekt für Kinder, das niederschwellig Musikvermittlung für alle Milieus anbieten möchte, besonders aber aus bildungsfernen Schichten. Als virtuelle Musikschule werden musikalische Grundbegriffe wie Noten, Rhythmus oder Musikinstrumente vorgestellt, zum interaktiven Singen aufgefordert und historische Inhalte in Quizspielen abgefragt.

Ebenso ergänzt die Auseinandersetzung mit Live-Musik ein vielfältiges Angebot an wissensorientierter Musikvermittlung, die sich am Bücher- und CD-Sektor entwickelt: Komponistenbiografien für Kinder als Bücher und Hörbücher, Sachbücher zur Musikgeschichte, zur Instrumentenkunde oder zum Verständnis von Kulturformen wie einem Orchester oder dem Konzert an sich sind eine lebendige Darstellungsform musikbezogener Inhalte.

---

[20] klaxon 01/08, S. 5, vgl. auch www.klaxon.ch [1.5.2009]

[21] klaxon 01/08 erschien im Mai 2008 zur Austragung der Fußball-Europameisterschaft in der Schweiz und Österreich.

[22] Vgl. dazu z.B. www.listen-to-our-future.de [10.1.2009] - die Website der deutschen Staatsphilharmonie Rheinland-Pfalz; www.staatsoper.de/maestro-margarini [10.1.2009] - die Website der Bayerischen Staatsoper; www.beethoven-haus-bonn.de [10.1.2009] – Website des Beethoven-Hauses in Bonn; www.notenmax.de [10.1.2009] – eine virtuelle Musikschule.

4   Impulse zur Vermittlung von Musik

Musikvermittlung entfaltet sich heute als ein Handlungsspielraum, der wesentliche Impulse aus der kulturellen und ästhetischen Bildung, den historischen und aktuellen Entwicklungen der Kulturpolitik und den professionellen Anliegen des Kulturmanagements erfährt.

Kulturelle Bildung stellt sich – ebenso wie Kultur(en) – heute nicht als einheitlicher Komplex dar, an dem sich Musikvermittlerinnen und -vermittler im Sinne eines verbindlichen Bildungs- oder Kunstkanons orientieren könnten, sondern als ein plurales Feld von Bezugsfeldern innerhalb und außerhalb von Kultur- und Bildungseinrichtungen, die die Erfahrung von Differenz und ästhetische Wahrnehmungsprozesse ins Zentrum rücken. Kulturelle Bildung bietet Anlässe, ästhetische Erfahrungen anhand kultureller und künstlerischer Inhalte und Formen zu machen und sucht dabei nach Orten, Räumen und persönlichen Begegnungen zwischen Künstlerinnen, Künstlern und Publikum, die diese Auseinandersetzung ermöglichen.

Dabei kommen kulturpolitische Steuerungsprozesse zum Tragen, die sich aus der „Kultur für alle"-Bewegung der Nachkriegszeit herleiten lassen und aktuelle Relevanz im Hinblick auf Publikumsforschung und öffentliche Förderpraxis erhält. Deutschland und Österreich zeigen in Bezug auf dieses Politikfeld zugleich ähnliche und voneinander unterscheidbare Ansätze, die u.a. den unterschiedlichen Orten und Räumen zwischen Kultur- und Bildungseinrichtungen und freien Kulturvermittlungs-Initiativen geschuldet sind: so stehen beispielsweise 135 deutsche Berufsorchester knapp 20 österreichischen Orchesterformationen gegenüber, deren Bedarf an konzertpädagogischen Vermittlungsprojekten länderspezifisch ebenso differiert wie der kulturpolitische Auftrag seitens der Fördergeber.

Individualisierung und die neue Vielfalt an Lebensstilen stellen zeitgemäße Anforderungen an Handlungsfelder des Kulturmanagements: flexible und vielschichtige Programmgestaltungen und Kommunikationsweisen, die verschiedene kulturelle Gruppen und Szenen erreichen können, zeichnet die Methoden des Audience Development aus – gemeinsam mit der Besucherbindung von Kultureinrichtungen markieren diese beiden Aufgabengebiete Einsatzmöglichkeiten von Projekten der Musikvermittlung und Konzertpädagogik als eigenständige Arbeitsfelder, die kulturpädagogische vor ökonomischen Zielen verfolgen.

4.1   Kultur und Bildung als Leitbegriffe für die Musikvermittlung

4.1.1   Zum Verständnis von Kultur

Kultur als Zusammensetzung aller Fähigkeiten und Leistungen, die den Menschen vom Tier unterscheidet und ihn über die Natur hinauswachsen lässt, reicht von der

Pflege des Bodens, der *Agricultura*, bis zur Ausbildung der geistigen Kräfte und Tugenden des Menschen. Im 18. Jahrhundert beschreibt Kultur die Vervollkommnung des Einzelnen und die Vervollkommnung der Völker und der Menschheit, die zu Freiheit und Humanität führen sollte. Einerseits wird Kultur als Prozess wahrgenommen, in dessen Verlauf sich der Mensch selbstverwirklicht, andererseits gibt sie als Struktur Ordnung und Bedeutung für Sinnzusammenhänge. Kultur meint die Identifikation und Repräsentation einzelner Gruppen oder Völker und nimmt dabei neben ihrer integrierenden Kraft auch Einfluss auf die Ausgrenzung von Gruppen. Menschen bestimmen Kultur aus einer inhaltlichen oder aus einer formalen Perspektive heraus: inhaltlich, wenn Kultur ein Gesamtes von Praktiken, Techniken, Überlieferungen und Artefakten meint und formal, wenn dabei Formgebungen und alle Wege der Medialisierung angesprochen werden. [23]

<u>Drei Ebenen bestimmen den Kulturbegriff</u>
Kultur definiert das soziale Feld der Künste und ihrer Veranstaltungen – in den gesellschaftlichen Systemen der Hoch- und Popularkultur. Dabei sind Produkte wie Bücher, Tonträger oder Artefakte gemeint, aber auch Prozesse wie die Produktion, die Vermittlung oder die Inszenierung von Kunstschaffen.
Kultur bestimmt aber auch, wie wir leben. Wolfgang Müller-Funk führt für diese zweite Ebene der Kulturdefinition den Begriff „ubiquitär" ein (Müller-Funk 2006, S. 6f.). Kultur gibt unserem gesellschaftlichen Leben symbolische und rituelle Formen, die sich in unserer politischen Kultur ebenso finden wie in der Esskultur oder der Weinkultur.
In einer dritten Ebene grenzt Kultur unsere Gesellschaft vom Begriff der Natur ab und verweist damit wieder auf die lateinischen Wurzeln im Sinne der Arbeit an der Natur und auf ein umfassendes Ganzes von Kultur als Inbegriff dessen, was Menschen hergestellt und erfunden haben – sowohl technische Errungenschaften als auch Kunstwerke. Dieser Kulturbegriff beinhaltet die gleichzeitige Existenz verschiedener Kulturen, Sprachen und Religionen und sieht Kultur als Produzenten von Unterschiedlichkeit, Vielfalt und Differenz. Gegenwärtig sind sowohl nach Jahrzehnten des Kulturpessimismus und Kulturrelativismus Utopien einer multikulturellen Gesellschaft wirksam, in der die verschiedenen Kulturen einander tolerieren und zusammen leben können, während sie ihre eigene kulturelle Identität bewahren, als auch ein „Kampf der Kulturen" als neues Paradigma der Lage in der Welt nach dem Zerfall des Ost-West-Gegensatzes seit 1989. (Lotter 2004, S. 199f.)

---

[23] Die für Kulturelle Bildung wesentlichen Konzepte von Kultur weisen in vier aufeinander bezogene Richtungen: Kultur als Lebensweise, Kultur als Kunst, Kultur als humane Gestaltung und Kultur als Sammlung von Werten und Normen – diese werden im Kapitel 4.1.3. „Kulturelle Bildung" näher beleuchtet.

4.1.2   Zum Verständnis von Bildung

„Anders als die übrige Kreatur ist er [der Mensch] fast unbegrenzt auf Formung angelegt. Ist diese gewollt, nennt man sie Bildung" (von Hentig 1996, S.16), meint Hartmut von Hentig pointiert in seinem Essay über Bildung.

Den verschiedenen Ansätzen der Musikvermittlung liegt heute überwiegend ein Bildungsbegriff zugrunde, der das Prozesshafte des sich Bildens in den Vordergrund stellt und dazu vielfältige Anlässe bieten möchte. „Bildung" definiert als Begriff sowohl den Prozess als auch das Produkt. Manfred Fuhrmann betont in seiner Zusammenschau eines „Europäischen Bildungskanons" beide Zugänge zur Bildung und sieht den Fokus auf dem Prozesshaften bei den Pädagogen, während die Allgemeinheit den Bildungsbesitz als Status und als Fähigkeit, am europäischen kulturellen Erbe teilzunehmen, in den Vordergrund stellt. Allerdings soll dieser Bildungsbesitz nicht ausschließlich im affirmativen Anhäufen von Traditionen verstanden werden, „sondern auch im Sinne des Umprägens und Weitergebens." (Fuhrmann 1999, S. 27). Aus historischer Sicht bestand die Gesellschaft im bürgerlichen Zeitalter ausschließlich aus gebildeten Personen, ungebildete waren von ihr ausgeschlossen. Wilhelm von Humboldt sah in der Bildung die Anregung aller Kräfte eines Menschen, damit er sich die Welt aneignen und sich dabei zu einer individuellen Persönlichkeit entwickeln konnte, die in ihrer Einzigartigkeit die Welt wiederum bereicherte. Gleichzeitig festigte aber auch das Bildungssystem, dem dieses Ideal zugrunde lag, das Gesellschaftssystem des 19. Jahrhunderts, in dem es für seine Staatsbürger eine Einteilung in volkstümliche, mittlere, gehobene und gelehrte Bildungsangebote traf, die in unterschiedlichen Bildungsanstalten vermittelt wurden. Das beginnende 20. Jahrhundert setzte mit den reformpädagogischen Schlagworten „vom Kinde aus", „ganzheitlich" und „handlungsorientiert" als Gegenpole zur bisherigen Wissenschaftsorientierung neue Schwerpunkte. Insbesondere nach dem Zweiten Weltkrieg wandelt sich der Begriff „Bildung" hin zum Begriff „Lernen" – Bildung meint nun vorwiegend den gesamten Bereich der Pädagogik, während die Erziehungswissenschaften die professionellen Theorien der Vermittlung erforschen. (vgl. von Hentig 1996) Für den gesellschaftspolitischen Bereich der Bildung, an den auch die Beweggründe für Musikvermittlung anknüpfen, bleibt der Begriff weiterhin relevant, u.a. als „Kulturelle Bildung".

Hartmut von Hentig spricht von „Anlässen für Einsicht und Freude" (von Hentig 1996, S. 74), wenn er im oben genannten Sinn darüber nachdenkt, was wir jungen Menschen schulden, um sie zu sich bildenden Subjekten zu befähigen. Unter diesen Anlässen subsumiert er in erster Linie

- Erzählungen ebenso wie Märchen und Mythen,
- Gespräche als Gelegenheit zu Fragen und Antworten,
- die Muttersprache und Fremdsprachen,

- Naturerfahrungen,
- Arbeit und
- das Feiern von Festen.

Besondere Bedeutung käme dem Theater zu, das er für eines der machtvollsten Bildungsmittel überhaupt hält, weil es die Möglichkeit in sich birgt, die eigene Person zu überschreiten, dabei andere Menschen und Schicksale zu erkunden und die gewonnenen Einsichten gestalten zu können. Musik zählt er zu den „bildenden Künsten", weil sie dadurch bilden, indem man sie ausübt. Darin sieht er aber in erster Linie ein Mittel zur Förderung von Wahrnehmung und erst in zweiter Linie die Fähigkeit zur Gestaltung und zuletzt die Herausbildung eines Kunstsinns und die Fähigkeit zur ästhetischen Kritik. (vgl. von Hentig 1996)
Musikvermittlung berührt staatliche Bildungsinstitutionen in einigen Praxisfeldern besonders intensiv, wenn beispielsweise konzertpädagogische Workshops von Orchestern an Schulen stattfinden. In manchen Praxisfeldern agieren die Kulturinstitutionen selbst als Sender von Bildungsanlässen in moderierten oder inszenierten Konzerten für verschiedene Altersgruppen.
Max Fuchs, der als Leiter der deutschen Akademie Remscheid für musische Erziehung und Medienerziehung zu den wesentlichen Vertretern der kulturellen Bildungslandschaft bzw. partizipatorischer Kunst- und Kulturprojekte gilt, fasst Bildung folgendermaßen zusammen:
- Bildung ist eine Tätigkeit und ein Prozess, die ein gelingendes und aktiv gestaltetes Leben ermöglicht.
- Bildung meint immer auch das Gestalten der eigenen Lebensumstände.
- Bildung zeichnet sich durch Subjektivität aus: der, der sich bildet, ist dabei das „Aktivitätszentrum" seines Lebens.
- Bildung führt dazu, dass die subjektive Handlungsfähigkeit des einzelnen für andere verallgemeinerbar wird.
- Bildung beinhaltet mehrere Dimensionen des Menschseins: die geistige, die tätige, die kognitive, die emotionale, die materielle und die spirituelle Dimension.
- Bildung meint immer auch Bildung in allem, für alle und im Allgemeinen.
- Bildung ermöglicht ein bewusstes Verhältnis zur eigenen Vergangenheit und Zukunft sowie zur Umwelt.
- Bildung ist ein lebenslanger Prozess und damit niemals abgeschlossen.
  (Fuchs 1998a, S. 179f.)

4.1.3   Zum Verständnis von Kultureller Bildung

Wenn Bildung, wie im vorherigen Kapitel skizziert, eine Beziehung zwischen Mensch und Welt herstellt, die den Menschen in die Lage versetzt, die Welt so wie sie sich ihm erschließt, zu erobern und zu gestalten, so ist kulturelle Bildung eine Zugangsweise, die dies mit den Methoden der ästhetischen Erziehung und den Künsten entwickelt. Allgemeinbildung fungiert dabei als das Übergeordnete von kultureller Bildung, nur die Methoden unterscheiden sie von anderen Zugängen der Bildung.
Die Einordnung, Abgrenzung bzw. Wechsel-Beziehung zur Musik- und Kunstpädagogik fällt häufig nicht leicht und öffnet die Definition zu einem neuen Begriff – der kulturellen Bildung, der gerne als *Umbrella Term* für die Handlungsfelder von Pädagogen, Vermittlerinnen und Künstlern verwendet wird. (Wimmer 2007, S. 24) Kulturelle Bildung findet überall statt: an Schulen, Jugendzentren, Kultureinrichtungen wie Konzerthäusern oder Theatern – und zuhause in der Familie. Menschen bilden sich im Kontext ihrer Kultur formell oder informell, innerhalb des Schulsystems, in Museen oder Opernhäusern oder außerhalb von Bildungsinstitutionen in ihrem Alltag.
Im anglo-amerikanischen Sprachraum wird zwischen 'education in the arts' (gemeint ist das Erlernen der Praktiken und Parameter der Kunstsparten, wie Malen oder Musizieren, bzw. das Verständnis für Kunst- oder Musikgeschichte und ästhetische Kritikfähigkeit) und 'education through the arts' (Praktiken und Parameter der Kunstsparten werden genutzt, um in anderen Schulgegenständen oder Gegebenheiten des Alltags Lernerfolge zu erzielen) unterschieden. Anne Bamford hat in ihrer Studie „The Wow Factor. Global research compendium on the impact of the arts in education" 2006 die erste weltweite Untersuchung zu kultureller Bildung vorgelegt. Im Auftrag der UNESCO wurden Daten aus über 60 Ländern verglichen und Anne Bamford kam aufgrund der Ergebnisse zu folgenden Schlüssen bezüglich der Qualität von kultureller Bildung. Diese ist gegeben:

- Wenn es aktive Partnerschaften zwischen Schulen und Kulturorganisationen gibt sowie zwischen Lehrern, Künstlerinnen und der örtlichen Gemeinde;
- wenn alle Partner für kulturelle Bildung die Verantwortung übernehmen und sich darüber hinaus in die Planung, die Verankerung und die Evaluierung involvieren;
- wenn es Möglichkeiten der öffentlichen Präsentation von Projekten der kulturellen Bildung (z.B. Aufführungen oder Ausstellungen) gibt;
- wenn einander Entwicklungen der spezifischen Kunstform (education in the arts) und künstlerische und kreative Ansätze des Lernens an sich (education through the arts) ergänzen;
- wenn es im Verlauf und im Anschluss an die Projekte eine kritische Reflexionsphase gibt;

- wenn der Schwerpunkt der Arbeit in der Zusammenarbeit liegt;
- wenn die Haltung der Projekte in Richtung Integration und Partizipation ausgelegt ist;
- wenn Strategien entwickelt werden, um den Lernprozess und die Erfahrungen der Kinder zu dokumentieren und zu bewerten;
- wenn alle Partner (also Lehrerinnen, Künstler und involvierte Bevölkerung) die Möglichkeit zur Fortbildung haben;
- wenn die organisatorischen Strukturen der Schule flexibel gehandhabt werden. (vgl. Bamford 2006)

"We worry about the youth of Peckham not getting Opera, but should we be equally worried about middle-class kids not getting south London street culture?" (Holden 2008, S. 12) fragt John Holden in der Studie „Culture and Learning: Towards a New Agenda", die im Auftrag von britischen Stiftungen, die in der Kulturvermittlung aktiv sind, erstellt wurde und verdeutlicht den breiten Kunst- und Kulturbegriff, der dieser Studie zu Grunde liegt: "Here 'the arts' are broadly conceived to include historic and contemporary arts, 'high art' and popular art, performing arts, literature and heritage, and arts within and beyond such institutions as museums and galleries." (Holden 2008, S. 11f.)

Großbritannien verfügt über eine lange Tradition an Kulturvermittlung und Kultureller Bildung: Kooperationen zwischen Kulturorganisationen und Schulen blicken heute auf eine über 30jährige Geschichte zurück. Aber auch hier findet ein permanenter Diskurs darüber statt, in welcher Qualität, aus welchem Fokus und aus welcher Perspektive Vermittlung stattfindet. Als ein Indiz dafür mag die Hinterfragung des Begriffs 'education' gelten, der bis dahin die Vermittlungsprogramme an Museen, Orchestern oder Theatern bezeichnet hat. Dieser stellte die Institution in den Mittelpunkt, die „Bildung" anzubieten hat und wird nun gerne durch 'learning' ersetzt. Diese Umwandlung verweist aber nicht nur auf ein oberflächliches Austauschen von Bezeichnungen sondern auf einen tiefergehenden Wertewandel: die Erfahrungen des Lernenden sollen nun im Mittelpunkt stehen, das sich Bilden des Publikums und mit ihm der Akteure in den Kulturorganisationen. In diesem Sinn meint Kulturelle Bildung das Erwerben und Weiterentwickeln des kollektiven Gedächtnisses in einem lebenslangen Prozess. Dabei werden Fertigkeiten, Wissen und Verstehen im kulturellen Kontext erlernt und als Erfahrungslernen von der Motivation der Lernenden angetrieben:

> "Cultural learning is not the same as creative learning (learning that develops creative capacities), but cultural learning often encourages creative thinking, behaviours and attitudes." (Holden 2008, S. 11).

Max Fuchs filtert vier Kulturkonzepte heraus, die kultureller Bildungsarbeit zu Grunde liegen:
1) Das ethnologische Konzept: Kultur ist Lebensweise – wie der Mensch lebt und arbeitet.
2) Das kunstbezogene Konzept: Kultur ist Kunst
3) Das normative Konzept: Kultur ist human gestaltete Lebensweise – während der ethnologische Zugang nicht wertet, erhebt dieses Konzept Ansprüche wie z.B. „Menschenwürde".
4) Das soziologische Konzept: Kultur nähert sich symbolisch an Werte und Normen in der Gesellschaft.

Bildungs- und Kulturarbeit benötigt alle vier Konzepte, um umfassend wirken zu können: das ethnologische Konzept leitet an, den sozialen Hintergrund der Menschen zu verstehen, mit denen Kulturvermittlerinnen und -vermittler arbeiten; das kunstbezogene Konzept macht das Spezifische des Arbeitsfeldes aus; das normative Konzept thematisiert die Ziele des pädagogischen Handelns und das soziologische Konzept geht davon aus, dass Kulturarbeit besondere gesellschaftliche Wirkungen hervorruft.
Kulturelle Bildung ist in diesem Sinn mit künstlerischen Mitteln entwickelte Bildung, die ihre Aufmerksamkeit auf die Lebenswelten der Rezipientinnen und Rezipienten richtet, dabei einen emanzipatorischen Anspruch erfüllt und den bewussten Gebrauch von ästhetischen Symbolen vermittelt. (Fuchs 1998a, S. 178–181)

4.1.4   Musikpädagogische Impulse für das Praxisfeld Musikvermittlung

Ästhetische Bildung aus musikalischer Perspektive

Ästhetische Bildung reicht als Konzept zu Friedrich Schiller (1759-1805) zurück, der in seinen Briefen „Über die Ästhetische Erziehung des Menschen" diese mit dem Umgang und der Erfahrung von Kunst verbindet und sich neben einer Kultivierung der Affekte und des Geschmacks auch die Verwirklichung von politischer Freiheit erhofft. Alexander Gottlieb Baumgarten (1714–1762) gilt als Begründer der Ästhetik als philosophische Disziplin – er unterscheidet Ästhetik als Wahrnehmung, wenn es sich um die sinnliche Beziehung zu Gegenständen handelt und Ästhetik als Gefühl, wenn die sinnliche Beziehung zu sich selbst im Vordergrund steht. Ästhetische Bildung setzt also von Beginn an bei der Orientierung am „ganzen Menschen" an und wendet sich gegen eine einseitige intellektuelle und kognitive Ausbildung.
Die fortschreitende Industrialisierung im 19. Jahrhundert und die mit ihr einhergehende Arbeitsteilung enttäuscht die Hoffnungen Friedrich Schillers und in der Folge die Visionen Wilhelm von Humboldts, der ein humanistisches Bildungsverständnis etablieren wollte. Ästhetische Bildung verliert ihre politische Dimension und wird

vom Konzept der musischen Bildung abgelöst, die sich selbst als Kompensation der bestehenden Verhältnisse der Entfremdung versteht. Erst 1968 suchen Kulturpädagoginnen und -pädagogen wieder nach Anknüpfungspunkten zu den Idealen von Schiller und Humboldt.

Als pädagogischer Begriff ist der Lehr- und Lernbereich Ästhetik generell den Schulfächern Bewegung und Sport, Bühnenspiel, Bildnerischer Erziehung, Werkerziehung und Musik zugeordnet. Die Kritik an dieser spartenspezifischen Zuordnung wird seit den 70er Jahren immer wieder von Seiten der Kulturpädagogik geäußert, da ästhetische Bildung in allen Bereichen der gestalteten Lebenswelt stattfindet und sich dabei an den rituellen Formen des gesellschaftlichen Gebrauchs orientiert. Ästhetische Bildung greift in das Sozialisationsgeschehen ein, das sich außerhalb von Bildungseinrichtungen im Alltag entwickelt und ist dabei auf das Erkennen und Verändern der gelebten Wirklichkeit ausgerichtet. (Franke 2000, S. 696–727)

Der Erziehungswissenschaftler und Sozialpädagoge Klaus Mollenhauer (1928–1998) findet zum Umgang mit ästhetischen Symbolen wesentliche Ansätze für die Pädagogik: er definiert ästhetische Symbole als bedeutungsvolle kulturelle Zeichen, die als Objekte wie Bilder, Tonfolgen oder Worte wahrgenommen werden. Für den Rezipienten oder die Rezipientin sind diese ästhetischen Objekte Anlässe für ästhetische Erfahrung, für den Produzenten oder die Produzentin hingegen Dokumente einer Erfahrung. Mollenhauer geht davon aus, dass diese ästhetischen Symbole gelernt und gelehrt werden können wie ein ästhetisches Alphabet, aber betont dabei, dass sich ästhetische Praxis nicht darin erschöpfen könne, diese Zeichen im Verlaufe einer „Alphabetisierung" zu entschlüsseln und zu lesen. Das subjektive Empfinden, das ästhetisch ausgedrückt wird, soll im Zentrum stehen. Mollenhauers Nachdenken über pädagogische Prozesse weist Schule als einen Ort von mehreren aus – vor allem bezieht er sich auf das Verhältnis der Generationen zueinander: ein Aspekt, der für die Praxis der Musikvermittlung besonders bedeutsam ist. Auch hier geht es innerhalb und außerhalb der Schule um musikpädagogische Prozesse und Anlässe, die es dem Nachwuchs ermöglichen, an den kulturellen Erscheinungen teilzunehmen (vgl. Mollenhauer1993).

Jedoch:

> „Dass die kulturelle Überlieferung besonderen Personen an besonderen Orten überantwortet wird, heißt nicht, dass damit das selbständige Lernen aus Erfahrung einer schrittweise kalkulierten Vermittlung von aufsagbarem Wissen weichen müsse. Dass jemand aus Erfahrung lernt, heißt nicht, dass niemand ihm dies durch absichtsvoll pädagogisches Handeln ermöglichen dürfte." (Rolle 1999, S. 30)

In diesem Sinne findet ästhetische Bildung im Bereich der Musikvermittlung statt, wenn ihr kein technisch-manipulierender Handlungsbegriff zugrunde liegt, der vermuten lässt, dass zielgerichtet auf die junge Generation eingewirkt werden kann, sondern wenn die Anlass-Gebenden für ästhetische Bildung Erfahrungslernen des Publikums und der Zuhörenden zulassen. Dabei geht es zum einen um kulturelle Überlieferung, zum anderen aber nicht nur um kulturelle Reproduktion sondern das Setzen von Impulsen für gesellschaftliche Veränderung.

Spannungsfelder zwischen schulischer und außerschulischer Musikvermittlung[24]
Kooperationen zwischen schulischer und außerschulischer Musikvermittlung führen zu erfolgreicher Teamarbeit, wenn die einzelnen Partner genügend voneinander wissen und einander in ihrer Tätigkeit respektieren: Kennt ein außerschulischer Musikvermittler bzw. eine Musikvermittlerin (z.B. ein Konzertpädagoge oder eine -pädagogin eines Orchesters) die unterschiedlichen Voraussetzungen allgemein ausgebildeter Pflichtschullehrerinnen und fachspezifisch geprägter Musikerzieher an allgemeinbildenden höheren Schule, wird er für die beiden unterschiedlichen Partner auch jeweils passende Modelle und Methoden der Zusammenarbeit entwickeln. Und umgekehrt profitieren außerschulische Bildungsanbieter davon, durch Feedback der institutionell Lehrenden ihre eigenen Angebote immer neu in Verschränkung oder bewusst in Ergänzung zu Schule zu entwickeln.
Während in vorbereitenden konzertpädagogischen Workshops in Schulklassen die Grenzen zwischen schulischer und konzertpädagogischer Herangehensweise oft fließend sind, wird das Spezifische in Musikvermittlungs-Konzerten deutlich:

> „Kinder wie Erwachsene erwarten ein Konzerterlebnis und keine Lehrstunde; dennoch wollen sie bei dieser Gelegenheit etwas über Musik, über das Musizieren oder über Musiker erfahren,"

präzisiert der deutsche Konzertpädagoge Ernst Klaus Schneider (Schneider 1999, S. 84) und charakterisiert damit in wenigen Worten das Spannungsfeld der kulturellen Bildung im außerschulischen Bereich: Veranstaltungen für Kinder, die zumeist am Wochenende besucht werden, sollen sowohl Freizeitbedürfnisse wie Erlebnis, Unterhaltung und Vergnügen befriedigen, aber auch die Sinne schulen, die Wahrnehmung erweitern und rationale Kriterien zum Verständnis von Musik anbieten. Mit ihren Kindern nehmen ebenso die Eltern neue Zugänge zu einem Musikstück an.

---

[24] Die Bezeichnung „außerschulische Musikvermittlung" findet ihren Bezugspunkt in einer Abgrenzung, die den meisten Projekten und Prozessen der Musikvermittlung nicht gerecht wird, da sie zwar von Musikvermittlern und Konzertpädagoginnen angeleitet wird, die nicht das Fach „Musikerziehung" an einer Schule unterrichten, ihre Angebote aber zu einem großen Teil mit Schülerinnen und Schülern im Rahmen des Unterrichts verwirklichen – in konzertpädagogischen Workshops im Klassenzimmer oder in schulbezogenen Veranstaltungen in Konzerthäusern. Jürgen Vogt hält den Begriff für ebenso wenig hilfreich wie „außerirdisch" oder „außereuropäisch", da er damit eine Definition von einem inneren Zentrum zu einer äußeren Peripherie liefert, der die außerschulischen Bemühungen zu einer Restkategorie abwertet (Vogt 2008, S. 8f.).

Der Weg der Vermittlung darf allerdings nicht zu sehr an eigene negative Schul-Erfahrungen erinnern:

> „Manche verbinden glückliche, die meisten aber mehr oder weniger unglückliche Erinnerungen mit ihrer Schulzeit. Daraus resultiert eine lebenslange Abneigung gegen ‚Pädagogisierung' und ‚Didaktisierung'." (Ehrenforth 2001, S. 12)

Bildungsangebote, die nicht abgeprüft werden, die auf den Vor-Erfahrungen der Zuhörerinnen und Zuhörer aufbauen, die Verbindungen zu ihrer Lebenswelt herstellen und das Verstehen von Musik ermöglichen, werden hingegen bereitwillig angenommen.

Zwei Kritikpunkte an der Musikvermittlung im Konzertleben werden von Seiten der in Bildungsinstitutionen Lehrenden in der aktuellen Diskussion besonders häufig genannt und sollen hier aufgegriffen werden, um sie genauer zu betrachten:

Außerschulische Musikvermittlung ist Aktionismus:
„Welchen Sinn können ‚musikalische Kinder- und Jugendevents' haben, deren Singularität eine kontinuierliche Auseinandersetzung mit Musik determiniert und einer ‚Häppchen-Pädagogik' das Wort redet?" (Langer 2007, S. 189) fragt Armin Langer in einer grundsätzlichen Überlegung zu Aspekten der gegenwärtigen Musikvermittlungs-Praxis – seine Frage steht stellvertretend für die Meinungen vieler schulischer Musikpädagogen und soll deshalb als Beispiel zur Darstellung von drei Dimensionen, die sich hinter dieser Frage verbergen, fungieren:

1) Kinder- und Jugendevents versus Konzertkultur
Das Feld der Musikvermittlung stellt sich in der Gegenwart sehr vielfältig dar. Neben Einführungsvorträgen, Moderationen, vorbereitenden konzertpädagogischen Workshops und etablierten Kinderkonzert-Reihen, präsentieren sich neue Formen der Musikvermittlung, die mit dem klassischen Konzertformat nur noch wenig zu tun haben:

> „Es klingt so einfach wie ein Kochrezept: Man nehme ein Orchester, das 25 Minuten lang Musik spielt, lasse das junge Publikum am Boden sitzen, verteile Luftballons und Seifenblasen im Saal, erzähle dazu eine gute Geschichte, studiere mit den Kindern ein Lied ein, verwende Power Point – und fertig ist das gelungene Konzerterlebnis für Vorschulkinder. Der Mann „am Herd" heißt nicht Jamie Oliver, kommt aber auch aus England und ist wie sein genialer Kochkünstler-Kollege ein Trendsetter: Paul Rissmann zählt derzeit wohl zu den erfahrensten und begehrtesten Konzertpädagogen in Großbritannien".[25] (Wimmer 2003, nmz Nr. 11)

---

[25] http://www.nmz.de/artikel/mitten-im-klang-%E2%80%93-mitten-im-musikleben [29.4.2009]

Natürlich überspitzt dieses Zitat die gängige Praxis zahlreicher Musikvermittlerinnen und Musikvermittler, im Kern bleibt allerdings der Befund bestehen, dass Musik im Rahmen solcher Konzerte durch Visualisierung, Emotionalisierung und Anbindung an die kulturelle Praxis der Kinder zu einem Transportmedium für das Ereignis an sich verkommt – eine Bindung zwischen Musikerinnen, Musikern und Kindern im Publikum wird hergestellt, um das Produkt „Orchestermusik" zu verankern – das Medium dafür ist beinahe austauschbar.

2) Singularität versus Kontinuität

Ein so genannter „Kinder- und Jugendevent" kann allerdings genauso gut positiv als erlebnisorientierter Anlass eines einmaligen Konzertereignisses begriffen werden, der im Kontinuum musikpädagogischer Allgemeinbildung an der Schule oder ergänzend zum Instrumentalunterricht als Einzelereignis Musik live im Konzertsaal präsentiert und dabei auf kulturelle Praktiken von Kindern und Jugendlichen Bezug nimmt. Außerschulische Musikvermittlung für Kinder und Jugendliche wirkt ähnlich der Kulturarbeit für Erwachsene: auch Konzerte und musikvermittelnde Angebote für Erwachsene erheben keinen Anspruch, eine umfassende Allgemeinbildung zu Musik leisten zu können. Sie stellen ein kulturelles Angebot dar, das ergänzend aber auf keinen Fall ersetzend zur musikpädagogischen Arbeit an Schulen und Musikschulen, wirken kann. So wie Schulen und Musikschulen eine gesellschaftliche Aufgabe zur kulturellen Bildung haben, stehen auch Kulturinstitutionen, die mit öffentlichen Geldern subventioniert werden, in unmittelbarer Verantwortung zu ihrem Publikum, ihr Kulturangebot so aufzubereiten, das es von der Bevölkerung auch wahrgenommen werden kann.

3) „Häppchen-Pädagogik" versus methodisch-didaktischer Aufbau

Ein weiterer Vorwurf, der der Musikvermittlung und Konzertpädagogik von Seiten der schulischen Musikpädagogik entgegengebracht wird, ist der, in der altersspezifischen Methodik und Didaktik der zu vermittelnden Inhalte zu bereits überholten oder nicht angemessenen Mitteln zu greifen. Selbstverständlich arbeitet ein Musikpädagoge in einer Schulklasse über ein Jahr hinweg anders als eine außerschulische Musikvermittlerin, die einem größeren Publikum im Konzert oder einer Schulklasse in einem konzertpädagogischen Workshop gegenübersteht. Die Herangehensweise ist eine grundsätzlich andere. Außerschulische Musikvermittlung versucht, Inhalte aus dem Musikleben aufzubereiten und Wahrnehmungsprozesse anzuregen, damit das Publikum eigene Wege zum kulturellen Angebot findet. Dabei können sie in den seltensten Fällen über einen längeren Zeitraum hinweg aufbauend arbeiten, sondern müssen darauf vertrauen, dass ihre Impulse im Sinn des lebenslangen Lernens zur kulturellen Bildung beitragen. Auch die Methoden sind von den Umständen der Kulturinstitutionen abhängig – Langers Vorwurf der Lehrendenzentrierung bzw.

Vermittelndenzentrierung im Gegensatz zur Schülerinnen und Schülerzentrierung (Langer 2007, S. 188) ist situationsbedingt nicht von der Hand zu weisen, wird aber in Kooperationsmodellen wie *Response* oder *Klangnetze*, die über mehrere Monate Zeit zur Verfügung haben, um mit Schulklassen an Kompositions- und Gestaltungsprozessen zu arbeiten, erfolgreich konterkariert. Auch *Outreach-Projekte, die beispielsweise Composer in Residence* verpflichten, um mit örtlichen Laienensembles wie Kirchenchor, Blasmusik und Musikschulorchester gemeinsam zu arbeiten, können von der Fokussierung auf angebotsorientierte Inhalte abweichen.

Einzelne Konzertveranstalter wie die Jeunesse Österreich bieten ihre musikvermittelnden Angebote im Rahmen eines saisonalen Abonnement-Systems an: Kinderkonzerte und Workshops finden so für dasselbe Publikum von September bis Juni statt und haben damit die Möglichkeit, nachhaltiger zu wirken als Einzelangebote.

Musikvermittlung meint Marketing

> „Auch scheinen bisweilen die Interessen an dem neuen Zauberwort [Musikvermittlung] und an den mit ihm verbundenen Aktivitäten eher fremdbestimmt und aus Verlegenheit erwachsen. Vielfach verbirgt sich hinter dem, was Musikvermittlung genannt wird, schlicht und einfach ‚Marketing' oder Werbung." (Richter 2005, S. 1)

Schulische Musikpädagogen und -pädagoginnen können im urbanen Raum inzwischen aus einer Vielzahl von Musikvermittlungsangeboten wählen: vom städtischen Opernhaus über den Konzertveranstalter vor Ort bis hin zu freien Initiativen der Vermittlung Neuer Musik reichen Angebote, die sich an Schulklassen richten. Es liegt nicht zuletzt am Pädagogen bzw. an der Pädagogin, dabei zwischen kurzfristig angesetzten Alibi-Aktionen für schlecht verkaufte Veranstaltungen und langfristig geplanten und konzeptiv durchdachten Modellen der Vermittlung zu unterscheiden. Grundsätzlich finden Musikvermittlung und Konzertpädagogik überwiegend im Non-Profit-Sektor statt: d.h. Kulturinstitutionen, die musikvermittelnde Aktivitäten anbieten, agieren selbst nicht gewinnorientiert sondern sind der öffentlichen Hand Rechenschaft über ihre Tätigkeit schuldig – vor allem hinsichtlich ihrer Auslastungszahlen. Dabei trachten alle Maßnahmen des Marketings, der Public Relations und der Werbung nach Kommunikationswegen, die die Produkte und Inhalte des Kulturveranstalters bei seinen Kunden positiv verankern und benützen dabei gegebenenfalls auch die Kommunikationswege der Musikvermittlung.

Oft schwingt der Vorwurf mit, dass mittels Marketing und Werbung kulturelle Bildung zu einem beliebigen Produkt verkommt, das in leicht rezipierbarer Form oberflächliche Inhalte transportiert. Dies kann nur im Einzelfall entschieden werden.

Partnerschaften zwischen Kultur- und Bildungsinstitutionen

„Ich erlebe das als unheimlich erfrischend im Schulalltag, wenn so ein Gast von außen kommt, das Interesse der Schüler wird am Anfang gut sein. Andererseits: Welche Rolle werde ich einnehmen? Welche Rolle wird diese Person besetzen? Was, wenn es drunter und drüber geht? Wie lange kann ich die Leitung in so einem Fall bei der Künstlerin lassen? Und manchmal denke ich auch: Wird was ‚weitergehen' in den Stunden? Oder: Werde ich meine Position behalten in der Klasse, auch wenn das Neue nun besonders faszinierend ist? ..." (Eine Lehrerin zitiert bei Malmberg 2006, S. 158)

Zwei Punkte, die für Partnerschaften zwischen Musikvermittlung und Schule von Bedeutung sind, lassen sich aus diesem Zitat einer Lehrerin, die regelmäßig mit Musikerinnen und Komponisten „von außen" zusammenarbeitet, herausfiltern:
Sowohl Lehrende als auch Musiker oder Kulturinstitutionen erleben in ihren Berufen und Berufsumfeldern Alltag. So wie es für Lehrende eine lebenslange Herausforderung ist, den eigenen Beruf immer wieder aufs Neue engagiert, professionell und abwechslungsreich auszuüben, kann es für Orchestermusiker oder Dramaturginnen an Konzerthäusern ebenso eine „erfrischende" Abwechslung in einer erprobten Profession sein, mit Schülerinnen und Schülern zu arbeiten. Erfrischend bedeutet in diesem Zusammenhang weit mehr als abwechslungsreich – es bedeutet viel mehr neue Anregungen für den eigenen Beruf, Auseinandersetzung mit der eigenen Persönlichkeit, Neugierde im Zugang zur Sache, der Musik, Überraschung im Umgang mit unvertrauten Personen: für Lehrende mit Künstlern oder Kulturschaffenden, für Künstlerinnen und Kulturschaffende mit Lehrenden und ihren Schülerinnen und Schülern. Den Wert dieser Erfahrungen wieder in den jeweils eigenen Beruf mitzunehmen, ist ein wesentlicher Antrieb für Personen, die sich auf Musikvermittlung einlassen.
Kommen Musikerinnen und Musiker für einen zweistündigen Workshop zu einem speziellen Thema in die Schule, beispielsweise zur Vorbereitung auf ein Orchesterstück, das die Schülerinnen und Schüler später im Konzert hören werden, ist die Rollenverteilung meist ohne vorherige Absprache geklärt: der Musiker liefert den künstlerischen Input, die Lehrerin sorgt für eine Atmosphäre der Konzentration bei der Arbeit. Konflikte entstehen, wenn Musiker noch sehr wenig Erfahrung mit Kindern bzw. Jugendlichen in Gruppen mitbringen oder die Lehrerin den Besuch des Gastes dazu nützen möchte, als verantwortliche Person für das Geschehen in den Hintergrund zu treten und bspw. während des Workshops andere Tätigkeiten ausübt. Damit bringt sie gegenüber den Schülerinnen und Schülern zum Ausdruck, dass sie sich für den Inhalt des Workshops nicht interessiert und mit Sicherheit nach dem Besuch des Gastes im Rahmen ihres eigenen Unterrichts nicht daran anschließen wird, um die Begegnung nachhaltig wirksam zu machen.

Selbst wenn die Begegnung mit dem Gast nur für zwei Stunden stattfindet, lohnt es, in die Absprache zwischen Lehrenden und Musikerinnen und Musiker Zeit zu investieren: Materialien zum Workshop, ein kurzer Überblick über die Inhalte des Workshops und ein persönliches Kennenlernen, bevor mit den Schülerinnen und Schülern gearbeitet wird, schafft eine positive Ausgangsbasis für die Interaktion zwischen Lehrenden, Musikerinnen und Schülern. Beide respektieren einander in ihrer Expertenschaft und bilden für die Zeit des Workshops ein heterogenes Team mit einem gemeinsamen Ziel.

Anders stellt sich die längerfristige Zusammenarbeit zwischen Musikerinnen und Lehrenden in Kompositionsprozessen wie *Klangnetze*- bzw. *Response*-Projekten dar. Bereits in der ersten Phase der Entwicklung des Projekts treffen Lehrende und Musikerinnen/Komponisten aufeinander und erarbeiten gemeinsam Strategien der musikalischen Arbeit mit Schülerinnen und Schülern. Lehrende gehen aufgrund ihrer Vor-Erfahrungen und ihrer Ausbildung unterschiedlich gerüstet in Workshops dieser Ausrichtung. Eine Sonderschulpädagogin hat vermutlich mehr Knowhow im Umgang mit verhaltensauffälligen Kindern in einer Gruppe und dafür weniger musikalische Kenntnisse, die sie in die Workshop-Arbeit einbringen könnte – bei einem Musikpädagogen der Sekundarstufe liegen die Kompetenzen hingegen im künstlerischen als auch im pädagogischen Bereich und die Teambildung erweist sich für den Arbeitsprozess besonders wichtig.

4.2   Musikvermittlung als Anliegen der Kulturpolitik

Kulturpolitik verfolgt ein politisches Ziel und lässt politische Entscheidungen am Beginn jeden kulturellen Handelns der öffentlichen Hand stehen (Heinrichs 1997, S. 41). Diesen Entscheidungen liegen Strategien zugrunde, die gesellschaftliche Gestaltungsprozesse steuern sollen – der Begriff „Kulturpolitik" klingt in diesem Zusammenhang paradox, wenn Kultur allgemein für das Zweckfreie, Kreative steht und Politik für das Steuernde und Regelhafte. Max Fuchs geht davon aus, dass der größte Teil der Kulturarbeit ohne zugrunde liegende kulturpolitische Programme realisiert würde. Die parteipolitischen Programme sind zur Umsetzung von kulturpolitischen Zielen zwar vorhanden, würden in der Praxis aber häufig über die jeweiligen kommunalen Möglichkeiten hinausreichen. Kulturpolitische Analyse sei demnach oft keine Analyse der Realität, sondern der zugrundeliegenden Ideen und Ideologien (Fuchs 1998b, S. 228). Das folgende Kapitel gibt einen Überblick über kulturpolitische Leitideen in Deutschland und Österreich nach 1945 und versucht dabei, die Entwicklung realer Praxisfelder von Musikvermittlung und kulturpolitische Maßnahmen im Feld der sogenannten Kinderkultur zu beschreiben.

4.2.1   Kulturpolitische Entwicklungen in Deutschland

Nach 1945 verstanden sich die Kommunen in Deutschland als Hüterinnen und Pflegerinnen der Kultur, deren Institutionen ihnen von privaten Mäzenen und Adeligen nach dem Ersten Weltkrieg überantwortet wurden. In ihrem Selbstverständnis übernahmen sie den Kulturbegriff und die kulturellen Einrichtungen des Kaiserreichs und sicherten deren Fortbestand in Umfang und Qualität. Nach dem Zweiten Weltkrieg wurden zahlreiche Musiker, Schauspielerinnen und bildende Künstler selbst aktiv und veranstalteten kulturelle Reihen und Konzerte. Ohne Erfahrung und Management-Kompetenz verliefen allerdings viele dieser idealistischen Initiativen im letzten erfolglos. Die Kommunen selbst konzentrierten sich während der Regierungszeit von Konrad Adenauer auf den Wiederaufbau der Theater und Museen und errichteten Konzerthäuser, Bibliotheken und Archive. Geboten wurden Veranstaltungen, denen ein traditioneller Kunstbegriff zugrunde lag. (Heinrichs 1997, S. 22–24)

In den 60er Jahren zeichnete sich erstmals ein Aufbegehren gegen das traditionelle Kunstverständnis ab, das aus der Sicht der heranwachsenden Generation die Aufarbeitung der Vergangenheit erschwerte und bestehende Herrschaftsverhältnisse weiter etablierte. In der Folge von 1968 rückten in den 70er Jahren Kunst und Alltag wieder näher zueinander. Kultur sollte aus den Bedürfnissen und Erfahrungen des Alltags heraus erwachsen und damit in Beziehung stehen. In der Folge prägten drei Schlagworte die kulturpolitische Diskussion in Deutschland:

- Kulturelle Demokratie
- Soziokultur
- Erweiterter Kulturbegriff

Ziel der Kulturpolitik war es, Kultur nicht mehr als Privileg der Wohlhabenden und des Bildungsbürgertums zu verhandeln, sondern tatsächlich „Kultur für alle" zu ermöglichen. Damit war eine Erweiterung des bis dahin vorherrschenden bürgerlichen Kulturbegriffs unumgänglich. Nun war es von Interesse, wie der Mensch lebt, wie er wohnt, ob und wie er seine geistigen Fähigkeiten entwickeln kann, wie er seine Freizeit verbringt, in welchen Beziehungen er lebt – und welche Kunst er wahrnimmt bzw. selbst hervorbringt. Kunst wurde als Kommunikationsmedium begriffen, das zwischen pluralen und vielfältigen Einzelinteressen und Konflikten eine zusätzliche kommunikative Ebene schaffen konnte. Kulturelle Bildung sollte dabei helfen, den Kulturbegriff um kommunikative und soziokulturelle Momente zu erweitern. Kultur wurde in einen größeren Zusammenhang der Stadtentwicklung gestellt, und eine neue kulturelle Infrastruktur sollte ermöglichen, dass niemand aus sozialen und geographischen Gründen gehindert werden sollte, am Kulturleben teilzunehmen. Volkshochschulen, Musikschulen und soziokulturelle Zentren entstanden entweder neu oder erfuhren einen neuen Aufschwung.

Ebenso etablierte sich eine weitere Berufssparte: Theater- und Museumspädagoginnen und –pädagogen sollten für Bevölkerungsgruppen, die bis dahin kulturellen Angeboten distanziert gegenüber standen, Zugänge zur Kunst mittels didaktischer Methoden möglich machen. Doch die Nachfrage der Bürgerinnen und Bürger deckte sich nicht unbedingt mit dem Angebot seitens der Kulturpolitiker und Kulturschaffenden. Traditionelle Angebote wurden nach wie vor stärker frequentiert als soziokulturelle. Soziokultur wurde zu einer ergänzenden Alternative und nicht wie geplant zu einer ersetzenden. (Heinrichs 1997, S. 25–33)

Insgesamt prägte jedoch ein faszinierendes Erneuerungsprogramm die Kulturpolitik der 70er Jahre – mit Begeisterung wurde die neue Aufbruchsstimmung von Künstlerinnen, Künstlern und Kulturschaffenden mitgetragen.

> „Nie wieder wurde so viel über Kultur und Kulturpolitik diskutiert wie in den siebziger und frühen achtziger Jahren; nie zuvor und auch nicht in den Jahren danach wurde deutlich, wie sehr Kultur das Dynamische in einer gesellschaftlichen Entwicklung sein kann." (Heinrichs 1997, S. 31)

Hilmar Hoffmann verkörpert diese Ära als Kulturdezernent mit seinen kulturpolitischen Initiativen in Frankfurt – und mit dem Schlagwort „Kultur für alle", indem er vorangegangene Schlagworte (und Zukunftshoffnungen) wie „Bildung für alle" von Comenius (1592-1670) oder „Wohlstand für alle" von Ludwig Erhardt (1897–1977) abwandelte. In seinem gleichnamigen Buch schreibt er:

> „Jeder Bürger muss grundsätzlich in die Lage versetzt werden, Angebote in allen Sparten und mit allen Spezialisierungsgraden wahrzunehmen...für Adressaten mit Hauptschulabschluss muss prinzipiell die Möglichkeit bestehen, sich durch attraktive zusätzliche Bildungs- und Vorbereitungsprogramme schrittweise Zugang zu allen Formen der Kunst zu verschaffen." (Hoffmann 1981, S. 29)

Im Bezug auf die Musikkultur ortet er eine Kluft zwischen sogenannter Hochkultur und kommerzieller „Sub"-Kultur, manifestiert im Konzert oder in Rockveranstaltungen. Musik würde zwar im Leben der Menschen einen ungemein großen Raum einnehmen, die Beschäftigung und Auseinandersetzung mit dieser Kulturform aber – vor allem in der Schule – völlig vernachlässigt werden. Die Schule hätte diese neue Realität achselzuckend hingenommen und würde an den neuen Gegebenheiten scheitern. Als Kulturpolitiker möchte er diesem Defizit durch ausgleichende Angebote entgegenwirken und spricht in diesem Zusammenhang davon „mit Jugendkonzerten, mit Jugendopern, mit Jugend-musiziert-Wettbewerben, mit workshops [sic!]" entgegen zu wirken. Seine Angebotspalette soll dem aktivierenden kreativen Bereich genauso wie dem rezeptiven Bereich, in dem Qualität bewusst gemacht wird, zuarbeiten. (Hoffmann 1981, S. 104–106) Vorbildwirkung hat für ihn die staatliche schwedische Stiftung „Rikskonserter", die neben anderen Aktivitäten im Sinne von „Musik für alle" kontinuierlich Schulkonzerte in ganz Schweden anbietet. Jeder Schüler und jede Schülerin soll mindesten zweimal jährlich die Möglichkeit haben, professionelle Musiker und Musikerinnen in einem Live-Konzert zu erleben. Diese Form der Musik-Animation findet bereits in den 70er Jahren auch in Kindergärten, Altersheimen, Krankenhäusern und Gefängnissen statt. Musik erhält durch didaktische Aufbereitung – Hoffmann nennt in diesem Zusammenhang Gehörbildung, Reden über Musik, Erklärungen der Partitur und Vorstellen der Instrumente – eine neue soziale Erlebnisfunktion, indem ein unmittelbarer Kontakt zwischen Publikum und Musik hergestellt wird. (Hoffmann 1981, S. 113)

Hoffmann kritisiert ein unproblematisches Einverständnis mit großer Kunst und ihren Hervorbringungen, das behauptet, vor der Kunst seien alle gleich. Der Konzertsaal würde zur Utopie einer homogenen Gesellschaft, die alles vor der Tür lässt, was die Harmonie stören könnte. Und so fordert er, dass auf dem Konzertpodium auch Widersprüche Platz finden und zwischen Künstlerinnen, Künstlern und Publikum eine kommunikative Auseinandersetzung über die gespielten Werke stattfindet. (Hoffmann 1981, S. 107)

Die Familie sieht er als primäre Sozialisationsinstanz, die bereits in der frühen Kindheit künftige Lebenschancen festlegt. Von der Kulturpolitik wünscht er sich daher, eventuelle kulturell-gesellschaftliche Defizite, die durch die Schule vielleicht noch verstärkt werden, durch ein Kultur-Curriculum für Kinder auszugleichen. Als Beispiele dafür nennt er Einrichtungen wie Kinder- und Jugendtheater, Kindermuseen oder Kommunales Kino. (Hoffmann 1981, S. 303f.) Nicht zuletzt weil er die Legitimation des Kulturpolitikers von folgenden Aufgaben ableitet: Beiträge zur Persönlichkeitsbildung und zur Integration in die Gesellschaft zu ermöglichen und damit lebenspraktische Grundqualifikationen und Kreativität zu vermitteln. Die Demokratisierung der Kultur und damit eine allmähliche Entwicklung einer kulturellen Demokratie müssen für den Kulturpolitiker die entscheidenden Leitlinien sein. (Hoffmann 1981, S. 35f.)

Das Ergebnis der – in der Person von Hilmar Hoffmann auch sehr emphatisch aufgeladenen – Aufbruchsstimmung der siebziger Jahre ist ein unglaublich reiches Angebot an Kulturveranstaltungen. Allerdings steht dabei nicht die Frage im Mittelpunkt, welche Kultur die Bürgerinnen und Bürger wollen, sondern die steuernde Frage: „Welches Angebot ist für die Bürgerinnen und Bürger die richtige Kultur?" Das erweiterte Kulturangebot wird fast ausschließlich aus öffentlichen Mitteln finanziert, allein schon, weil die Förderung von Soziokultur mehr dem öffentlichen Interesse verpflichtet ist, als die auf Einzelinteressen ausgerichtete Kunstförderung. (Heinrichs 1997, S. 32)

Max Fuchs sieht im Verlauf der achtziger Jahre einen Paradigmenwechsel im Vergleich zu den siebziger Jahren: Der Ausgleich von sozialer Ungleichheit ist nicht mehr das vorrangige Anliegen der Kulturpolitik, dagegen erhält kulturelle Ungleichheit eine neue Relevanz, die aber positiv besetzt wird mit Begriffen wie Buntheit oder Vielfalt der Lebensstile. Diese Pluralität gilt es natürlich nicht zu bekämpfen sondern zu unterstützen (Fuchs 1998b, S. 19).

Zunehmend wird es im öffentlichen Kulturbereich notwendig, mit Finanz- und Personalressourcen sparsamer umzugehen. Spricht man in den fünfziger Jahren von Kulturpflege und in den siebziger Jahren von Kulturarbeit, beginnt nun die Ära des Kulturmanagements. Effizienz- und Produktivitätskriterien bestimmen auch den Kulturbetrieb. Der erweiterte Kulturbegriff verliert an Bedeutung, da wie der Mensch lebt und arbeitet, nicht mit Hilfe von Kulturmanagement verhandelt werden kann. Die Realisierung von Kunst und ihren Rahmenbedingungen rückt in den Vordergrund (Heinrichs 1997, S. 35f.), wobei der Kunstinterpretation und Kulturvermittlung eine neue Bedeutung zukommt – und damit auf spezifische Art und Weise dem Publikum. Gerhard Schulze nennt vier Akteure des kulturpolitischen Handlungsfeldes: Kulturpolitik, Korporationen, Künstlerinnen und Künstler und Publikum. Und letzteres handelt nach Strategien, um ein Erlebnisziel zu erreichen:

> „Am Entscheidungshorizont eines Großstadtbewohners, der gerade dabei ist, sein Wochenende zu planen, tauchen öffentlich geförderte Erlebnisangebote neben vielen anderen Möglichkeiten auf. Das Theater konkurriert mit der Sportschau, die Oper mit der Disco, das Museum mit dem Freizeitpark, die öffentlich subventionierte Kleinkunstbühne mit dem Kino, der deutsch-türkische Folkloreabend im Kulturzentrum mit dem nächstgelegenen Skigebiet,…Nicht von der Herstellungsgeschichte hängt es ab, für welche Möglichkeit sich der Konsument entscheidet, sondern von der Rationalität der Erlebnisnachfrage." (Schulze 2005, 507)

Vermittlungsangebote zwischen Künstlerinnen, Künstlern und Publikum sollen dazu beitragen, den Erlebnisgehalt zu erhöhen und damit neue Anreize schaffen, sich auf künstlerische und kulturelle Prozesse einzulassen.

4.2.2 Kulturpolitische Entwicklungen in Österreich

Österreich durchläuft eine ähnliche kulturpolitische Entwicklung zu Deutschland. Natürlich stehen auch hier in den 70er und frühen 80er Jahren die „Humanisierung der Gesellschaft" (Leitbild der Sozialdemokratischen Partei Österreichs) und die „kulturelle Partizipation" (Leitbild der Österreichischen Volkspartei) im Mittelpunkt der kulturpolitischen Überlegungen. Auch hier fragen qualitative Zielvorstellungen der Politiker und Kulturmacherinnen nach dem guten Leben und stellen die Sinn- und Glücksfrage für die Bürgerinnen und Bürger des Landes – die Kulturpolitik versteht sich vorwiegend angebotsorientiert. (Wimmer 1995, S. 138–148)

Die Unterschiede liegen zwischen dem Umgang mit Soziokultur in Deutschland und sogenannter „Autonomer Kulturarbeit" in Österreich. Ist in den soziokulturellen Bestrebungen Deutschlands von Beginn an kulturelle Bildung mitgedacht, lehnt die alternative Kulturszene in Österreich die kulturpädagogischen Vorstellungen der Regierung, wie sie im kulturpolitischen Maßnahmenkatalog 1975 zum Ausdruck kommen, zunächst vehement ab. „Kulturelle Demokratie" versus „demokratische Kultur" nennt Jeff Bernard diesen Konflikt und verbindet mit ersterer Umverteilungsideen, die das Konzept der Kulturkonsumtion unterstützen würden, im Gegensatz zu einer Demokratisierung der Kulturausübung wie sie von freien Gruppen und Kulturinitiativen gefordert wird. (Bernard 1995, S. 17) Nicht „Kultur für alle" wird gefordert sondern „Kultur von allen", um kulturelle Identifikationsangebote zu machen und damit ein Klima der Akzeptanz zu schaffen, in dem sich Vermittlung als Prozess entfalten kann. Kontinuierlich sollen Produzierende und Konsumierende die Möglichkeit erhalten, in gesellschaftlichen Freiräumen kulturelle Kommunikation herzustellen. (Bernard 1995, S. 19)

Die Kulturpolitik der Regierung sieht hingegen die Verbesserung des Kulturverhaltens der Bürgerinnen und Bürger für wesentlich an und erarbeitet dazu als Leitlinie staatlicher Kulturpolitik den sogenannten „Kulturpoltischen Maßnahmenkatalog": Neben Initiativen zum Abbau des Stadt-Land-Gefälles, der Nutzung von Möglichkeiten der Audiovision, des Kulturmarketings und einer Koordinierungsstelle zur Kulturförderung des Bundes sind drei Punkte für die weitere Entwicklung von kultureller Bildung entscheidend: Die Gründung einer Kultur-Service Stelle, die in ihrer Ursprungsidee den Kontakt und die Konfrontation zwischen Künstlerinnen, Künstlern und Publikum erleichtern sollte und dabei besonders Lehrlinge und Jugendliche auf dem Land ansprechen sollte, ein neuer Förderungsschwerpunkt „Zielgruppe junge Menschen", um Institutionen wie die „Musikalische Jugend" oder das „Theater der Jugend" besonders zu unterstützen und zuletzt ein Aufruf zur „Kulturellen Erziehung" ganz allgemein:

> „Neben einer Aufforderung an die Schule, die Erwachsenenbildung, den ÖGB [Österreichischer Gewerkschaftsbund], die Kammern, die politischen Parteien und die Einrichtungen der außerschulischen Jugenderziehung, sich ihrer ‚Verpflichtung zur kulturellen Erziehung' verstärkt bewusst zu werden, werden eine Verbesserung der musischen Erziehung im Schul- und Vorschulalter sowie die Berücksichtung kultureller Aspekte bei der Bildungsfreistellung angekündigt." (Wimmer 1995, S. 159f.)

Im Verlauf der 80er und 90er Jahre setzt sich auch in Österreich eine neoliberale und zunehmend pragmatische Kulturpolitik durch, die auf der in den 70er Jahren begonnenen strukturellen Aufwertung von Kultur aufbauen kann. Es etabliert sich ein parteipolitisch entideologisierter und offener Kulturbegriff. (Wimmer 1995, S. 148)

Seit Beginn des 21. Jahrhunderts ist in Österreich wieder eine verstärkte Verschränkung von Kultur- und Bildungsagenden wahrzunehmen. „Kulturelle Bildung" wird zu einem Schlüsselbegriff für Kooperationen zwischen Kultur- und Bildungseinrichtungen und zum Motor für neue politische Schwerpunkte des Bundesministeriums für Unterricht, Kunst und Kultur und mit diesem verbundenen Einrichtungen wie KulturKontakt Austria. (Wimmer 2007, S. 7f.)

4.2.3   Kulturpolitik für Kinder

Die Pluralisierung der Kulturlandschaft hat auch zu einer weitreichenden Pluralität der anzusprechenden Zielgruppen geführt. Es entwickeln sich Szenen für „Kinderkultur", „Jugendkultur", „Seniorenkultur", „Freizeitkultur", „alternative Kultur', etc. Der Begriff „Kinderkultur" entsteht in den 70er Jahren aus der Rückübersetzung des schwedischen „barnkultur" und des dänischen „bornkulturen", der in den skandinavischen Ländern bereits große Bedeutung hat. Im deutschsprachigen Raum wird er im Gefolge der sogenannten Neuen Kulturpolitik und den Konzepten aus der „Soziokultur" wesentlich, vor allem im Hinblick auf seine kompensatorische Funktion: Kinderkultur sollte als ein Bollwerk gegen die negativen Einflüsse der Medien und der Konsumwelt fungieren.

In den letzten beiden Jahrzehnten wächst der Bereich von Kinderkulturangeboten besonders stark an. Jeder Ort, jede Stadt, jedes Festival verfügt über eigene Kinderkulturtage, Kinderkulturfeste, Filmwochen, Opernaufführungen für Kinder, Werkstattkonzerte oder Märchenerzähltage. Die quantitative Realität kann mit dem qualitativen Anspruch nicht immer mithalten. Oft entspringt das kulturelle Angebot für Kinder lediglich kurzfristigen politischen Überlegungen, die auf jüngere Eltern abzielen und nicht die Kinder als Publikum in den Blick nehmen. Der Festival-Charakter überwiegt zumeist und dient häufig als Alibi, weil Kinder als Subjekt und Objekt von Kulturarbeit nicht ernstgenommen werden.

Diesem Befund wollte eine Studie aus Österreich entgegenwirken, die bereits Anfang der 90er Jahre des vergangenen Jahrhunderts zur Gründung eines KinderKunstZentrums Stellung bezog: die Vertreter des Projekts gingen davon aus, dass Kunst für Kinder keineswegs eine andere sein müsse als die für Erwachsene, da Kinder nicht über ein geringeres, sondern über ein anderes Verständnis von Kunst verfügen. Kunst sollte nicht simplifiziert werden, sondern andere Einsichten zulassen. Dem Zentrum ging es um Sensibilisierung und Professionalisierung in diesem Bereich, um Informationsaustausch, Impulse und internationale Austauschinitiativen. Es sollte als interdisziplinäre Informationsdrehscheibe zwischen Künstlerinnen, Veranstaltern, Kunstvermittlerinnen, Wissenschaftlern, Journalistinnen und Publikum fungieren. Der Projektstudie folgte allerdings keine Beauftragung bzw. Förderung seitens der öffentlichen Kulturpolitik. (Bernard 1995, S. 527–533) Kulturelle

Zentren wie das *zoom Kindermuseum* und das Kinder- und Jugendtheater *Dschungel* in Wien verwirklichen heute die Visionen vor 20 Jahren.

Zahlreiche kulturpolitische Initiativen unterstützen heute das Anliegen, Musik- und Kunstvermittlung für Kinder und Jugendliche zu stärken und zu fördern. An dieser Stelle stehen zwei davon exemplarisch für eine Vielzahl weiterer aktueller Bemühungen:

Kinder zum Olymp![26]

Als Initiative der deutschen Kulturstiftung der Länder will *Kinder zum Olymp!* Kinder und Jugendliche für die Vielfalt von Kunst und Kultur begeistern. Als Beitrag zur kulturellen Bildung verbindet sie Anliegen der Kulturabteilungen der deutschen Bundesländer, des Max-Planck-Instituts für Bildungsforschung und der Bundeszentrale für politische Bildung und richtet sich sowohl an Kulturinstitutionen, Künstlerinnen und Künstler, Schulen und Kindergärten. Unter der Schirmherrschaft des deutschen Bundespräsidenten richtet sie jährlich einen Wettbewerb für Schulen aus, der kulturelle und künstlerische Projekte in Zusammenarbeit von Kultur- und Bildungsinstitutionen in den Mittelpunkt rückt. Darüber hinaus fördern nationale Kongresse und Handbücher den wissenschaftlichen und praktischen Diskurs zu Fragen der Kunstvermittlung im Rahmen von Bildungsprozessen.

netzwerk junge ohrenF[27]

Das Fachportal des *netzwerk junge ohren* richtet sein Augenmerk ausschließlich auf Musik und Musikvermittlung und unterstützt seit 2008 Akteure aus Musik, Bildung, Kulturpolitik und Kulturwirtschaft im deutschsprachigen Raum. Die Internetplattform bietet die Möglichkeit, Modelle der Musikvermittlung vorzustellen und im Rahmen eines Magazins Texte und Tendenzen innerhalb der Community zu diskutieren. Ein jährlicher Wettbewerb prämiert Musikvermittlungsprojekte aus Deutschland, Österreich und der Schweiz und trägt dazu bei, Lobbyarbeit im Bereich der kulturellen Bildung und der ästhetischen Praxis zu betreiben.

4.2.4   Eine Brücke zwischen Kunstproduktion und Rezeption

Konzerte für Kinder oder Musikvermittlungs-Projekte zur Vorbereitung von Aufführungen klassischer Musik dienen dazu, Kindern, Jugendlichen und Erwachsenen eine Kulturform zu erschließen, die Teil des hochkulturellen Angebots unseres westlichen Kulturkreises ist. Es werden vielfältige kulturpolitische Wege beschritten, um das Zielpublikum möglichst breit zu erreichen. Trägerorganisationen des hochkulturellen Lebens wie Konzerthäuser, Festivals oder Orchester arbeiten sowohl

---

[26] http://www.kinderzumolymp.de [31.5.2009]
[27] http://www.jungeohren.com [31.5.2009]

mit öffentlichen Stellen zusammen, wenn es darum geht, Eintrittspreise für Familien, Kinder und Jugendliche geringer zu veranschlagen als generell in diesem Segment der Erlebnisangebote üblich, als auch mit Kindergärten und Schulen im Sinne von Bildungseinrichtungen, die grundsätzlich Chancengleichheit beim Zugang zu kultureller Bildung ermöglichen sollen.

Beiden Varianten der kulturpolitischen Zusammenarbeit liegt die Annahme zugrunde, dass die Auseinandersetzung mit klassischer Musik oder Neuer Musik so wichtig ist, dass sie mit öffentlichen Geldern subventioniert und dabei Milieugrenzen und soziale Klassen außer Acht lassen und jedem jungen Menschen zumindest punktuell im Verlauf seiner Bildungskarriere zugänglich gemacht werden soll. Dies spiegelt einerseits das kulturelle Selbstverständnis derer wieder, die entweder als Künstlerinnen und Künstler an der Produktion Ernster Musik oder als Veranstaltende an der Distribution beteiligt sind und unterstützt andererseits die Idealvorstellung von Erziehenden und Eltern, ihren anvertrauten Kindern die Wege in ein gesellschaftliches Leben zu ebnen, das sie selbst für wertvoll erachten. Das junge Publikum musikalischer Aufführungen wird als Familie eingeladen oder im Rahmen von Instituionen aufgefordert und beim Prozess der Rezeption begleitet, um in eine künstlerische Symbolwelt hineinzuwachsen, die den kulturellen Horizont der älteren Generation absteckt und zugleich erweitert.

An dieser Stelle liegt nun der Fokus auf dem Publikum. Im folgenden Kapitel stehen drei Aspekte kulturpolitischer Grundlagen für die Konzertpädagogik im Mittelpunkt:

- Die soziologische Einschätzung und Beschreibung des Publikums, das Erlebnisangebote klassischer Musik derzeit in Anspruch nimmt.
- Eine Auseinandersetzung mit den demografischen Daten und Hinweisen zur Entwicklung des Publikums der Hochkultur.
- Die Betrachtung der besonderen Situation des jungen Publikums von Musikvermittlungs-Veranstaltungen, d.h. die Einschätzung der Bedürfnisse und Erwartungen von Eltern, Lehrenden, Kindern und Jugendlichen.

Wer ist das Publikum?
Konzerte mit klassischer Musik sind Teil unserer gegenwärtigen Hochkultur. Institutionen wie Schulen oder das Konzertwesen sowie Medien, Zeitschriften und Kultursendungen im Fernsehen sind damit beschäftigt, Symbole der Hochkultur immer wieder neu zu definieren. In Konzertzyklen der großen Konzerthäuser werden immer wiederkehrend die „Meister der Wiener Klassik", „Große Dirigenten und Solisten" oder „Die romantische Symphonie" mit wechselnden Interpreten programmiert. Dabei machen z.B. die Werke von Beethoven, Bruckner, Brahms und Mozart zwischen 7 und 11% aller aufgeführten Komponisten in einer Popularitätspyramide der drei Orchester Wiener Philharmoniker, Wiener Symphoniker und

Niederösterreichisches Tonkünstlerorchester aus der Zeit von 1975 bis 1994 aus, während sich Komponisten wie Schönberg, Debussy, Smetana u.a. zwischen 0 und 1% bewegen. (Mark 1998, S. 129) In allen Sparten der Hochkultur werden einige wenige Komponisten, Autorinnen oder Maler regelmäßig für ein breites Publikum aufbereitet, während Programmschienen mit Neuer Musik oder experimentellem Theater nur für kleine Minderheiten im Publikum konzipiert werden. Als klassischer Vertreter, die in diesem Hochkulturschema Kultur programmieren oder rezipieren, gelten der sogenannte „Bildungsbürger" bzw. die „Bildungsbürgerin".

Adorno subsumiert in dieser Gruppe gleich fünf seiner insgesamt acht Hörertypologien, mit denen er versucht, musikalisches Publikumsverhalten zu strukturieren: den „Experten", der bereits beim ersten Mal Hören die Struktur und die einzelnen Formteile einer Komposition von Anton von Webern mit vollziehen kann – diesen Hörer bzw. diese Hörerin findet er nur unter Berufsmusikern und -musikerinnen vertreten. Als „gute Zuhörer" charakterisiert er Besucherinnen und Besucher von Konzerten, die man für gewöhnlich als musikalische Menschen bezeichnet. Sie gehen mit Musik gleichermaßen wie mit Sprache um – so wie sie beim Sprechen oder Schreiben nicht in erster Linie an Grammatik oder den Satzaufbau denkt, verstehen und erleben sie Musik, ohne dabei innerlich musikwissenschaftliche Analysen vorzunehmen. Vertreter der Gruppe „Bildungshörer oder Bildungskonsument" hält Adorno für eine Schlüsselgruppe: in ihr seien Programmgestalter der Konzerthäuser, Stammabonnentinnen und -abonnenten und – wie er abfällig meint – „amerikanische Komiteedamen der philharmonischen Konzerte" vertreten: „Sie lenken jenen verdinglichten Geschmack, der dem kulturindustriellen zu Unrecht sich superior fühlt." (Adorno 1975, S. 21). Bildungshörerinnen und -hörer hören viel, manchmal sogar unersättlich und wissen ebenso viel über die Komponisten der aufgeführten Werke als über die ausführenden Interpretinnen und Interpreten. „Der emotionale Hörer" ist bei Adorno leicht zum Weinen zu bringen und vermutlich kein Deutscher: Adorno ortet ihn vorwiegend in den angelsächsischen Ländern und in der ehemaligen Sowjetunion. Emotionale Hörer suchen kompensierende Gefühle und neigen zu Tagträumen während des Zuhörens. Zuletzt zählen auch die „Ressentiment-Hörer" als Gegenmodell zu den vorher genannten Typologien zu dem, was unter dem Begriff „Bildungsbürger" bzw. „Bildungsbürgerin" verstanden wird, obwohl sie das offizielle Musikleben verachten und dabei sogar sektenhafte Züge annehmen. Adorno vermutet bei ihnen den größten Einfluss auf die Szene der Musikpädagogik, die zur Erscheinung seiner Musiksoziologie in den 60er Jahren noch dem Ideal des Musischen anhängt. Der Musikgeschmack des „Ressentiment-Hörers" bzw. der „Ressentiment-Hörerin" zeichnet sich durch eine Vorliebe zu Bach und Musik vor Bach aus. Es muss sich wohl um den Beginn der Werktreue-Bewegung in der barocken und klassischen Musik gehandelt haben, die Adorno besonders missfiel.

Die größte Gruppe macht natürlich die der Liebhaberinnen und Liebhaber von „Musik als Unterhaltung" aus, über die Adorno nichts Gutes zu berichten weiß: sie leiden an einer Ich-Schwäche und hören deshalb Musik nur als Reizquelle. Die Kulturindustrie ist auf sie ausgerichtet, wenn sie „Musik als zerstreuenden Komfort" erzeugt. Ohne seine Feststellung empirisch zu untermauern, vermutet er zuletzt bei den „Gleichgültigen, Unmusikalischen, Antimusikalischen", dass sie als Kinder besonders strenger Väter nicht fähig gewesen seien, das Notenlesen zu lernen, was aber die „Voraussetzung menschenwürdiger musikalischer Bildung heute" bilden würde. (Adorno 1975, S. 14–33)

Eine schicht- oder klassenspezifische Zuordnung der Hörerinnen und -hörertypen erscheint Adorno nicht geeignet. Vielmehr legt er Wert darauf, dass der sozialen Differenzierung unter den verschiedenen Kulturkonsumierenden keine große Bedeutung beigemessen werden sollte. Seine Typen lassen sich „schräg durch die Gesellschaft schneiden." (Adorno 1975, S. 33)

Gerhard Schulze vermutet 30 Jahre später sehr wohl eine soziale Zuordnung der verschiedenen Publika. Die Hochkulturszene, die er neben fünf weiteren Szenen der Erlebnisgesellschaft des ausgehenden 20. Jahrhunderts stellt, ist aus der Emanzipation des Bürgertums im späten 18. Jahrhundert heraus entstanden, das Konzerte und Theater öffentlich zur Aufführung brachte. (Schulze 2005, S. 475) Die Industrialisierung brachte es mit sich, dass die neue Klasse der Arbeiterinnen und Arbeiter von dieser hochkulturellen Praxis ausgeschlossen blieb. Die Gründung der Arbeiterbildungsvereine ist ein Zeichen dafür, dass Kultur und Bildung als Chancen des Aufstiegs für Arbeiterinnen und Arbeiter gesehen wurde und sich die Hochkulturszene langsam aus ihrer hermetischen Verschlossenheit öffnet.

Für die Hochkultur spielt die Kulturgeschichte eine größere Rolle als das Neue. Schulze sieht im „quasiliturgischen Zeremoniell von Aufführungen" (Schulze 2005, S. 476) die Sehnsucht des Publikums nach Unvergänglichkeit gespiegelt, der durch perfekte Aufführungen, die Virtuosität, Fehlerlosigkeit, Originalität und Inspiration als wichtigste Kriterien nahe gekommen wird.

Neben der Hochkulturszene erscheint eine weitere Szene, die Schulze anführt, für das Feld der Musikvermittlung sowohl aus Sicht junger Eltern als auch aus der Sicht grenzüberschreitender Musikerinnen und Musiker, die konzertpädagogisch arbeiten, bedeutsam: die sogenannte „Neue Kulturszene". Das Publikum dieser Szene sucht kulturelle Erlebnisse in Aufführungen der freien Theatergruppen, in Konzerten aus den Musikrichtungen Jazz/Pop/Rock/Folk, dem Tanztheater oder der Filmkunst. Schulze bemerkt eine innere Verwandtschaft zwischen beiden Szenen. Das Publikum würde grenzgängerisch zwischen verschiedenen Welten fluktuieren. So sind viele Eltern selbst keine regelmäßigen Konzertgänger, sondern nehmen Angebote der Hochkultur nur punktuell und oft zufällig wahr. Trotzdem besuchen sie mit ihren Kindern konzertpädagogische Veranstaltungen, sei es um selbst die eine oder andere Einsicht in klassische Musik zu gewinnen, oder sei es um ihren Kindern die Vielfalt musikalischer Erscheinungsformen in einem frühen Alter vorzustellen. Auch viele Musikerinnen und Musiker lassen sich heute nicht mehr eindeutig entweder der Hochkultur oder der Neuen Kulturszene zuordnen. Sie spielen genauso in Kammermusikensembles wie in Jazzkonzerten oder avantgardistischen Projekten. Gerade diese künstlerische Aufgeschlossenheit lässt sie oft an Workshops mit Kindern oder neuen Auseinandersetzungen mit dem Publikum im klassischen Sektor mitwirken. Entscheidend für den Unterschied zwischen Hochkulturszene und Neuer Kulturszene ist jedenfalls der Anspruch der letzteren, in Aufführungen, Filmen und Performances ästhetische Aktualität wahrnehmen zu können, das klassische Repertoire spielt dabei keine Rolle. (Schulze 2005, 481f.) Das Milieu, in dem die Neue Kulturszene beheimatet ist, ist jünger als das der Hochkultur. Entstanden ist die Neue Kulturszene in der Zeit vor dem Nationalsozialismus, als sie in Varietés, Kabaretts und Literaturcafés eine erste Blütezeit erlebte und ihre Faszination aus der provokativen Abweichung bezog. Erst in den fünfziger Jahren gewann sie wieder Bedeutung. (Schulze 2005, S. 479)

Zu Milieus – im Unterschied zu Schichten oder Klassen – ordnen sich Personen selbst bewusst oder unbewusst zu: Milieubeschreibungen erfordern Angaben zu Lebensalter und Bildung, zum Familienstand, der Haushaltsstruktur, zum Erwerbsleben, zur Wohnung und zu Wertvorstellungen und Gefühlen der Vertrautheit oder Distanz. (Schulze 2005, S. 277) Milieus heben sich von anderen durch ihre spezifischen Existenzformen und erhöhte Binnenkommunikation ab. Schulze hat fünf gesellschaftliche Milieus herausgearbeitet, wovon wiederum zwei für die nähere Spezifizierung des bereits bestehenden und des heranwachsenden Konzertpublikums relevant sind: das Selbstverwirklichungs- und das Niveaumilieu.[28]

Im „Niveaumilieu" finden sich eher ältere Personen jenseits der 40, die eine höhere Bildung haben. Sie lesen überregionale Zeitschriften, hören gerne klassische Musik

---

[28] Drei weitere Milieus werden bei Schulze näher erläutert: Im „Harmoniemilieu" finden sich ältere Arbeiter oder Verkäuferinnen, die gerne Pauschalreisen unternehmen, häufig Quizshows im Fernsehen ansehen und sich gegen intellektuelle Orientierungen abgrenzen. Wichtig ist ihnen Gemütlichkeit und Harmonie, sie neigen zum Fatalismus und haben häufig Übergewicht. Sie sind verheiratet oder verwitwet (Schulze 2005, S. 300). Das „Integrationsmilieu" umfasst ältere mittlere Angestellte oder Beamtinnen in Banken oder Versicherungen. Sie besitzen häufig ein Eigenheim, ihre alltagsästhetischen Präferenzen gehen je nach Bildungsgrad in Richtung Unterhaltungsmusik oder E-Musik. Auch ihre Vorstellung von Genuss geht in Richtung Gemütlichkeit und Harmonie, wobei Gemütlichkeit mit Kontemplation gepaart sein kann und Harmonie mit einem Streben nach Perfektion. Sie haben eine hohe allgemeine Lebenszufriedenheit, sind überwiegend verheiratet oder verwitwet und Streben nach Konformität (Schulze 2005, S. 311). Jüngere Arbeiterinnen und Verkäufer finden sich im „Unterhaltungsmilieu" wieder. Sie fahren gerne mit dem Auto oder Motorrad durch die Gegend, sehen gerne Science fiction-Filme im Fernsehen, gehen abends in die Diskothek, lehnen klassische Musik oder klassisches Theater ab und suchen Action. Sie sind bereit, sich politisch unterzuordnen und neigen ähnlich den älteren Vertretern aus dem „Harmoniemilieu" zum Fatalismus. Sie leben überwiegend mit einem Partner zusammen und streben nach Stimulation (Schulze 2005, S. 330).

und sehen im Fernsehen am liebsten Kulturmagazine, Künstlerportraits und Dokumentationen. Dieses Milieu erscheint am dichtesten in der Hochkulturszene. Schulze sieht es als zeitgemäßes Nachfolgemilieu des Bildungsbürgertums, das besonders dadurch deutlich wird, wogegen sich Menschen aus diesem Milieu abgrenzen möchten: Stillosigkeit, Unkultiviertheit und Inkompetenz.

> „Weniger wichtig ist die Frage, ob solche Kompetenzen [Virtuosität, Charisma, Eloquenz] eingesetzt werden, um Hoffnung auszudrücken oder Verzweiflung, Affirmation oder Kritik, Schönes oder Hässliches. Im Vordergrund steht die Frage, wie die Darbietung gemacht ist, nicht worauf sie hinaus will." (Schulze 2005, S. 288)

71% der Personen aus diesem Milieu gehören den oberen beiden gesellschaftlichen Rängen an und sind leitende Angestellte, Ärztinnen, Rechtsanwälte oder Lehrerinnen. (Schulze 2005, S. 283–289)

Das „Selbstverwirklichungsmilieu" beheimatet die Kinder des Niveaumilieus. Schulze hält die Sozialfigur des Studierenden, der genauso zu einem Konzert mit Rockmusik geht wie ab und zu ein klassisches Konzertprogramm mit Musik von Mozart und Beethoven besucht, für den prägenden Typen dieses Milieus. Er pendelt zwischen Kontemplation und Aktionismus und fühlt sich zur Neuen Kulturszene hingezogen wie zur Hochkultur. Viele von ihnen üben einen Sozialberuf aus, die meisten sind Kopfarbeitende. Das Selbstverwirklichungsmilieu dominiert den großstädtischen Erlebnismarkt. Obwohl das Zentrum des Milieus zunächst im studentischen Umfeld gelegen ist, haben sich inzwischen die Bildungsgrenzen nach unten und die Altersgrenze nach oben verschoben – und damit das Milieu stark anwachsen lassen. (Schulze 2005, S. 312–321; S. 494)

> Eltern, Lehrende und Künstlerinnen und Künstler, die im Musikvermittlungs-Feld als Publikum angesprochen werden oder tätig sind, gehören großteils dem Niveau- und Selbstverwirklichungsmilieu an. Einzelne Programme, die gezielt versuchen, Eltern und Bekannte aus den drei anderen Milieus in Konzerte für Kinder zu integrieren, bilden die Ausnahme. [29]

---

[29] Vgl. dazu die Dissertation von Schwanse, Ulrike (2004): Familienkonzerte in Kooperation mit Grundschulen – ein Konzept und seine Wirkungen, Essen. Die Autorin beleuchtet darin, wie Kinder und ihre Familien jenseits von persönlichem Interesse und Milieu dazu motiviert werden können, regelmäßig gemeinsam ins Konzert zu gehen. Ihre empirische Studie beschreibt mittels Auswertungen aus Interviews, Briefen, Gruppendiskussionen und Fragebögen das Phänomen, dass mehr Familien unterschiedlicher sozialer Hintergründe dazu gewonnen werden können, Konzerte zu besuchen, wenn die Schule dabei tatkräftig mithilft. Zwei eigens dafür organisierte und konzertpädagogisch aufbereitete Versuchs-Konzerte in Essen bildeten die Basis ihrer Haupt-Untersuchung.

Demografische Daten und Hinweise zur Entwicklung des Publikums der Hochkultur
„Publikum" bezeichnet ein Personenkollektiv, das zur gleichen Zeit ein Erlebnisangebot wahrnimmt. Um das Konzertpublikum gegen Definitionen abzugrenzen, die den Umgang mit Massenmedien näher beschreiben, nennt Dollase es „reales Publikum" (Dollase 1998, S. 141). Dieses wohnt symbolischen Ereignissen bei und kann sich durch verschiedene Eigenschaften ausdifferenzieren: ob es freiwillig im Konzert ist, ob es die Möglichkeit hat, der Rezeption auszuweichen oder nicht, ob es in Interaktion zu den Produzierenden des Ereignisses tritt, etc. Die einzelnen Typen von Publika haben sich mit der Zeit verändert: Bevor es Massenmedien wie Kino, Fernsehen oder Radio zur Unterhaltung und kulturellen Bildung gab, war das Publikum auf einen lokalen Raum beschränkt. Gemeinsam fanden die Menschen sich in Kirchen, auf Jahrmärkten oder im Konzert ein, um ein Erlebnisangebot zu nutzen (Schulze 2005, S. 461). Heute überwiegt ein individualisiertes Publikum, das seinen kollektiven Charakter nur mehr punktuell im Theater oder Konzert behält. Als Zuschauer einer gemeinsamen Fernsehsendung oder als Leserin einer Zeitschrift tritt das Publikum zwar in großer Zahl aber vereinzelt auf. Schulze spricht von „Szenen", wenn er Publikumserfahrungen soziologisch deuten möchte: so ist es für Szenen relevant, dass sich sowohl die Personen, die Orte und die verhandelten Inhalte partiell gleichen. (Schulze 2005, S. 463) Dabei entwirft er ein grobes Bild für die Zusammensetzung von Szenen in einer heutigen Großstadt: In der „Hochkultur-szene" sind die Veranstaltungen der sogenannten bildungsbürgerlichen Kultur verortet wie Aufführungen in Konzerthäusern oder Theatern. Kleinkunst, avantgardistisches Tanztheater oder Konzerte aus dem Pop- und Weltmusikbereich fühlen sich der „Neuen Kulturszene" verbunden; spezifisch für Deutschland scheint der Begriff „Kulturladenszene", der die Veranstaltungen der kommunalen Stadtteilzentren subsumiert. [30]

Dollase entwickelt seine Charakteristik der Publikumsgruppierungen anhand einer „Zusammensetzung von Konzertpublika", die er in fünf Teilgruppen schneidet – und dabei die „pädagogisch verbrämten, sozial-distinktiven Bedürfnisse der forschenden Bildungsschicht" (Dollase 1998, S. 142) von Adorno bis Schulze ablehnt: Dollase definiert ein an Klassik interessiertes Publikum, das eher älter ist, mehr Frauen als Männer anzieht, aus einem bildungsbürgerlichen Milieu kommt und häufig ins Konzert geht; dagegen setzt er das an populärer Musik und Unterhaltung interessierte Publikum, das alle Altersgruppen beinhaltet, aus einem kleinbürgerlichen oder vom Arbeitermilieu geprägten Umfeld kommt und einen niedrigen Bildungsabschluss hat. Auch hier sind mehr Frauen als Männer zu finden. Das jüngere Publikum findet sich in drei Segmenten: in dem an alternativen und modernen

---

[30] In Österreich in dieser Form nicht vertreten, vielleicht kommen Anbieter und Nutzerinnen der regionalen Kulturinitiativen dieser Szene am nächsten.

Kultursparten[31] interessierten eher links-alternativ eingestellten Zuhörenden; im überwiegend männlichen Publikum, das zu Rockkonzerten geht und zuletzt in der verschwindend kleinen Teilgruppe der an Neuer Musik interessierten Menschen, die besonders gebildet sind.

Zusammenfassend macht er deutlich, dass weder die Zugehörigkeit zu einer Schicht noch der Bildungsgrad allein die Unterschiede im Publikumsinteresse ausmachen, sondern immer mit der Altersgruppe in Beziehung gesetzt werden muss. Auch darf man bei der empirischen Erforschung des Konzertpublikums nicht den Fehler machen, aus der Zusammensetzung des Publikums auf kulturelles Verhalten zu schließen. Es kann durchaus sein, dass kulturelle Vorlieben, soziale Zugehörigkeit und politische Einstellung eher der demografischen Struktur geschuldet sind und nicht mit der Konzertpräferenz in Verbindung gebracht werden sollten.

2008 entwickelt der Musiksoziologe Hans Neuhoff auf Grundlage dieser vorhergehenden Studie und einer Faktorenanalyse zu Berliner Konzertpublika von Klassik, Jazz, Rock/Pop, Dance und Schlager/Volksmusik folgende Zukunftsperspektive der klassischen Musik: die Berliner Besucherinnen und Besucher klassischer Konzerte und der Oper sind gegenwärtig mehrheitlich zwischen 50 und 68 Jahren alt. Im Zusammenhang mit der demografischen Entwicklung der deutschen Bevölkerung gesehen, befinden sich die geburtenstarken Jahrgänge 1955–1971 noch nicht im Hauptnutzungsalter klassischer Musik. So sieht Neuhoff für die nächsten 10 bis 15 Jahre ein deutliches Anwachsen der für klassische Musik empfänglichen Menschen. Gleichzeitig schreitet aber auch der generelle Wandel des Musikgeschmacks voran, der klassische Musik als Randthema erscheinen lässt. Auch wenn in den nächsten 20 Jahren kein dramatischer Rückgang der Besucherzahlen zu verzeichnen sein wird, obwohl das Publikum deutlich älter sein wird, kommt es voraussichtlich Ende der 20er Jahre des 21. Jahrhunderts zu einem tiefgreifenden Strukturwandel dieses kulturellen Segments. (Neuhoff 2008, S. 23)

Der allgemeine demografische Wandel geht mit einer sinkenden Geburtenrate und einer steigenden Lebenserwartung einher, der zwei Effekte für das Konzertleben zeitigt:

- Der quantitative Effekt prognostiziert einen mittel- bis langfristigen Rückgang von potentiellen Konzertbesucherinnen und -besucher.
- Der qualitative Effekt verursacht eine Verschiebung der Angebote hin zu älteren Publika. Jüngere Publikumsschichten müssen die Bedeutung ihrer Ansprüche und Interessen auf neue Weise vertreten.

Konzerthäuser befinden sich heute in einem härteren Wettbewerb um Besucherin-

---

[31] Dollase nennt hier Liedermacher, Folk oder zeitgenössischen Jazz.

nen und Besucher, deren Auswahl an Freizeit- und Unterhaltungsangeboten massiv größer und vielfältiger geworden ist. (Biedermann; Ovey 2008, S. 3–6)

Kinder als Publikumssegment

Kinderwelten sind Orte und Lebensräume, wo Kinder spielen, erzogen werden und heranwachsen. Ob diese Welten innerhalb unserer kulturellen Umwelt von Kindern gestaltet werden können, oder ob sie vielmehr die Erwachsenenwelt repräsentieren, die für Kinder „hergerichtet" wird, entscheidet über die Qualität der kulturellen Kompetenzen, die von Kindern erworben werden.

Im Rahmen der Sozialisationsforschung umfasst der Begriff „Kinderwelt" Aspekte des Alltags und der Lebenswelt der Kinder, die Räume und Personen genauso beinhaltet wie Wahrnehmungen und Orientierungen oder Vorstellungen, wie Kinder sein sollen. Kindheit ist kein „Naturzustand vor dem eigentlichen Leben" (Berg 1991, S. 9), sondern ein Kulturprodukt, das sich historisch entwickelt hat.

Armin Klein führt sieben Prinzipien an, die er für das Gelingen von Kulturarbeit mit Kindern als entscheidend ansieht. [32] (Klein 1993, S. 167–213) Zwei davon erscheinen für Musikvermittlungsprojekte besonders wesentlich:

- ▪ Kulturelle Selbsttätigkeit

Mit kultureller Selbsttätigkeit sind in diesem Zusammenhang nicht nur die Äußerungen des Publikums im Rahmen von Konzerten und Workshops gemeint. Vielmehr geht es um ein grundsätzliches Bewusstsein dafür, dass Produktion und Rezeption ineinander verschränkt sind und z.B. aktives Zuhören in einem Konzert ein ebenso tätiger Prozess sein kann wie das Üben im Rahmen des Instrumentalunterrichts oder die Auseinandersetzung mit musikalischen Gestaltungsmöglichkeiten in Kompositions-Workshops.

Einige Voraussetzungen liegen dieser Haltung zugrunde: zunächst der Erwerb von kultureller Kompetenz, der in die Lage versetzt, aktiven Gebrauch von kulturellen Artefakten zu machen und die Wirkungsweisen von künstlerischen und kulturellen Prozessen zu verstehen – was etwas anderes bedeutet, als Kunstwerke zu verstehen oder sie zu analysieren. Und auch berücksichtigt, dass Kinder nicht ohne kulturelle Kompetenz ausgestattet sind, aber diese erweiterbar ist. Um es „kulturellen Subjekten" (Klein 1993, S. 175) zu ermöglichen, sich diese Kompetenz anzueignen, ist es notwendig, die Motivation der Kinder im Auge zu behalten. Klein meint damit, dass Kultur vom Subjekt her gesehen werden muss und daher die Vermittlungskompetenz des Animators oder der Animatorin bei kulturellen Projekten in den Vorder-

---

[32] Als Prinzipien der Kulturarbeit mit Kindern legt er folgende Ansprüche und Voraussetzungen zugrunde: Das Prinzip der kulturellen Selbsttätigkeit; Zeitliche Aneignung: Kulturarbeit als Entschleunigung; Räumliche Aneignung; Kulturelle Infrastruktur und kulturelles Milieu; Vernetzung kultureller Aktivitäten; Der Topos Werkstatt; Kulturarbeit als generationenübergreifender Lernprozess.

grund rückt. Dieser oder diese muss in der Lage sein, durch Einfühlungsvermögen, kulturelle Kenntnisse und kommunikative Fähigkeiten komplexe Zusammenhänge einfach darzustellen und sinnlich erfahrbar zu machen. Gelungene Vermittlungsprozesse und kulturpädagogische Arbeit können in der Folge dazu führen, dass Kinder ein Bewusstsein dafür entwickeln, dass gesellschaftliche und kulturelle Wirklichkeit durch sie selbst veränderbar ist. Damit erwerben sie die wesentliche Voraussetzung für selbständiges kulturelles Handeln. (Klein 1993, S. 167–177)

Für das kulturelle Phänomen der Musikvermittlung und Konzertpädagogik bedeutet dieser Zugang, dass aktives Zuhören bei Konzerten unter bestimmten Bedingungen ein selbsttätiger Akt der Aneignung von Musik sein kann. Vermittlerinnen, Moderatoren und Gestalterinnen müssen sich dabei bewusst sein, dass ihr Publikum eine eigene kulturelle Kompetenz mitbringt, die im Rahmen einer konzertpädagogischen Aktion erweitert werden kann. Die Vermittlungsmethoden müssen Qualitätskriterien entsprechen, die diesen Prozess lebendig und spannend anleiten und dabei Lust auf Neues machen.

- Die Vernetzung kultureller Aktivitäten

Kulturarbeit besteht aus einer Vielzahl von Einzelaktivitäten, getragen von unterschiedlichen Initiativen und Einrichtungen. Ohne Vernetzungsleistung zwischen den einzelnen Kulturanbieterinnen und -anbietern sieht Klein einen Mangel an Zusammenhang, der für ihn aus zwei Überlegungen unbefriedigend ist: zum einen sieht er ein soziales Streben nach Gestaltung des ganzen Lebens, zum anderen den Wunsch nach einer Verwirklichung der persönlichen Lebenskultur, die an sich eine Integrationsleistung darstellt, die zwar nicht von Kulturarbeit von außen hergestellt werden kann, aber durch die Zugänglichkeit zu Erfahrungsmöglichkeiten erleichtert werden kann. Ein positiver Entwurf von gelungener Vernetzungsarbeit im Bereich der Kinderkulturarbeit würde also davon ausgehen, dass sich eine bunte Vielfalt von Menschen, Initiativen und Einrichtungen weitgehend selbstregulierend vernetzt und organisiert, damit einerseits dem Phänomen der „verinselten Kindheit" entgegengearbeitet wird und andererseits Vernetzung selbst als kommunikativer Prozess erlebt werden kann. Vernetzung hat dabei eine räumliche und eine soziale Dimension: Räumlich denkt Klein dabei an „Kultur vor der Haustür", die dort stattfinden soll, wo Kinder leben und wohnen. Kulturelle Kleinzentren im Sinne der deutschen „Kulturläden" der 80er Jahre sollen ein weitgespanntes Angebot kultureller Vielfalt bieten. Kinderkulturarbeit soll aber auch sozial vernetzen, indem sie als nachbarschaftlicher Kommunikationsort nicht nur zwischen Kindern Beziehungen herstellt, sondern auch zu Erwachsenen (Klein 1993, S. 194–201).

Ein Beispiel für Kleins räumliche Dimension von Vernetzung kultureller Anbieter für Kinder sind in Wien institutionell z.B. die Kindereinrichtungen im Museumsquartier: der „Dschungel Wien", das Theaterhaus für Kinder, „zoom", das Kindermuseum, „wienXtra", eine übergeordnete Anlaufstelle für kulturelle und freizeitpädagogische Aktivitäten für Kinder in Wien, „Educult", eine Vernetzungsinitiative für Wissenschaft, Bildung und Kultur und alle Vermittlungseinrichtungen der Museen des Areals und des „Tanzquartier Wien". Die räumliche Nähe bedeutet sowohl Vielfalt für das Zielpublikum, das zwar nicht an einem Tag alle Institutionen besucht oder direkt oder indirekt in Anspruch nimmt, aber sehr wohl ihre Nachbarschaft bewusst zur Kenntnis nimmt, als auch inhaltliche Befruchtung der Institutionen selbst. Ein regelmäßiges „Kulturfrühstück" aller Vermittlerinnen und Vermittler setzt sowohl inhaltlichen Austausch, Ideen und Weiterentwicklung von gemeinsamen Anliegen in Gang.

Gegen Kleins idealistische Sicht der bunten Vielfalt von Menschen, Initiativen und Einrichtungen, geäußert 1993 zu Beginn der Professionalisierung von Kulturarbeit für Kinder, wird heute von aktuellen Entwicklungen auf einem strukturierten Markt unterschiedlicher kultureller Anbieter für das Zielpublikum Kinder und Familien abgelöst.

Der Topos von Kindern und Jugendlichen als „Publikum von morgen" ist in den Diskussionen um die Nutzung von Kultureinrichtungen allgegenwärtig und häufig gebraucht. Er suggeriert drei Grundannahmen:

1. Kinder zählen heute noch nicht als ernstzunehmendes Publikum.
2. Der Gestalter oder die Veranstalterin von Kulturproduktionen für Kinder erwartet sich heute vom Angebot eine so nachhaltige Wirkung, dass dieses im Erwachsenenalter zu verstärktem Kulturkonsum führt.
3. Kulturelle Angebote sind heute nicht in allen Altersgruppen genügend nachgefragt, also müssen zumindest für die Zukunft wieder ausreichend Kunden bzw. verständige und kundige Kulturnutzerinnen und -nutzer in jeder Generation geworben werden.

Gerade die letzte Annahme ist heute im Bereich der Pflege der klassischen Musik stark vorherrschend und drückt die Verunsicherung vor einer „Überalterung" des Publikums im Konzertsaal aus. Klassische Musik hat generell ihren Anspruch auf eine repräsentative Kunst verloren, die im öffentlichen Bewusstsein präsent ist, auch wenn nicht alle Menschen in Konzerte oder in die Oper gehen. Der Bruch ist mit dem Höhepunkt ihrer Demokratisierung verknüpft: der Reproduzierbarkeit durch technische Medien.

Kinder nehmen ebenso wie Seniorinnen und Senioren innerhalb des Kulturbetriebs eine marginalisierte Rolle ein. Im Sinne von „Who is represented and how, who speaks and who is silent, what counts as ‚culture' and what doesn't" (Couldry 2000, S. 2) sind eindeutig die Erwachsenen die Wortführenden und gleichzeitig Repräsen-

tantinnen und Repräsentanten einer Kulturform, die für Kinder als Publikumssegment, ob gegenwärtig oder zukünftig, eintreten.
Dabei wird oft ausschließlich die Perspektive der Erwachsenen angewendet:

> „...Kinder und Jugendliche von heute [werden] in ihre Rolle als Verantwortungs-
> träger für die Kultur von morgen hineinwachsen, die kulturellen Werte unserer
> Gesellschaft bewahren und für künftige Generationen weiterentwickeln." (v. Welck
> 2004, S. 17)

Ihre Bedeutung erlangen Kinder in dieser Sichtweise ausschließlich durch ihr
zukünftiges Potential, nicht durch ihre gegenwärtige Rezeptionsweise. Der Wunsch
der Erwachsenen, ein kulturelles Erbe zu bewahren und Kinder anzuleiten, es
verstehen und lieben zu lernen und damit das Fundament für die eigenständige
Auseinandersetzung mit gegenwärtiger Kunst zu legen, ist vorherrschend.
Wolfgang Zacharias stellt für das „Kulturpublikum von und für morgen" fest (Zacharias 2005, S. 373f.), dass sich ein kultureller Wandel im Wechsel der Generationen
vollzieht, wenn Zukunftsforschende nur für maximal 20 Jahre Prognosen über
technologische Entwicklungen abgeben wollen und kulturelle, politische und soziale
Wirkungen dabei überhaupt nicht vorhersehbar seien. Dazu wird die Entwicklung zu
einer alternden Gesellschaft zunehmend wirksam. Auch Hartmut von Hentig spricht
in diesem Zusammenhang von einer „Spätkultur mit einer hohen Lebenserwartung"
(Hentig 1999, S. 25), in der wir bereits heute leben und meint damit, dass wir im
Unterschied zu früheren Generationen eine besonders hohe Lebenserwartung und
eine niedrige Geburtenrate zu verzeichnen hätten – wodurch unsere Altersstruktur
mit anderen Epochen nicht vergleichbar sei und sich die Beziehungen zwischen den
Generationen ändern würde, was die Art des Heranwachsens und Werthaltungen
innerhalb der Familie beträfe.
Kinder wachsen heute in einer Kinderkultur auf, die nicht nur aus „guten Kinderbü-
chern", „guten Kinderkonzerten" oder „guten Kinderfilmen" besteht, sondern
genauso Spielzeug in Massenfertigung, Computerspiele oder regelmäßigen Fernseh-
konsum beinhaltet. Dabei gehen Kinder durchaus eigenständig mit Spielzeug oder
Angeboten aus der Medienindustrie um, wenn sie die vorgegebene Gebrauchslogik
für ihre Welt umfunktionieren. (Baacke 1984, S. 72–78) Zur Tatsache der veränderten
Qualität von kultureller Praxis in der Kindheit kann man zwei Zugänge verfolgen.
Der erste ist der häufig gebrauchte kulturkritische Ansatz, dass die heute gängige
„Medienkindheit" Kindern ihre unmittelbaren Erfahrungen, ihre Kreativität und
Spontaneität nimmt. Andererseits sind Medien aus dem kulturellen Erleben nicht
ausblendbar und werden von Kindern und Jugendlichen zur Selbstentwicklung
genützt. (Baacke 1999, S. 138) Welche Möglichkeiten können Konzerte für Kinder der
Inszenierung von Videoclips entgegensetzen, die mit dem „Erfolg des Unerwarteten,
des Überraschenden, des Plötzlichen" spielt und dabei Emotionen wie „Schreck,

Angst, aber auch Freude, Lustbereitschaft, Sehneugier, alle Formen über Symbole vermittelten Genusses " aufwarten kann (Baacke 1999, S. 131). Der entscheidende Unterschied liegt wohl im Live-Erlebnis und im Anspruch der Gestalterinnen und Gestalter von Konzerten für Kinder. Während Kinder und Jugendliche in den Medien als Kunden wahrgenommen werden, bleiben sie außerhalb der Sendungen ohne Bedeutung – Medien suchen eine „fingierte Publikumsnähe". Im Bereich der Musikvermittlung sind viele Erwachsene involviert, die neben ihrem künstlerisch-pädagogischen auch einen gesellschaftspolitischen Anspruch mit ihrem Engagement verbinden.

2004 erschien in Deutschland das 1. Jugend-Kulturbarometer „Zwischen Eminem und Picasso", herausgegeben vom Zentrum für Kulturforschung (ZfKf)[33], das dem zunehmend geäußerten Befund, das Interesse von Kindern und Jugendlichen an den Angeboten kultureller Einrichtungen würde nachlassen, empirisches Datenmaterial gegenüberstellen will.

In drei Themenkomplexen fasst die Studie wesentliche Befunde zusammen:

1) Kulturelle Partizipation
Etwas mehr als die Hälfte aller befragten Jugendlichen geben an, sich für das kulturelle Geschehen ihrer Region zu interessieren. Der Kulturbegriff wurde in der Fragestellung allerdings nicht eindeutig auf die sogenannte Hochkultur fixiert.

56% der Jugendlichen gingen innerhalb der vergangenen 12 Monate in ein Theater, ein Museum oder ein Konzert, 20% besuchen mehr als dreimal pro Jahr ein entsprechendes Angebot.

Dabei werden sie zu 59% von den Eltern und zu 41% von gleichaltrigen Freunden begleitet. Erst danach rangiert die Schule als motivierender Faktor für einen Kulturbesuch. Auffallend ist im Rahmen dieser Studie, dass Musikschulen, Jugendkunstschulen oder Ballettschulen keine nennenswerten Initiativen zum Besuch von kulturellen Veranstaltungen setzen, was angesichts des Befundes, dass Jugendliche dann besonders kulturinteressiert sind, wenn viele Multiplikatoren in der kulturellen Vermittlung aktiv werden, von Bedeutung erscheint.

Wenig überraschend ist das Ergebnis, dass das Kulturinteresse direkt mit dem angestrebten oder vollendeten Schulabschluss in Verbindung gebracht werden kann: Während über 40% der Jugendlichen in der Hauptschule wenig bis kein Interesse an Kultur haben, fällt das Desinteresse bei Gymnasiastinnen und Gymnasiasten auf unter 20%. Als Gründe für das Desinteresse werden Schwierigkeiten beim Kartenerwerb, „Kultur ist uncool", „Eltern gehen auch nicht" oder „Langeweile" angeführt.

---

[33] http://www.worms.de/downloads/Bereich_7/Jugendkulturbarometer.pdf [31.5.2009]

2) Künstlerische Eigenaktivität

21% der Jugendlichen geben an, in ihrer Freizeit künstlerisch aktiv zu sein, wobei es wichtig ist, dass unterschiedliche Personenkreise und Institutionen diese Prozesse unterstützen: so ist die überwiegende Mehrzahl an Jugendlichen in einem festen Freundeskreis künstlerisch aktiv, in zweiter Linie im Elternhaus, in dritter Linie in einer Musikschule oder in einem Verein.

Innerhalb der Künste nimmt „ein Instrument spielen" unangefochten Platz 1 mit an die 60% ein, unter 40% basteln und gestalten in ihrer Freizeit, etwas über 30% malen oder beschäftigen sich mit bildender Kunst, 25% spielen Theater. Dabei ist auffallend, dass im Rahmen von Vergleichsdaten seit 1973 die Musikaktivität in etwa gleichgeblieben ist, die Beschäftigung mit bildender Kunst und Theater aber rasant zugenommen hat, was dadurch zu erklären ist, dass spartenübergreifende Aktivitäten wahrgenommen werden und die meisten künstlerisch aktiven Jugendlichen heute in mehreren Sparten gleichzeitig tätig sind.

3) Aufgabenfelder von Kunst und Kultur

Wenn Jugendliche spontan äußern sollen, was für sie *Kultur* sei, antworten sie zu 35% mit „Kultur der Länder und Völker". Erst danach folgen Musik, Theater Kunst und Sehenswürdigkeiten. Bei der Einordnung von Objekten, die für Jugendliche Kunst darstellen, rangieren die Werke der Hochkultur eindeutig als Kunst, während Angebote der Jugendkultur oder populärer Kultur nicht nach künstlerischen Aspekten beurteilt werden: Ein Bild von Picasso wird im Gegensatz zu einem Popsong von Madonna eindeutig der Kunst zugeordnet.

In der Freizeitnutzung spielt diese Unterscheidung aber eine geringe Rolle: beides soll in erster Linie unterhalten und die Möglichkeit bieten, etwas live zu erleben.

Im Vergleich zu einer Studie aus den 70er Jahren ist heute die Hälfte der Jugendlichen der Meinung, dass Kunst sowie Künstlerinnen und Künstler neben der Unterhaltung in erster Linie mit ihrer Kunst bilden und zum Nachdenken anregen. Damals waren es nur knapp unter 40%, die diesen Anspruch formulierten.

4.3 Musikvermittlung als Instrument des Kulturmanagements

4.3.1 Audience Development

In der öffentlichen Wahrnehmung von Kunst und Kultur stehen das künstlerische Produkt und die Kulturorganisation im Mittelpunkt des Interesses – dem Publikum wird hingegen erst in den letzten Jahren zunehmend Beachtung geschenkt. Für diese Einschätzung gibt es mehrere Gründe. Ihr liegt zugrunde, dass Kunst mit öffentlichen Mitteln gefördert wird und künstlerische Werke nicht dem breiten Publikumsgeschmack entgegen kommen müssen, auch wenn sie vom Publikum nur marginal wahrgenommen werden. Ebenso sollen sich künstlerische Werke nicht dem Publikumsgeschmack anpassen. Daneben führte das kulturpolitische Ziel der „Kultur für alle" aus den 70er Jahren dazu, dass „der einzelne" mit seinen Bedürfnissen nicht mehr wahrgenommen wurde, sondern in einer Welle von undefiniertem Massenmarketing unterging. Der Besucher und die Besucherin wurden als Subjekte mit Defiziten wahrgenommen, die man zum Teil kulturpädagogisch ausgleichen konnte. Inzwischen ist der vermeintliche Massenmarkt in kleinere Teilmärkte zerfallen, die im Freizeitbereich in vielen Segmenten bereits gesättigt erscheinen. Besucher und Besucherinnen haben auf dem Erlebnismarkt eine neue strategische Position eingenommen. (Klein 2003, S. 7ff.)

Zugangsbarrieren zur Hochkultur sind oft nicht mit zu hohen Eintrittspreisen oder schlechten infrastrukturellen Bedingungen zu erklären, sondern sind stark im Gefühlsbereich verankert: „Das Gefühl, mit dieser Kunst nichts anfangen zu können, das Gefühl in diese Kunstorte nicht hineinzupassen" (Mandel 2005, S. 81), ist vorherrschend, wenn Hochkultur nicht von breiteren Bevölkerungsschichten nachgefragt wird. Audience-Development-Programme, die zwischen Marketing und Kulturvermittlung angesiedelt sind, müssen also dazu führen, dass das Publikum langfristig und nachhaltig in Beziehungen zur jeweiligen Kunstinstitutionen bzw. deren Produkten tritt. (Mandel 2005, S. 77–85)

4.3.2   Erhalt des Konzertlebens

Der Befund, dass das Publikum für Konzerte klassischer Musik zunehmend älter werde und damit das Konzertleben insgesamt in Gefahr sei, wird unterschiedlich geteilt.

Wirksam zeigt sich in jedem Fall der generelle soziodemografische Wandel der Bevölkerung: der Anteil der jungen Menschen nimmt prozentuell kontinuierlich ab, während der Anteil der älteren Menschen beständig zunimmt. Zusätzlich dominiert eine Änderung der Musikpräferenzen: interessierten sich früher nur junge Menschen für die verschiedenen Formen der Popkultur, bleiben die heute 50jährigen den Musikrichtungen ihrer Jugend treu. So wächst die Gruppe Kulturinteressierter, die sich auch in älteren Jahren eher für Popmusik als für Klassische Musik begeistern kann und jener Anteil sinkt, der zumindest einmal im Jahr ein Konzert mit klassischer Musik besucht. Im Rahmen der Befragung des Jugend-Kultur-Barometers 2004 geben jedoch 41 Prozent der heute 14 bis 25jährigen an, im Alter von 45 Jahren überwiegend oder sogar ausschließlich Angebote der so genannten Hochkultur besuchen zu wollen. (Keuchel 2005, S. 117)

4.3.3 Musikvermittlung als Teil des Marketing-Mix eines Kulturbetriebs

In der Literatur zu Marketing und Öffentlichkeitsarbeit im Kulturbetrieb finden sich häufig kulturpädagogische Beispiele, um Sinn und Wirkung von Marketing-Maßnahmen lebendig zu erläutern. Musikvermittlung oder Theaterpädagogik eignen sich insofern für diesen exemplarischen Charakter, da sie auf der einen Seite in vielfältigen kommunikativen Beziehungen zu neuen Publikumsschichten stehen, mit Lehrenden, deren Schülerinnen und Schülern, Familien oder Seniorinnen und Senioren, und auf der anderen Seite diese Beziehungen zusätzlich mit inhaltlicher Arbeit und inhaltlichem Nutzen für den Kulturbetrieb füllen – dies im Unterschied zu den sonst gängigen Maßnahmen des Marketings und der Öffentlichkeitsarbeit wie Medienkooperationen oder Serviceleistungen im Publikumsdienst.

Das theaterpädagogische Programm der Oper Stuttgart wird beispielsweise zitiert, wenn die notwendige Verknüpfung der inhaltlichen Arbeit eines Opernhauses mit der Generierung neuer Publikumsschichten beschrieben wird – auch wenn die gewählte Sprache verrät, dass dabei nicht nach nachhaltigen Kommunikationsstrukturen zwischen Kunst- und Bildungseinrichtungen gesucht wird: es wird davon berichtet, dass die Stuttgarter Oper „Paukern und Pennälern Nachhilfeunterricht in Musik" gäbe, wenn sie „kidsgerechte Werke" in Spielmodellen während des Unterrichts einstudiert, die Schülerinnen und Schüler zu Probenbesuchen einlädt und Gespräche mit Sängern und Instrumentalistinnen ermöglicht. Aus der Sicht des Marketings führt dies zu einem messbar erhöhten Umsatz an der Theaterkasse, wenn sich „für den nächsten Termin bereits 100 Lehrer" angesagt haben und „Zehn Prozent aller Karten ... selbst bei den Bestsellern stets für schulpflichtige Youngsters reserviert" seien. (Klein 2005, S. 10)

Ebenso kann die „Education"-Abteilung der Berliner Philharmoniker als zentrales Public Relations-Instrument des Orchesters gesehen werden, wenn die Orchestermitglieder in Schulen gehen, um mit Schülerinnen und Schülern gemeinsam zu musizieren und für die öffentliche Aufführung der dort erarbeiteten Musikstücke in Verbindung mit Orchesterwerken bekannte Popmusik-Bühnen suchen und damit insgesamt ein größeres Publikum ansprechen. (Mandel, 2004, S. 156)

Marketing im Kulturbetrieb

Marketing besteht in seiner professionellen Anwendung immer aus einem Mix verschiedener Maßnahmen, denen der Austausch von Dingen oder Leistungen zugrunde liegt. Die Qualität und den Prozess des Austauschs möchte Marketing beeinflussen. Der klassische Marketing-Mix besteht dabei aus fünf aufeinander aufbauenden Teilen:

- der grundsätzlichen Zielsetzung des Einsatzes von Marketing,

- der Analyse der Ausgangssituation und der zur Verfügung stehenden Möglichkeiten,
- der für eine erfolgreiche Durchführung notwendigen Strategieplanung,
- der Überlegung, welche Instrumente für die Durchsetzung sinnvoll erscheinen,
- und zuletzt aus einem begleitenden und abschließenden Controlling.

Kulturmarketing setzt sich folglich aus Analyse, Planung, Durchführung und Kontrolle von Programmen zusammen, die das Erreichen von Organisationszielen einer Kultureinrichtung möglich machen soll. Dabei steht der Austausch und die Beziehungen zwischen Teilmärkten und Zielgruppen im Zentrum: die Wünsche, Bedürfnisse und Präferenzen der Zielgruppe werden entsprechend analysiert und in der Planung berücksichtigt, wenn es um die Gestaltung von Produktdesigns, Kommunikationskanälen oder um die Preisbildung der Produkte geht.

Im Kulturbereich hat sich die Bezeichnung „Beziehungsmarketing" für eine Vorgangsweise durchgesetzt, die auf die Wichtigkeit von Emotionen wie Vertrauen oder Zuneigung Bedacht nimmt, wenn Kulturprodukte ausgetauscht werden. Die Besonderheit von Kulturprodukten, die als kulturelle Dienstleistungen[34] angesehen werden können, liegt in der Immaterialität und Ungreifbarkeit. Bei Konzerten fallen Produktion und Rezeption unmittelbar zusammen, wobei die kulturelle Dienstleistung auch aus Elementen besteht, die vom Anbieter oder der Anbieterin nur teilweise kontrollierbar sind und auch stark von den Besucherinnen und Besuchern abhängen, da diese im direkten Kontakt zum Produktionsprozess stehen.

Marketing im Kulturbereich kann oft nur erfolgreich sein, wenn langfristige und vertrauensvolle Beziehungen zum Publikum und zur meinungsbildenden Öffentlichkeit aufgebaut werden können. (Klein 2005, S. 14). Dabei zielt das Beziehungsmarketing auf die Möglichkeit, intensive kulturelle Erfahrungen zu machen. Auch hier spielen Vermittlungsleistungen wie Einführungs-Workshops vor Konzerten, ergänzende Veranstaltungen wie Künstlergespräche oder spezielle Familien-Angebote eine zentrale Rolle, um diese Erfahrungen nachhaltig und erfolgreich zu machen.

Organisationszentrierte versus besucherorientierte Kultureinrichtungen

Im Kulturbetrieb setzen sich grundsätzlich drei Haltungen im Hinblick auf Marketing durch: entweder reagieren Akteure im Kulturbetrieb grundsätzlich ablehnend gegen jede Marketing-Maßnahme oder im Gegenteil enthusiastisch und vielleicht zu euphorisch, wenn Marketing als Wundermittel zur Generierung neuer Publikumsströme verstanden wird. Am häufigsten findet sich eine dem Kultur-Marketing

---

[34] Im Unterschied zu materiellen Kulturgütern wie Büchern, Gemälden, Tonträgern, Filmen, etc.

gegenüber offene Haltung, die allerdings Marketing-Maßnahmen gerne auf Werbung oder Öffentlichkeitsarbeit reduzieren. (Klein, 2005, S. 6ff.)

> „Gerade weil die Kultureinrichtung, ihre Leitung oder ihre Mitarbeiter so sehr von der jeweiligen Aufgabe, der inhaltlichen Zielsetzung, dem kulturpolitischen Auftrag oder dem eigenen künstlerischen Anspruch überzeugt sind (und auch sein müssen), übersehen sie die Gefahr, dass die anvisierten Besucher dieser Sichtweise unter Umständen nicht unbedingt folgen müssen." (Klein 2005, S. 64)

Diese Sichtweise würde einerseits Ablehnung gegenüber wirtschaftlichen Herangehensweisen ausdrücken, andererseits eindrücklich Kultureinrichtungen schildern, denen eine gänzlich organisationszentrierte Arbeitsauffassung zugrunde liegt. Dabei ist die Einrichtung davon überzeugt, dass ihre Angebote per se hörens- bzw. sehenswert sind. Wenn nur wenige Besucherinnen und Besucher zur Veranstaltung kommen, liegt dies am Unverstand der Nicht-Besucherinnen und Nicht-Besucher, nicht am Produkt. Somit spielen auch die Wünsche des Publikums keine wesentliche Rolle und werden konkurrierende Unternehmen oder Angebote nicht als solche wahrgenommen. Der Marketingbegriff solcher Einrichtungen – häufig schon lange bestehende öffentliche Kulturbetriebe[35] – ist auf Werbung und Reklame verkürzt.
In der besucherorientierten Kultureinrichtung wird dagegen zwar von den Bedürfnissen des Publikums her gedacht und geplant, dieser Planung liegen aber dennoch primär künstlerische und kulturelle Ziele zugrunde. Die Brücke zwischen künstlerischen Zielen und den Bedürfnissen und Kenntnissen des Publikums bildet dabei zunehmend als Mittlerin die Kulturpädagogik. (Klein 2005, S. 64–70)

Ziele im Kulturmarketing

Im non-profit orientierten Kulturbetrieb liegt die Kernidee von Marketing darin, dass zwei Gruppen freiwillig in eine Austauschbeziehung treten, wobei der Gegenstand dieses Austausches Werte aller Art sein können, wie z.B. Geld oder Produkt oder aber auch Zeit, Mühe und Gefühl. Im Gegensatz zu kommerziell geführten Unternehmen, sind die Ziele öffentlicher Kultureinrichtungen oft einem immateriellen Nutzen unterworfen: sie möchten ihren kulturellen Auftrag erfüllen, in dem sie das ästhetische Urteilsvermögen ihrer Besucherinnen und Besucher oder das politische Bewusstsein stärken. Umgekehrt erwarten sich die Besucherinnen und Besucher im Austausch neben diesem Bildungsgewinn, ästhetischer Erbauung oder Belehrung auch durchaus sozialen Gewinn: sie möchten im Kontakt mit der Kultureinrichtung ihre sozialen Kontakte pflegen, Unterhaltung erleben und an der kulturellen Diskussion teilnehmen. Dafür setzten sie Kosten wie Geld, Zeit, aber auch Emotion und intellektuelle Anstrengung ein. (Klein 2005, S. 34ff.)

---

[35] "Wenn eine öffentliche Institution längere Zeit existiert hat, ist die zukünftige Existenz oft ausreichend durch die vergangene legitimiert." (Klein 2005, S. 65).

Wie oben bereits angeführt, liegen jeder erfolgreichen Marketingstrategie unterschiedliche Ziele zugrunde. Im besten Fall ziehen die Verantwortlichen für die Erarbeitung eines daraus folgenden Produkten- und Leistungsmix Ergebnisse aus der Markt- und Publikumsforschung zu Rate. Der Leistungsmix eines Orchesters beispielsweise kann aus einem „Kernprodukt" und einem sogenannten „erweiterten Produkt" bestehen. Während das Kernprodukt eine gängige Aufführung in einem Konzertsaal darstellt, zeigt das „erweiterte Produkt" zusätzliche Möglichkeiten, erfolgreiches Beziehungsmarketing zu betreiben: vom reibungslosen Service an der Garderobe über bequeme Bestuhlung bis zu Parkplatzmöglichkeiten im näheren Umkreis, aber eben auch von Podiumsgesprächen mit Musikerinnen und Komponisten, Workshops mit Schülerinnen und Schülern, leserfreundlichen Programmheften bis hin zu Podcasts und Blogs auf der Orchesterhomepage. (Schmidt-Ott 1998, S. 149–152)

Kulturmarketing verfolgt also häufig zwei Ziele: einerseits, ihre inhaltlichen Anliegen bestmöglich umzusetzen und dabei andererseits, den interessierten Publikumskreis beständig zu erweitern und bestmöglich anzusprechen.

<u>Öffentlichkeitsarbeit als Kommunikationsinstrument im Marketingprozess</u>
Öffentlichkeitsarbeit bzw. Public Relations können einer Marketing-Strategie untergeordnet sein oder als eigenes Kommunikationsinstrument eingesetzt werden. Schmidt-Ott definiert Öffentlichkeitsarbeit für Orchester als „das bewusste und legitime Bemühen um öffentliches Verständnis sowie um Ausbau und Pflege von Vertrauen auf der Grundlage systematischer Erforschung" (Schmidt-Ott 1998, S. 162). Öffentlichkeitsarbeit hat also im engeren Sinn nichts mit Werbung zu tun, sondern bemüht sich um eine planvoll gestaltete Beziehung zwischen der Kultureinrichtung und ihren unterschiedlichen Teilöffentlichkeiten. Wenn andere gut über die Kultureinrichtung sprechen, hat die Öffentlichkeitsarbeit ihr Ziel erreicht.

4.3.4   Aspekte der Besucherbindung

Wenn sich erst im Besucher und in der Besucherin das künstlerische oder kulturelle Produkt vollendet, erlangt Besucherbindung eine besondere Bedeutung, die über reines Kulturmanagement-Handwerkszeug hinausgeht.

Das Auflegen von Abonnements, die Gründung von Fördervereinen und von Publikumsbeiräten gehören zu den eingeführten Formen, Besucherinnen und Besucher langfristig an eine Kultureinrichtung zu binden. Gerade im Non-Profit-Kulturbereich ist es von entscheidender Bedeutung, ob die Einrichtung einerseits Besucherwünsche wahrnimmt, andererseits sensibel darauf reagiert und langfristig Programme für eine gelungene Besucherbindung entwirft. Welche Instrumente stehen dafür zur Verfügung?

1) Produktpolitische Instrumente:
Individuelle Programme, Angebote und Zusatzleistungen werden zum jeweiligen Programm der Kultureinrichtung entworfen. Dazu gehören z.B. Angebote der Musikvermittlung und Konzertpädagogik im Rahmen der Jugendförderung, Einführungsvorträge oder Gespräche mit Künstlerinnen und Künstlern nach der Vorstellung.

2) Preispolitische Instrumente:
Finanzielle Anreize werden geschaffen, um die Schwelle zum Besuch der Kultureinrichtung so niedrig wie möglich zu halten. Dazu gehören verbilligte Abonnements, Schulkonzerte bei freiem Eintritt, Jugendkarten oder günstige Karten für Arbeitslose oder sozial Benachteiligte.

3) Kommunikationspolitische Instrumente:
Kommunikationspolitische Instrumente überschneiden sich (wie übrigens alle Maßnahmen der Besucherbindung mit herkömmlichen Verfahrensweisen des Marketing) mit einschlägigen PR-Maßnahmen. Jede Form der Werbung sucht den emotionalen Zugang zu den Kunden, ein Newsletter hält über aktuelle Angebote auf dem laufenden und eine eigene Besucherzeitschrift versorgt Einmalkunden und Abonnentinnen und Abonnenten mit Hintergrundinformationen zu den Programmen und Künstlerinnen und Künstlern der Kultureinrichtung.

4) Distributions- und servicepolitische Instrumente:
Diese verweisen zur Gänze in den Marketing-Bereich, wenn Kanäle der Information wie Online-Nutzung oder Umgang mit VIPs und Mitgliedern ausdifferenziert werden. (Klein 2003, S. 38–43)

Nicht-Besucher und Nicht-Besucherinnen
Von besonderer Bedeutung für Kultureinrichtungen ist die grundlegende Analyse der Besucher-Struktur – und die Struktur der Nicht-Besucher. Eine Studie der ARD/ZDF[36] kommt zu dem Schluss, dass über die Hälfte der Bevölkerung in Deutschland für Kunst- und Kulturangebote kaum erreichbar ist.
Diese Nicht-Besucher und Nicht-Besucherinnen unterteilen sich wiederum in zwei Gruppen: die „Kulturfernen" und die „Unterhaltungsorientierten". Während kulturferne Bevölkerungsgruppen generell wenig aus dem Haus gehen, eher älter und sozial benachteiligt sind und in ihrem Lebensstil ein geringes Aktivitätsniveau erreichen, sind bei unterhaltungsorientierten Personen Jugendliche und jugendliche

---

[36] Frank, B., Maletzke G., Müller-Sachse, K.H.: Kultur und Medien. Angebote – Interessen – Verhalten. Eine Studie der ARD/ZDF Medienkommission, Baden-Baden 2001 (zit. bei Klein 2003, S. 70).

Erwachsene besonders stark vertreten. Sie sind ähnlich aktiv wie kulturell interessierte Menschen, bevorzugen aber vorwiegend Sport und informelle Geselligkeit und
vermeiden Kulturangebote explizit.
Klein sieht die Entwicklung von kulturfernen Bevölkerungsschichten in einem
kulturell wenig anregenden Milieu in der Kindheit begründet und stellt die Frage
„…warum – trotz unübersehbarer Bemühungen in den letzten Jahren – die Kultureinrichtungen selbst immer noch so wenig tun … um spezielle Angebote für Kinder
zu entwickeln." (Klein 2003, S. 71)

<u>Vom Nutzen des kulturellen Produkts</u>
Künstlerische und kulturelle Produkte unterscheiden sich in zwei Kategorien:
- Künstlerische und kulturelle Güter wie z.B. Bücher, Tonträger, Bilder und
  Filme
- Künstlerische und kulturelle Dienstleistungen wie z.B. Theateraufführungen,
  Konzerte, Musikschulunterricht, Volkshochschulkurse

Klein geht in seiner Ableitung des kulturellen Produktes davon aus, dass es in sich
unveränderbar sei – in jenem Sinne, dass es nicht einem allfälligen Publikumsgeschmack angepasst werden kann. (Klein 2003, S. 87) Dem ist grundsätzlich zuzu-
stimmen, dennoch sind künstlerische Interpretationen unveränderbarer Werke
Modeströmungen der Rezeption und der Aufführungspraxis geschuldet.

Auch wenn die außerordentliche Qualität des künstlerischen bzw. kulturellen
Produktes die erste Prämisse für eine gelungene Besucherbindung darstellt, setzt
sich das Produkt selbst aus mehreren Nutzen bzw. Vorteilen für den Besucher und
die Besucherin zusammen:
- Aus dem Kernnutzen, das z.B. die Veranstaltung eines Konzerts in erster Linie der Aufführung von Musik dient. Dabei steht die Qualitätsfrage im Vordergrund: die Musikerinnen und Musiker müssen bei der Interpretation der
  zur Aufführung gelangenden Werke ihr Bestes geben.
- Aus einem sozialen Nutzen: gemeinsam ein Konzert zu besuchen und dort
  auf andere unbekannte aber gleichgesinnte Musikliebhaberinnen und -
  liebhaber zu treffen, ist neben dem Live-Erlebnis eines der Hauptgründe für
  Rezeption.
- Aus einem affektiven Nutzen: Welches Image haben Künstlerinnen und
  Konzertveranstalter?
- Und zuletzt aus einem Service-Nutzen: Kann ich Karten leicht erwerben,
  welche zusätzlichen Vergünstigungen bekomme ich durch den Kauf eines
  Abonnements? (Klein 2003, S. 87ff.)

New Audiences – ein Beispiel aus Großbritannien

Großbritannien wurde in der Förderung der partizipativen Teilnahme an Kultur von einem „arm's length-principle" der britischen öffentlichen Kulturförderung unterstützt, damit politischer Einfluss auf kulturelles Leben genommen werden kann. 1945 wurden in diesem Sinne die Verwaltungsaufgaben an den „Arts Council of Great Britain" übertragen, die Subventionen im Auftrag der Regierung an Kulturinstitutionen und Künstlerinnen und Künstler weitergibt. Die Mitarbeiterinnen und Mitarbeiter des Councils verfügen über fachspezifisches Knowhow und müssen ihre Vergabepolitik begründen und evaluieren. Ihr Budget erhalten sie vom Kulturministerium und aus dem „National Lottery Fund". Neben der Vergabe öffentlicher Fördermittel fungiert der Arts Council als Beratungsinstitution, der am kulturpolitischen Diskurs teilnimmt und ihn durch die Beauftragung von wissenschaftlichen Studien zur kulturellen Praxis vorantreibt. Ein zentrales Ziel des Arts Council ist es, den Zugang zu Kunst allen Bevölkerungsschichten zu erleichtern. Bei der Partizipation von Kindern und Jugendlichen spielen die Beziehungen zwischen Kunst und Pädagogik eine wichtige Rolle. Als logische Konsequenz dieser Bemühungen wird ein Nachweis pädagogischer Programme seitens der geförderten Kulturinstitutionen verlangt.

> "The purpose of the New Audiences Programme was to encourage as many people as possible to participate in and benefit from the arts in England." (Johnson o.J., S. 6)

Von 1998 bis 2003 lancierte das Arts Council England das Projekt "New Audiences" und stattete es für fünf Jahre mit 20 Millionen Pfund aus, um in einer breit angelegten Audience-Development-Strategie Kultureinrichtungen aller Kunstsparten zu motivieren, einerseits die Zahl ihrer Besucherinnen und Besucher zu erhöhen und für Kunstrezeption neue und originelle Möglichkeiten der Partizipation zu schaffen, andererseits herauszufinden, welche Hemmschwellen überhaupt dafür verantwortlich zu machen sind, dass Menschen sich nicht mit Kunst auseinandersetzen wollen. Besonderer Wert wurde außerdem darauf gelegt, Lernprozesse im oben genannten Sinn im Verlauf des Projekts anderen Kultureinrichtungen zur Verfügung zu stellen: d.h. die Audience-Development-Strategien der geförderten Einrichtungen und deren Evaluation wurden im Rahmen einer Studie veröffentlicht und auf einer Homepage zugänglich gemacht.[37]

Das Arts Council benannte folgende unterschiedliche Zielgruppen: General audiences; Young people; Diversity; Disability; Families; Social inclusion; Rural und

---

[37] http://www.takingpartinthearts.com/content.php?content=1021 [29.4.2009]

Older people. Im Kontext von Konzertpädagogik[38] stehen die Zielgruppen Allgemeines Publikum, Junge Menschen und Familien im Vordergrund.

Allgemeines Publikum wurde im Rahmen von New Audiences in zwei Kategorien geteilt: in ein Live-Publikum, das zu Aufführungen geht oder an Workshops teilnimmt und ein „Secondary audience", das Aktivitäten als Käufer, Leserin, Seher, Hörerin oder Online-User entwickelt, wobei die Auswertung des „Secondary audience" als schwierig angesehen wurde, sowohl was seine Quantifizierung betrifft als auch die Qualität seiner Auseinandersetzung mit Kunst. (Johnson o.J., S. 29)

Die Analyse des Publikumsverhaltens junger Menschen ergab im Rahmen des New Audiences Programm zwei für diese Zielgruppe typische Verhaltensweisen und ein Haupthindernis für den Besuch kultureller Veranstaltungen:

- Der Besuch von Kultureinrichtungen nimmt ab, sobald aus Kindern Teenager werden.
- Der Besuch von Kultureinrichtungen ist mit sozio-ökonomischen Faktoren verknüpft.

Psychologische Widerstände stehen an erster Stelle, verbunden mit einem generellen Gefühl, dass Kunst für junge Menschen ohne Bedeutung sei. Die grundsätzliche Erwartung, dass die Peergruppe von kulturellen Veranstaltungen nichts halten würde und der Besuch einer Aufführung vermutlich langweilig sei, hält von vornherein ab. Außerdem herrscht Befremden im Bezug auf das in Konzerten oder Theater anwesende Publikum: „…that typical audiences are not like themselves." (Johnson o.J., S. 70)

In der Folge wurden vier Stränge entwickelt, die junges Publikum ansprechen sollte: „Music on Your Doorstep" unterstützte die klassische Arbeit britischer Orchester, die mit Komponisten und Choreographinnen gemeinsam an Vermittlungsprojekten für diese Altersgruppe arbeiteten;[39] „Arts Extend" sollte Familie, Freunde und Lehrer innerhalb und außerhalb der Schule mit Kunst in Verbindung bringen, „New Contexts" suchte nach nicht-traditionellen Orten, um Auseinandersetzung mit Kunst zu ermöglichen und „New Approaches" setzte sich mit neuen Marketing Strategien wie Werbung via email oder SMS oder sogenanntem Peer Marketing auseinander. (Johnson o.J., S. 65–84)

---

[38] Ein Ausdruck, der nicht ins Englische zu übersetzen ist: für die Arbeitsweise stehen im Englischen Begriffe wie *Education, Concerts for Children, Outreach projects* oder *Community music*.

[39] Das London Festival Orchestra initiierte „Voyage of the space probe Galileo to the planet Jupiter". Der Komponist Edwin Roxburgh verwob dabei eigene Kompositionen mit denen der Schülerinnen und Schüler, wobei Neue Technologien benutzt und professionelle Geräte des Londoner Planetariums eingesetzt wurde.

„Die Oper – eine Chimäre", Diskussionsveranstaltung am 14.1.2009 im Kepler-Salon, einem Projekt von Linz 2009 Kulturhauptstadt Europas, vgl. auch http://www.kepler-salon.at/de/Veranstaltungen/Die-Oper-eine-Chimaere [10.6.2009]

Familien als Zielgruppe definiert das Arts Council grundsätzlich als offene Form des Zusammenlebens unterschiedlicher Generationen: „Arts Council England adopts a broad and inclusive definition of the family, reflecting the range of formal and informal relationships that currently exist." (Johnson o.J., S.145). Das Ziel von New Audiences sollte es sein, Kultureinrichtungen als natürliches Umfeld für Familien zu gestalten, die dort miteinander Freizeit verbringen wollen. Dafür muss gewährleistet sein, dass das künstlerische Produkt von hoher Qualität ist und in Auseinandersetzung mit der Entwicklung von Kindern gestaltet wird. Interaktion ist dabei das wichtigste dramaturgische Mittel neben äußeren Bedingungen, die vorher gewährleistet sein müssen: niedrige Eintrittspreise in sauberer und sicherer Infrastruktur. (Johnson o.J., S. 145f.)

5 Übersetzung und Kontextualisierung in der Musikvermittlung

Wenn das Nachempfinden von kulturellen Interpretationen einer Gesellschaft nicht mehr von selbst möglich ist, weil sich der Kontext, in der diese Ausdrucks- und Darstellungsformen entstanden sind, zu sehr verändert hat oder die ästhetische Sprache für Zuhörerinnen und Zuhörer spröde und hermetisch wie in der Neuen Musik erscheint, muss ein anderer stärker objektivierbarer Zugang zu kulturellen Bedeutungen gesucht werden – über Zeichen und Symbole in Form von „Kultur als Text", wobei auch Handlungen als Texte zu verstehen sind. (Bachmann-Medick 2007, S. 37) Ansätze der Musikvermittlung, die Musik kontextualisieren, um sie für das Publikum zu erschließen, stellen einen zentralen Zugang zum Praxisfeld der Kulturvermittlung dar.

Werden die Aspekte der Übersetzung und der Kontextualisierung in ihren künstlerischen und kunstpädagogischen Zugängen beschrieben, erlangen dabei auch gesellschaftliche Erscheinungen wie Macht, kulturelle Hegemonie und Fragen der Partizipation Relevanz und lohnen eine Betrachtungsweise von Musik- und Kulturvermittlung aus der Perspektive der Cultural Studies.

Die Cultural Studies haben wesentlich dazu beigetragen, dass die kulturelle Dimension gesellschaftlicher Realität innerhalb der Sozial- und Geisteswissenschaften eine angemessene Akzeptanz erfährt. Dabei sind die Cultural Studies nicht als spezifische wissenschaftliche Disziplin zu verstehen, sondern definieren sich durch ihre besondere Herangehensweise, die im Folgenden ausführlich dargestellt wird. Sie analysieren Kultur aus einer Perspektive, die erkenntnisproduktiv ist – also Zusammenhänge nicht nur beschreibt, sondern ebenso erzeugt.

Kulturanalyse im Sinn der Cultural Studies beleuchtet Strukturen, Kontexte und Prozesse, in denen Kultur innerhalb machtbestimmter Schemata gelebt wird und schreibt kultureller Welterschließung aber gleichzeitig ein kreatives, reflexives und widerständiges Potential zu, das besonders im Rahmen von kulturellen Bildungsprozessen Relevanz erhält.

5.1 Übersetzen als Kommunikation in Symbolen

„Musik hat keine Bedeutung"[40], postuliert der Komponist Franz Hummel anlässlich eines Gesprächs zu seiner Oper „Fouché", die im Rahmen des Europäischen Kulturhauptstadtjahres in Linz 2009 uraufgeführt wurde. In ihrer Bedeutungslosigkeit unterscheide sie sich von der Sprache und würde von ihm als Abfolge von Tönen, als Intervalle und Klänge wahrgenommen und verarbeitet. Erst in der Symbiose mit

---

[40] „Die Oper – eine Chimäre", Diskussionsveranstaltung am 14.1.2009 im Kepler-Salon, einem Projekt von Linz 2009 Kulturhauptstadt Europas, vgl. auch http://www.kepler-salon.at/de/Veranstaltungen/Die-Oper-eine-Chimaere [10.6.2009]

Text erhielte Musik eine der Sprache verwandte Bedeutung. Damit bezieht sich Hummel auf den historischen Gegensatz zwischen absoluter Musik, die sich als „tönend bewegte Form" im Sinne Eduard Hanslicks nur innermusikalisch in Begriffen der Rhythmik, Melodik, Harmonik, Dynamik und Struktur erklären lässt, und der barocken Affektenlehre oder Wagners musikdramatischen Vorstellungen, die Musik als Mittlerin begreifen will und nicht als Zweck.

Während sich Jean Jacques Rousseau im 18. Jahrhunderts in seinem *Essai sur l'origine des langues où il est parlé de la mélodie et de l'imitation musicale* noch darauf berufen möchte, dass die Sprache die Grundlage für die Idee von Musik bilde und daher in seinem Verständnis Melodien unmittelbar Gefühle nachahmen könne und Musik als Herzenssprache fungiere, die den Ursprung der Musik im Menschen selbst suche, unterstützen Formulierungen von der „tönend bewegten Form" etwa 100 Jahre später den Künstler und die Künstlerin dabei, Musik nicht als Naturnachahmung einzusetzen, sondern als Selbstausdruck eines Genies in einer autonomen Kunstsphäre. (Harnischmacher, S. 60f.)

Wieder 100 Jahre später bringt Theodor W. Adorno die Metapher von Musik als Sprache auf den Punkt:

> „Musik ist ungegenständlich, mit keinem Moment der äußeren Welt eindeutig zu identifizieren, dabei indessen höchst artikuliert und bestimmt in sich selbst, und dadurch doch wieder, sei's noch so vermittelt, der äußeren Welt, der gesellschaftlichen Realität kommensurabel. Sie ist eine Sprache, aber eine ohne Begriff." (Adorno 1975, S. 60)

In der Musikpädagogik stellt sich für die Vermittlung die Frage, wie Bedeutungen in der Musik erschlossen werden können: ob bspw. ein Quint-Intervall etwas Innerseelisches zum Ausdruck bringt, das etwas bedeutet, oder ob dieses Quint-Intervall ein Teil musikalischer Zeichen ist, die erst im Rahmen einer Kultur bedeutungsvoll werden. Gibt es eine private Bedeutung von ästhetischen Objekten oder erlangen sie ihren Sinn im Rahmen eines Code-Modells ästhetischer Bedeutungen, die gelernt werden?

Musik wirkt als Medium von emotionalem Ausdruck – das musikalische Kunstwerk selbst hat diesen nicht. Erst der Musizierende nimmt Abgründe zwischen Intervallen oder rhythmischen Pulsschlägen wahr und ist damit in der Lage, diese an den Zuhörer weiterzugeben:

> „Im zu erspürenden Zwischenraum zwischen 1. und 4. Stufe entsteht das Kraftfeld zwischen Tonika und Subdominante, im Zwischenraum zwischen zwei rhythmischen Impulsen entscheidet sich, ob der erste stark und der zweite leicht genommen wird bzw. ob überhaupt Energie für den Pulsschlag vorhanden ist, in den Zwischenräumen entsteht die Energie für Wachstum und Rückkehr von musikalischen Phrasen." (Figdor/Röbke 2008, S. 95)

Das Verstehen ästhetischer Symbole ist nicht dem Entziffern von Buchstaben gleichzusetzen, aber ästhetische Ereignisse können „gelesen" und diese Lesefähigkeit kann vermittelt werden. Rolle nennt dieses Verstehen einen ästhetischen Wahrnehmungsvollzug, der private ästhetische Empfindungen beim Hörenden auslöst, die aber nur möglich sind, weil sie für den Hörenden verständliche ästhetische Symbole darstellen, die in seiner Kultur als solche auch verstanden werden. (Rolle 1999, S. 24f.) Denn bevor ein Hörender in der Lage ist, subjektiv und für sich persönlich zu symbolisieren, hat er Symbole wie bspw. Sinnbilder für eine Idee, Landschaftswahrnehmungen oder Verknüpfungen mit Gefühlen bereits in einen Bedeutungsrahmen seiner Bezugsgruppe, seiner Nation und seiner Sozialisierung gestellt. Die Musikpräferenzen des Hörenden zeigen eine symbolische Bedeutung an, die als subjektive Symbolisierung einen einmaligen und persönlichen Vorgang darstellt, der sowohl an die Person gebunden ist als auch an einen bestimmten Kontext. Um auf diese Weise symbolisieren zu können, gehen Prozesse des Lernens von selektiver Wahrnehmung, von perspektivischem und zielgerichtetem Hören voraus – und ein historisch geprägtes Erfahrungswissen über das Besondere einer Situation, bspw. eines Konzertbesuchs. Harnischmacher differenziert im Rahmen seiner Theorieentwicklung zu einer subjektorientierten Musikerziehung zwischen rein subjektiven Symbolisierungen anhand der Instrumentenwahl bei „Peter und der Wolf" von Sergej Prokofiew (Das Fagott symbolisiert den Großvater, die Klarinette die Katze, die Oboe die Ente, …) oder beim „Karneval der Tiere" von Camille Saint-Saëns, wenn der Klang des Cellos einen Schwan symbolisiert und historisch geprägten kollektiven Symbolisierungen wie die generelle Zuordnung von Flötenklängen zu naturnahen himmlischen Gefilden, weil die Flöte mit dem Hirtengott Pan in Verbindung gebracht wird. (Harnischmacher 2008, S. 83–87)
So stellen beispielsweise Kompositionen von Johannes Brahms einen symbolischen Raum für Gefühlsentwicklung dar und Stücke von Franz Schubert öffnen Türen zum emotionalen Gedächtnis des Spielenden und der Zuhörerinnen und Zuhörer. Im interpretierenden Dialog zwischen Stück, Komponist, Musizierendem und Hörerin entstehen vielfältige Bedeutungen, die nicht so sehr aus der Kommunikation über Gefühle in einer „musikalischen Sprache" entstehen, sondern vielmehr aus der Begegnung mit einer musikalisch-affektiven Geste selbst erwachsen, die so nicht in ein anderes Medium übertragbar ist. (Figdor/Röbke 2008, S. 93–120)
Der Psychoanalytiker Helmuth Figdor geht in der Beschreibung dieser symbolischen affektiven Erregungen noch einen Schritt weiter: Wenn Übergangs*objekte* wie Stoffhasen oder Tücher für Kinder Objekte bedeuten, die ihnen dabei helfen, über den Schmerz hinwegzukommen, dass die Mutter nicht ständig da sein kann, finden in sogenannten Übergangs*räumen* nun Aktivitäten des Kindes statt, die dieses und andere nicht gestillte Bedürfnisse kompensieren können: Im Spielen, Zeichnen, Erfinden von Geschichten oder Fantasiefreunden werden Möglichkeiten geschaffen,

um die Wünsche, Ängste und Konflikte des Kindes zu verarbeiten. Jugendlichen und Erwachsenen gehen diese Übergangsräume zunehmend abhanden und Gefühle und Fantasien, die nicht durch Begriffe benannt werden können, werden nun als unerklärliche Stimmungen wahrgenommen und im Körper verschlossen. Figdor sieht allerdings im Übergangsraum Musik den einzigen auch für den erwachsenen Hörer und Musizierenden erhaltenen Raum, der in der Lage ist, etwas objektiv Gegebenes wie ein Musikstück mit subjektivem Sinn zu füllen, der dabei helfen kann, Widersprüchliches ohne Angst wahrzunehmen und Gefühlsregungen spontan zu symbolisieren, ohne dass diese Gefühle durch sprachliche Begriffe erklärt werden müssten. (Figdor/Röbke 2008, S. 130–132)

Wenn wir uns über musikalische und ästhetische Erfahrungen austauschen, nutzen wir dazu die Sprache und verständigen uns mit anderen darüber, welche Bedeutung diese Erfahrungen für uns haben. D.h. die Kommunikation über das was wir hören, ist in erster Linie Kommunikation darüber, was uns Musik in ihrer Sprache sagt.

Musikvermittler bemühen sich darum, diese Kommunikation altersadäquat und publikumsorientiert zu gestalten, indem sie das, was ihnen Musik bedeutet für andere mitteilbar machen und diesen wiederum die Möglichkeit geben diese Erfahrungen bedeutsam werden zu lassen.

Rolle fasst seine Überlegungen zum Zusammenhang von Musik und Bedeutung in sechs Thesen zusammen:

1. Musik kann nur dann als Sprache aufgefasst werden, wenn sie als eigenes Symbolsystem aus vielfältigen Teilsprachen verstanden wird.
2. Der Ausdruck von Musik lässt sich nicht in einem Ursache-Wirkung-Modell nachvollziehen.
3. Ein ästhetisches Zeichensystem – in diesem Fall die Musik – bleibt im letzten unübersetzbar: das was ein Musikstück „sagt", kann nicht auch anders ausgedrückt werden.
4. Der Ausdruck von Musik kann nur erfasst werden, wenn er mit einer ästhetischen Erfahrung einher geht.
5. Die ästhetische Bedeutung von Musik erschließt sich erst zur Gänze wenn nicht nur Strukturen und reine Klangereignisse wahrgenommen werden, sondern diese in der Verbindung zur Aufführungspraxis verstanden werden.
6. Musikalische Bedeutung entsteht in einer spezifischen Musikkultur und diese unterschiedlichen Kulturen haben jeweils eigene musikalische Sprachwelten. (Rolle 1999, S. 126f.)

Es sind also musikalische Parameter gleichzeitig kognitiv lesbare kulturelle Zeichen als auch Anlass für subjektive Empfindungen.

5.1.1   Wie vollzieht sich Übersetzung?

Für viele Musikerinnen und Musikliebhaber ist die Musik ein Rückzugsort für das Unsagbare. Musik appelliert an das musikalische Einfühlungsvermögen der Hörerinnen und Hörer und bleibt eine Symbolsprache für Gefühl und Sinnhaftigkeit jenseits gesprochener Sprache. Damit ist Musik der Lyrik vergleichbar, die nur schwer in andere Sprachen übersetzbar ist. Ein Gedicht verliert in einer Übersetzung nicht nur den spezifischen Klang der gewählten Worte, sondern läuft gleichzeitig Gefahr, Bedeutungen zu verschieben. Gedichte oder Musik schöpfen ihre Bedeutung nicht unabhängig von ihrer Gestalt oder dem verwendeten Material. Die Bedeutung eines Gedichts kann nicht auch einfach anders gesagt werden – die Wahl der Worte, des Rhythmus und der Metaphern erschaffen erst die Bedeutung. Worte können dazu gebraucht werden, die Welt zu beschreiben, gleichzeitig sind sie aber auch das Medium, mit dem wir die Welt erfassen können.

Wenn diese Besonderheiten der Sprache in der Musik Berücksichtigung finden und klar ist, dass Musik sich nicht einfach erklären lässt, weil sie kein Medium ist, die Welt zu beschreiben, sondern diese zu erfassen, kann Musikvermittlung wirksam werden.

Darüber hinaus ist es für Musikvermittlerinnen und -vermittler entscheidend, dass sich Musik wesentlich von Sprache unterscheidet, wenn sie sich auch ohne das Wissen über ihren Sinnzusammenhang erschließt, körperlich unmittelbar erfahrbar ist und sich auf einer sinnlichen und emotionalen Ebene für den Zuhörenden öffnet, bevor ein Bewusstsein für musikalische Bedeutungen einsetzt.

Musikvermittlerinnen und -vermittler suchen dann nach Wegen, Zuhörenden die Möglichkeit des Interpretierens zu geben und öffnen Räume für ästhetische Erfahrungen. Dabei steht nicht im Vordergrund, Musik in eine andere Sprache zu übersetzen, sondern ihre Bedeutung zu erschließen. Dieser Transfer ist auf keinen Fall ein linearer Prozess zwischen Ausgang und Ziel einer Übersetzung, sondern bildet das Ergebnis des symbolischen Aushandelns zwischen den Akteuren. (Wolf 2004, S. 31)

> „So gesehen stellt jedes interpretierende Verstehen von Fremdem einen Vorgang der Übersetzung dar, bei dem Bedeutungen nicht erhalten bleiben, sondern verschoben werden, um dadurch erst wahrnehmbar zu sein. Hier liegen die Funktion und die Kraft symbolischer Transformation, die sich in den verschiedensten ästhetischen Medien vergegenständlichen kann." (Rolle 1999, S. 146)

Die Kulturwissenschaften entdecken die Translationswissenschaft gegen Ende des 20. Jahrhunderts für ihre Analysen: während die Translationswissenschaft noch bis in die 70er Jahre vom Äquivalenzprinzip geprägt war, das eine unveränderte Similarität der übermittelten Nachricht forderte, verweisen die Kulturwissenschaften auf zwei zentrale Begriffe im Verlauf eines Übersetzungsprozesses: das „Verfremden" und das „Einbürgern", um damit das Verhältnis von Eigenem zu Fremdem im Verlauf einer Übersetzung zu klären. Während der Übersetzung ist es möglich, dass ein Musikstück aus seinem Kontext gerissen und in einen neuen gestellt wird, weil auch das vom Komponisten oder der Komponistin geschaffene Werk im Moment der Aufführung nichts Abgeschlossenes oder Authentisches hat. Während dieses Vermittlungszugangs werden symbolische Zeichen rekontextualisiert. Wesentlich ist dabei, dass solche Übersetzungen nur eine vorübergehende Bedeutung erlangen, denen die Auffassung zugrunde liegt, dass Formen der Kultur nicht a-historisch oder unveränderlich seien. Allerdings können auch Übersetzungen Veränderungen in Kulturformen hervorrufen – als Beispiel dient an dieser Stelle das Einbeziehen popkultureller Dramaturgien in klassischen Symphoniekonzerten, wenn sie für Jugendliche aufgeführt werden: zugespielte Videos, Lichteffekte und Animationen im Verlauf des Konzerts verändern nicht die Werke an sich, aber deren Rezeptionsweise und Bedeutung für die Zuhörerinnen und Zuhörer. So wie für den indisch-britischen Kulturwissenschaftler Homi Bhaba im Zentrum von Kultur die Produktion von Symbolen und die Bedeutungszuschreibung stehen, bringen die permanent stattfinden Praktiken auch permanente Veränderungen mit sich, die dafür offen sind, neue Symbole zu schaffen – so steht Repertoire der klassischen Musik als Bedeutungsträger in der Werbung für unterschiedliche Produkte als Symbol für Beständigkeit, für Sicherheit, für Wohlgefühl, für Familie, etc. In diesem Verständnis von Kultur ist die kulturelle Ebene nicht mehr in erster Linie dazu da, Identität und Tradition zu sichern, sondern versteht sich als Netzwerk von Symbolen und Bedeutungen, das dadurch gekennzeichnet wird, dass Bedeutungen sich verschieben können und ein Symbol in mehreren Codes beschrieben wird. Homi Bhabas Kulturkonzept spricht in diesem Zusammenhang von Hybridität als Ergebnis kultureller Begegnungen, wobei Räume entstehen, die alle Beteiligten dieser Begegnung verändern können. (Wolf 2004, S. 37)

Für die Praxis der Musikvermittlung stellt diese Sichtweise eine zentrale Forderung auf: Vermitteln bedeutet in diesem Sinne nicht, Überbrückungen zwischen abgegrenzten Kontexten vorzunehmen, sondern zwischen unterschiedlichen kulturellen Praktiken zu interagieren, die jeweils für sich wiederum in hybride Kontexte eingebunden sind.

Im Transfer zwischen Musik und Publikum findet eine kontextuelle Verknüpfung statt, während der ein „Dritter Raum" entsteht. Dieser ist niemals statisch, sondern versteht sich als Prozess, in dessen Verlauf sich die Beziehungen derer überkreuzen, die an der Vermittlung teilnehmen: dabei können sich unterschiedliche Lebenswelten und kulturelle Differenz überlagern, aber auch soziale Interaktion stattfinden, während Bedeutungen von Musik ausgehandelt werden. Wichtig ist dabei dass kulturelle Differenz auch als solche verstanden wird und nicht multikulturelles Nebeneinander ohne wechselseitiges Verstehen und Zuhören stattfindet. Der „Dritte Raum" wird auf diese Weise zu einem gemeinsamen Aktionsraum und zu einem Ort, an dem verschiedene Erfahrungshintergründe ausgehandelt werden.

Vermittlerinnen und Vermittler müssen sich bewusst sein, dass sie selbst auch hybride Subjekte sind, die im Moment des Vermittelns Erfahrungen einsetzen, die als vorläufiges Ergebnis kultureller Überlappungen und Überschneidungen von kulturellen Transferprozessen aufscheinen: „KulturvermittlerInnen sind TrägerInnen von Bedeutungen und als solche hauptsächlich AkteurInnen im Anstoß zu Veränderungen ihres Umfeldes." (Wolf 2004, S. 42) Die Idee des Vermittelns als hierarchischer Tätigkeit von Expertinnen und Experten, die kulturelle oder musikalische Traditionen an Laien weitergeben, um diese an repräsentativen Ereignissen einer Kultur, bspw. Konzerten, verstehend teilhaben zu lassen, wird mit dieser Sichtweise obsolet. Stattdessen werden die Werke, die vermittelt werden, durch das Aushandeln im Dritten Raum mehrdeutig und durch die Mitsprache des involvierten Publikums verdichtet. Vermittlerinnen und Vermittler sind nicht dazu da, kulturelle Defizite zu kompensieren, sondern als Subjekte des Umbruchs entlang von Grenzen und Brüchen kulturelle Differenz herauszuarbeiten.

5.1.2   Welchen Einfluss nimmt darauf der Cultural Turn?

Seit dem letzten Drittel des 20. Jahrhunderts wird innerhalb der geisteswissenschaftlichen Theoriebildung ein sich beschleunigender *Cultural Turn* bemerkbar. Das zunehmende Interesse für die kulturellen Dimensionen des Sozialen lässt behavioristische und funktionalistische Erklärungsmodelle des Sozialen hinter sich und entwickelt heterogene Forschungsstränge, die sich zu einem kulturtheoretischen Feld verdichten. Ein Auslöser dafür scheint in den Globalisierungsprozessen aller gesellschaftlichen Bereiche zu liegen – da kulturelle Phänomene, Sinnsysteme und Ordnungen des Wissens nicht mehr gesichert erscheinen, erwecken sie das Interesse der Forschung. (Moebius/Quadflieg, S. 9–13)

Zu beobachten ist allerdings nicht eine einzige Wende, die alle sozial- und kulturwissenschaftlichen Disziplinen durchzieht, sondern eine Vielzahl an *Turns*, die als Leitfaden innerhalb des dynamischen Spannungsfeldes der Kulturwissenschaften wirken.

Die Kulturwissenschaften wurden zur „Modernisierungschiffre" der Geisteswissenschaften, die dazu beitragen sollten, eingefahrene Fächerspezialisierungen zu überbrücken bzw. Kommunikationsbarrieren innerhalb der fachspezifischen Begriffssysteme zu überwinden. Während die Geisteswissenschaften in ihren Forschungen einen europäisch geprägten Geist vorausgesetzt haben, richten die Kulturwissenschaften den Blick auf die Tätigkeitsformen des Kulturellen und wollen erkennen, wie Kulturelles in einer Gesellschaft überhaupt produziert wird. Die einzelnen *Turns* im Rahmen des übergeordneten *Cultural Turn* geben Entwicklungsspielräume an, in denen sich Theorien dynamisch entwickeln und tragen dazu bei, dass sich der Kulturbegriff innerhalb der Kulturwissenschaften im Verhältnis zu den Geisteswissenschaften grundsätzlich ändert: im Mittelpunkt der Diskussion stehen vermehrt Alltags- und Populärkultur, kulturelle Identität, Medien und Kommunikation, Globalisierung und transkulturelle Kommunikation im Gegensatz zur Betrachtung von Hervorbringungen des Geistes. Die im Folgenden näher beschriebenen *Turns* wurden durch die grundsätzliche Umorientierung der Sozial- und Geisteswissenschaften auf Kultur angestoßen. Nicht mehr Erklärungen aus der Naturwissenschaft, aus positivistischen oder ökonomischen Sichtweisen sollten das Soziale einer Gesellschaft erklären, sondern Kultur. Kultur wird nun als Transfervorgang bewertet, der das Soziale ins Symbolische übersetzt und dabei Sprache und Text (im weiteren Sinn) als Triebkräfte des sozialen Handelns nützt.

Die *Turns* oder Wenden im Bereich Kulturwissenschaft sehen sich selbst nicht in der Größenordnung von kopernikanischen Wenden, vielmehr möchten sie vorsichtig und experimentell neuen Sichtweisen zum Durchbruch verhelfen. Oft betrachten Kulturwissenschaften in diesem Zusammenhang interdisziplinäre Forschungsfelder „an den Rändern" einer Einzeldisziplin – eine Verortung, die auch auf das Feld der Musikvermittlung an den interdisziplinären Rändern von Musikwissenschaft, Musikpädagogik und Musiksoziologie bezogen werden kann. (Bachmann-Medick, S. 7–19)

Aus der Kulturanthropologie entwickelten sich zunächst der *Interpretive,* der *Performative* und der *Reflexive Turn.* In anderen Disziplinen werden der *Postcolonial,* der *Spatial,* der *Translational* und der *Iconic* bzw. *Pictorial Turn* bedeutsam.

Für das Feld der Musikvermittlung erscheinen die ersten drei Wenden relevant und werden daher näher beschrieben.

Zuvor sei jedoch auf den sogenannten „Mega-Turn" (Bachmann-Medick, S. 33) hingewiesen, der alle Wenden durchzieht: der *Linguistic Turn,* der aus der Sprachphilosophie hervorgeht und der Überzeugung Ausdruck verleiht, dass die Grenzen der Sprache auch die Grenzen des Denkens ausloten – jenseits oder unterhalb der Sprache ist keine Realität vorhanden und jegliche Analyse von Wirklichkeit zeichnet sich dadurch aus, dass sie sprachlich determiniert ist. So gelangt der *Linguistic Turn* zur Einsicht, dass die Realität sprachlichem Konstruktivismus unterliegt.

Der *Interpretive Turn*

Der *Interpretive Turn* vollzog sich innerhalb der Kulturwissenschaften in den frühen 70er Jahren, als sich ein weiter Textbegriff in der Forschung etablierte und auch Kultur als Text „gelesen" werden konnte. Unter diesen Textbegriff fallen Rituale und Kleidung ebenso wie Werke der Bildenden Kunst oder eine musikalische Komposition. Text ist in diesem Sinn ein Strukturbegriff, der dabei helfen soll, Kultur auf ihre vielschichtige Lesbarkeit hin zu betrachten. Kulturelle Handlungen sind in diesem Sinne nicht Texte an sich, können aber wie ein Text betrachtet und gelesen werden. Wenn Handlungen permanent in Zeichen übersetzt werden, kann man ihnen eine Bedeutung zuschreiben, die je nach Betrachtendem unterschiedlich ausgelegt wird. Clifford Geertz gilt als der Vater der modernen interpretativen Kulturanthropologie, der mit seiner Analogiebildung zwischen Sozial- und Kulturwissenschaften, dem von ihm geprägten „Genre blurring" den Fokus seines Forschungsinteresses auf kulturelle Bedeutungen legte. In seinen Methoden wandte er sich von der Suche nach Gesetzmäßigkeiten, Strukturen ab und Funktionen zu Fallstudien, Einzelfällen, Details und Interpretationen zu. Geertz fragt in seinen Forschungen nach einer „Interpretative explanation": welche kulturellen Bedeutungen haben Institutionen, Handlungen, Images, Ereignisse oder Bräuche für diejenigen, die selbst Träger dieser Institutionen oder Ausführende der Handlungen sind. Somit werden die Selbstdeutung und die Selbstdarstellung von Erfahrungen und Glaubens- und Überzeugungssysteme der Akteure zum wichtigen Anhaltspunkt der Kulturanalyse und bilden einen fundamentalen Gegensatz zu bisher geübten Ursache-Wirkung-Erklärungen. Es stehen nun detaillierte Fallstudien im methodischen Mittelpunkt, die die Kontextualisierung als Verfahren verfeinert. Sein „Multiple contextualiszation of cultural phenomena" prägt eine Methode, die Texte mithilfe anderer Texte zu deuten versucht und Textauslegung und Handlungsdeutung gleichberechtigt zusammenführt, wenn Interpretation und Analyse von kulturellen Phänomenen (oder Handlungen oder Prozessen) Bedeutungen konstituieren. Für die Interpretation von Kultur muss nun eine ganze Reihe von Texten eingearbeitet werden, die vielfältige Interpretationsperspektiven, z.B. ökonomische, psychologische, soziale oder ästhetische, zulässt – ein Verfahren, das als „Dichte Beschreibung" wegweisend für die kommende Forschungstradition werden sollte.

Geertz findet auf diese Weise zu einem bedeutungsbezogenen Kulturbegriff und definiert Kultur nicht mehr als ein funktionales Mittel zur Befriedigung von Bedürfnissen oder als Mittel zur Anpassung von Teilen einer Gesellschaft, sondern beschreibt Kultur als Produktion von Bedeutungen und kulturellen Codierungen. Er versucht, Subjektivität aus der Analyse nicht nur nicht auszuschließen, sondern sie durch die „Dichte Beschreibung" objektiv zugänglich zu machen, die nach übergreifenden Bedeutungsstrukturen in der Analyse subjektiver Intentionen sucht. (Bachmann-Medick 2006, S. 58–72). Im Unterschied zur „Dünnen Beschreibung", die den symbolischen Gehalt von sozialen oder kulturellen Handlungen nicht erfasst, interpretiert die „Dichte Beschreibung" symbolische Formen, mit denen Menschen sich selbst oder sich vor anderen darstellen. Geertz gewinnt diesen Ansatz aus mehreren Feldforschungen in Indonesien – die Beschreibung eines Hahnenkampfes auf Bali als Ensemble kultureller Texte und als eine Kunstform, die den Balinesen ihre eigene Subjektivität offen legt, ist dafür die Grundlage. Geertz geht davon aus, dass durch die Teilnahme an einem rituellen Hahnenkampf das Ethos der Kultur und das private Empfinden für den einzelnen Balinesen als kollektiver kultureller Text lesbar werden. (Kumoll 2006, S. 84f.)

Sein interpretativer Ansatz, den er in den 60er und 70er Jahren des vorigen Jahrhunderts entwickelte, gab zunächst der Ethnologie vielfältige Impulse, heute scheint sein forschender Zugang außerhalb der Ethnologie einflussreicher, was u.a. damit zusammenhängt, dass Clifford Geertz seine Überlegungen nicht aus der Empirie heraus entwickelte, sondern aus seiner für einen Ethnologen unorthodoxen Ausbildung heraus schöpfte. Geertz studierte zunächst Philosophie und Literatur, bevor er am neu gegründeten Department of Social Relations der Harvard University das Postgraduiertenstudium der Ethnologie absolviert. Aus diesen unterschiedlichen Disziplinen entsteht seine spätere Mischung aus Literaturkritik, Philosophie und Ethnographie, die versucht, zwischen wissenschaftlichem Anspruch und kulturellen und künstlerischen Phänomenen sinnvolle Brücken zu schlagen. (Kumoll 2006, S. 82f.).

Seine Kritikerinnen und Kritiker werfen ihm vor, in seinen Forschungen historische Kontexte zu vernachlässigen und Gesellschaften auf ihre ästhetische Dimension hin zu reduzieren, ohne dabei auf Machtverhältnisse oder soziale Ungleichheiten Bezug zu nehmen. Seine symbolische Ethnologie würde das wissenschaftliche Kriterium der Überprüfbarkeit aufgeben und Ethnographie in Literatur verwandeln.

1988 antwortet Geertz darauf in seinem Buch „Die künstlichen Wilden" (vgl. Geertz 1993): der wissenschaftliche Wert einer Ethnographie lässt sich nicht allein an der Menge der empirischen Informationen ermessen, sondern ausschließlich daran, ob der Autor oder die Autorin die Leserschaft davon überzeugen kann, „dort" im Sinne von „im Feld" gewesen zu sein. Der *Interpretive Turn* hat dazu geführt, dass sich Kriterien für wissenschaftliche Objektivität verschieben und ethnographische Texte als subjektive Interpretationen kultureller Texte ihre Nähe zur Ästhetik nicht negieren sollen:

> „Die Frage, ob die Geertz'schen Texte in diesem Sinne besonders ‚überzeugend' sind, bleibt jedoch umstritten, denn die wissenschaftlichen Kriterien, die eine solche Beurteilung erst zulassen, scheinen auf eine irritierende Weise in der Subjektivität der Lese verwurzelt zu sein." (Kumoll 2006, S. 87)

Der *Performative Turn*

Ebenso wie der *Interpretive Turn* wendet sich der *Performative Turn* der Kulturwissenschaften weg vom Leitbegriff der „Struktur" hin zum Leitbegriff des „Prozesses". Forschungen suchen nach praktischen Dimensionen, wie kulturelle Bedeutung hergestellt wird, und zwar durch Ereignisse, durch Praktiken, durch materielle Verkörperung und mediale Ausgestaltung. „Kultur als Performance" löst die Vorstellung von „Kultur als Text" des *Interpretive Turn* ab. Als wichtiger Wegbereiter dafür dient die zunehmende Theatralisierung der Lebenswelten durch Medieninszenierungen und Informationsvisualisierung und die Erkenntnis, dass sich einzelne Teile einer Gruppe durch Selbstinszenierung als zugehörig erkennbar machen, weil allgemein gültige Orientierungsvorgaben in der Gesellschaft verloren gehen.

Performanz, Performance und Performativität werden zu neuen kulturwissenschaftlichen Grundbegriffen, die sich auf das Gemachtsein von Sprache und Wirklichkeit beziehen und soziale Selbstdarstellungen und gesellschaftliche Theatralität von Politik bis Krieg analysieren möchten: „Wie kann man mit Sprache Handlungen auslösen, wie wird Wirklichkeit produziert und in Szene gesetzt?" (Bachmann-Medick 2006, S. 109f.). Die bedeutungsprägende Kraft performativer Handlungen treten in den Vordergrund. Am Beispiel des idealtypischen Verlaufs eines sozialen Dramas rückt auch der Ritualcharakter ins Zentrum der Beobachtung kultureller Phänomene:

- Zum ersten kommt es zum Bruch mit der Gesellschaft durch eine soziale Normverletzung oder einen Gesetzesverstoß.
- Zum zweiten folgt die daraus resultierende Krise, die sich bis zu einem Wendepunkt ausweiten kann.
- Zum dritten werden Konfliktlösungsstrategien zur Bewältigung der Krise angewendet bis es
- viertens zur Reintegration oder zur endgültigen Spaltung von der Gesellschaft kommt.[41]

Der *Reflexive Turn*

Als letzter der drei Turns, die für die forschende Arbeit im Bereich der Musikvermittlung besondere Relevanz hat, beschäftigt sich der *Reflexive Turn* mit der Art und Weise der Kulturbeschreibung an sich. Die reflexive Rückwendung auf den eigenen Text des Forschers oder der Forscherin wendet sich vom Empirismus ab und nimmt zur Kenntnis, dass die Zersplitterung kultureller Lebenszusammenhänge keinen direkten Zugang zu Erfahrungen mehr zulässt. Jede kulturelle Wahrnehmung des Forschenden und jede Form der Darstellungsform, die er für seine Beobachtungen wählt, ist bereits durch seinen eigenen kulturellen Kontext vorgeprägt.

Nicht zufällig erscheint der *Reflexive Turn* zunächst im kulturwissenschaftlichen Diskurs der Ethnologie, die sich mit der Frage auseinandersetzen muss, wie die „Darstellung der Anderen" nach dem Zusammenbruch kolonialer Machtverhältnisse

---

[41] Auch "Peter und der Wolf" als Archetyp des Kinderkonzerts folgt diesem Schema, wenn Peter zunächst eine Regelverletzung begeht, weil er gegen den Willen des Großvaters allein den Garten verlässt und dabei auf den Wolf trifft, der bereits unschuldige Tiere bedroht. Gemeinsam überwältigen Peter und die Tiere den Wolf, um in einer Schlussszene Versöhnung mit dem Großvater zu erlangen.

und der damit einhergehenden Kritik am eurozentrischen Repräsentationsmonopol noch möglich sei.

Das Vertrauen in objektive Repräsentierbarkeit durch wissenschaftliche Darstellung – sei es von fremden Kulturen oder kulturellen Praktiken – erscheint im *Reflexive Turn* grundsätzlich erschüttert. Es wird deutlich, dass die gängigen Forschungswege der teilnehmenden Beobachtung und der Feldforschung zwar durchaus wichtige Bezugsfelder der Erkenntnisgewinnung bleiben, dass sie allerdings nur einen Teil des Forschungsprozesses insgesamt abdecken können. Auch die eigene Schreibweise, die eigenen Texte und der Untersuchungsvorgang selbst finden Eingang in die selbstkritische Reflexion der wissenschaftlichen Tätigkeit an sich. Der *Reflexive Turn* betrifft also unmittelbar den Vorgang der Bedeutungsproduktion von kulturwissenschaftlicher Forschung: Wie stehen Erkenntnissubjekt und Erkenntnisobjekt zueinander, wie entstehen die Erfahrungen aus empirischer Feldforschung und auf welche Weise münden diese wiederum in wissenschaftliche Texte? In jeder Darstellung von wissenschaftlichen Ergebnissen werden Ausschließungen gemacht – James Clifford, Professor am History of Consciousness Department der University of California und als solcher wichtigster Exponent der selbstreflexiven Richtung, spricht in diesem Zusammenhang von „Partial truths", „Teilwahrheiten", die Forschung zu Tage fördern kann. Dabei muss sie aber zur Kenntnis nehmen, dass keine endgültigen und autorisierten Bedeutungen abzuleiten sind und ausschließlich „Partial-knowledge"-Texte produzieren kann. (Bachmann-Medick, S. 150f.).

Im Unterschied zum *Interpretive Turn*, der in seinem Ansatz noch auf der Ausschließung des Dialogs beruht, wenn er an die monologische Auslegungsautorität des Wissenschaftlers bzw. der Wissenschaftlerin glaubt, untersucht der *Reflexive Turn* bereits die eigene Autoritätsstruktur und arbeitet nach Leitvorstellungen von Diskurs, Dialog und Polyphonie statt mit Erfahrung und Interpretation. Diese Leitvorstellungen lassen nun auch neue Textsorten für die wissenschaftliche Forschung zu wie Anekdoten, persönliche Erlebnisse oder experimentelle Schreibweisen – die Bricolage-Technik wird salonfähig und arbeitet als neuartige Form der Kulturanalyse mit einem Ensemble von kulturellen Wahrnehmungsbegriffen.

Der *Reflexive Turn* der Kulturwissenschaften schärft das Bewusstsein von kulturellen Differenzen und fördert eine selbstkritische Perspektive des Forschenden, während er seine wissenschaftlichen Texte ausarbeitet. (Bachmann-Medick, S. 144–183)

Gemeinsam mit den oben angeführten *Postcolonial, Spatial, Translational* und *Iconic* bzw. *Pictorial Turns* stehen die drei für das kulturelle Praxisfeld der Musikvermittlung relevanten und ausführlicher beschriebenen *Interpretive, Performative* und *Reflexive Turns* für aktuelle kulturwissenschaftliche Neuorientierungen, die zum Teil schon klassisch im Diskurs stehen oder sich gerade herausbilden. Viele weitere *Turns* sind im Gespräch, die das kulturelle Gedächtnis, die zunehmende Digitalisierung unserer Gesellschaft oder sogar als *Biopolitical Turn* die Einflüsse bzw. Kontrollmechanismen des Körpers und des Lebens in den Mittelpunkt des Interesses rückt. Wie die vorangegangenen müssen sie sich dem entscheidenden Prüfkriterium stellen, inwieweit sie nicht nur Versuche sind, ein Forschungsfeld zu besetzen, sondern tatsächlich einen konzeptuellen Sprung darstellen und transdisziplinäres Potenzial entfalten.

5.2   Kontextualisierung als Bedingung für Übersetzungsprozesse

Die Hermeneutik des 19. Jahrhunderts war die erste wissenschaftliche Herangehensweise, die die Wichtigkeit hervorhob, den ursprünglichen Entstehungskontext eines Kunstwerks zu erforschen und zu beschreiben, weil erst dieser Kontext ein Verständnis des Werkes zulässt. Wird ein Werk losgelöst von Entstehung und Wirkung analysiert oder rezipiert, bleibt seine inhaltliche Aussage mehrdeutig – in diesem Sinn dient die Kontextualisierung für hermeneutische Wissenschaftlerinnen und Wissenschaftler dazu, Polyvalenz von kulturellen Artefakten einzugrenzen. Aus ihrer Sicht ist Tradition eine sinnstiftende und bedeutungserzeugende Instanz – durch die hermeneutische Methode würde Subjektivität in der Forschung weitestgehend ausgeklammert.

Hermann Danuser sieht zu Ende des 20. Jahrhunderts zwei Stränge der Interpretation von Musik: einerseits die hermeneutische, die eine kritische und reflektierende Ebene in das Sprechen, Schreiben, Denken und Vermitteln von Musik integriert und andererseits eine performative, die in ihrer musikalischen oder künstlerischen Umsetzung während einer Aufführungssituation wahrnehmbar wird. Danuser verweist dabei auf den ursprünglichen Wortsinn des lateinischen Begriffs „Interpretatio" im Sinne von „Auslegung, Übersetzung oder Erklärung". Alle diese Begriffe beinhalten eine Interaktivität des Interpretierens und bringen damit folgerichtig auch im Aufführen und Zuhören die Interaktivität ins Spiel. (Heiligendorff 2008, S. 112)

Für die Musikvermittlung spielt die hermeneutische Herangehensweise an Werke der Musikgeschichte eine wesentliche Rolle, um Kommunikations- und Interpretationswege für das Publikum zu erschließen, gleichzeitig müssen sich Musikvermittlerinnen und -vermittler ihrer Subjektivität deutlich bewusst sein und die verschiedenen Symbolsprachen anerkennen, in denen Kulturen heute codiert sind.

In einem einzigen Kontext – dem Konzertsaal – können gleichzeitig unzählige Symbolsysteme wirksam werden: Die Wahrnehmungen und Symbolisierungen einer Person, die beispielsweise im Publikum sitzt, weil ihr jemand die Eintrittskarte zum Geburtstag geschenkt hat, während am Platz daneben eine hustende ältere Dame stört, am Podium ein weltberühmtes Orchester spielt und die Stücke am Programm zu den Lieblingsstücken des Zuhörenden zählen, unterscheiden sich maßgeblich von den Wahrnehmungen der hustenden älteren Dame, die für ihr Husten besorgt die Pausen zwischen den einzelnen Sätzen abwartet, um nicht zu stören, das Orchester des heutigen Abends aus zahlreichen Hörerfahrungen davor nicht so schätzt wie ein anderes weltberühmtes Orchester und das Repertoire des Abends für wenig originell hält. Dieser Fokus ins Publikum ist beliebig erweiterbar. Auch wenn der Musikvermittler oder die Musikvermittlerin nie auf jeden einzelnen im Publikum in seinem Symbolsystem Bezug nehmen kann, hilft das Wissen über die Unterschiedlichkeiten in der Rezeption. Daneben ist es für die Qualität der musikvermittelnden Arbeit ausschlaggebend, ob die Akteure sensibel wahrnehmen können, in welchen diskursiven Rahmen die Gegenstände der Kultur, bzw. die musikalischen Werke eingebettet sind: in ein narratives System, in dem wir über Musik denken und sprechen und mithilfe von Sprache in Musik Bedeutung konstruieren.

5.2.1   Musik als Text zur Welt

Bei Musik handelt es sich um eine Sprache, die im Sinne eines Gewebes von Bedeutungen gesponnen wird. Clifford Geertz meint damit einen Kulturbegriff, der den Menschen als ein Wesen sieht, das in ein selbstgesponnenes Bedeutungsgewebe verstrickt ist und daher Untersuchungen und Feldforschungen der kulturellen Praxis immer nur interpretierend und nach Bedeutungen suchend erfolgreich sein können (vgl. Geertz 1987). Demgegenüber stehen kulturwissenschaftliche Strukturalisten wie Claude-Lévi Strauss, die kulturelle Symbole nicht aus Sicht der Subjekte bzw. aus hermeneutischer Interpretation des Verstehens- und Erlebnishorizonts dieser Subjekte deuten möchten, sondern nach objektiven Strukturen in den kulturellen Texten und Artefakten suchen. (vgl. Brackert/Wefelmeyer 1990)

Aus der hermeneutischen Position heraus findet Verstehen in einem Kontext kultureller Praxis statt – Kontextualisierung in diesem Sinn bedeutet somit ein kreatives und deutendes Verfahren, das allerdings vom Subjekt, sei es Forschender oder Musikvermittlerin, eingegrenzt werden muss, um sowohl im Begriff als auch im Handeln operativ bleiben zu können. Für den Interpreten bzw. die Interpretin ist es augenscheinlich, sich mit dem Kontext der Kompositionen auseinanderzusetzen, um die Interpretation eines Musikstückes nicht von beliebigen und zufälligen Gefühlsregungen abhängig zu machen. Auch wenn das Werk sozusagen ein „Drehbuch" für den inneren Film des Interpretierenden wie des Zuhörernden bildet und dabei jeweils eigene Symbolisierungen wirksam werden, bildet ein äußerer kultureller und historischer Kontext den Rahmen dafür: So hilft es bei der Interpretation und beim aktiven Zuhören, Musik von Bach in einen Kontext von mathematischen und theologischen Dimensionen einordnen zu können, Opern von Mozart vor dem Hintergrund des Menschenbildes der Aufklärung zu hören oder Bartók als Vernetzer von Volks- und Kunstmusik zu begreifen. In diesem Verständnis eignen sich musika-

lische Gegenstände dazu, in der Auseinandersetzung mit ihnen ein erweitertes Welt-
und Selbstverständnis zu gewinnen. (Figdor/Röbke 2008, S. 144f.)
Wenn wir dabei über Musik im Kontext nachdenken, handelt es sich nicht um einen
realen musikalischen Gegenstand sondern um unsere symbolischen und sozialen
„Überformungen" von musikbezogenen Situationen, die wir in kulturellen Kontexten wahrnehmen. Auf Situationsrollen wie die eines Konzertbesuchs werden wir
sozialisiert und erleben sie als kulturell relevante Bestände unseres gesellschaftlichen kollektiven Wissens. (Harnischmacher 2008, S. 64)
Zembylas teilt seinen Begriff von Kontext in ein Vor-Feld („alles, was davor geschah"), ein Um-Feld („alles, was gleichzeitig ist") und ein Nach-Feld („alles, was
seither geschah und geschieht"), das sich in einer räumlichen, einer zeitlichen und
einer intentionalen Ebene aufspannt. Der Kontext vernetzt in diesem Verständnis
ein soziales Feld und prägt dabei gleichzeitig die Bestimmbarkeit und Sichtbarkeit
der untersuchten Artefakte. (Zembylas 2004, S.71–91)

5.2.2   Der Erkenntniswert der Kunst

Wahr und falsch sind keine Kategorien, in denen sich ästhetische Erfahrung und
Erkenntnis benennen ließen. Im Nachdenken über Differenzen von Sinnlichkeit und
Vernunft sowie von Anschauung und Begriff, die die Ästhetik beschäftigen, verlieren
Wahrheit und Falschheit zugunsten von Bedeutungen, die sich dem Rezipienten
und der Rezipientin erschließen, an Relevanz.
Mit Immanuel Kant (1724–1804) lassen sich drei Formen der Erkenntnis unterscheiden: die theoretische, die praktische und die ästhetische Erkenntnis, von der jede
eigenen Gesetzmäßigkeiten unterliegt. Die ästhetische Erkenntnis sucht nicht nach
dem Erkennen von und in Begriffen, sondern verwebt Anschauung und Begriff in
einem Wahrnehmungsprozess, der kein endgültiges Finale erlebt, sondern seine
Bedeutung aus der Einmaligkeit und dem Besonderen gewinnt. Während theoretische und praktische Erkenntnisse nach Antworten streben, rücken in der ästhetischen Wahrnehmung Fragen in den Vordergrund, die Räume für vielfältige Interpretationen und Lösungen öffnen. (Brandstätter 2008, S. 101–104)
In den Künsten gibt es mehr als eine Antwort und mehr als eine Lösung für ästhetische Fragen und jede Art der Gestaltung nimmt im Rahmen von Form und Inhalt
von Werken der Kunst Einfluss auf die Vorstellungskraft des Rezipienten und die
Rezipientin und die Bedeutung, die sich ihm oder ihr im Rahmen des Wahrneh-
mungsprozesses erschließen. Darüber hinaus bestimmen Beziehungen zwischen
Kunstwerk, Künstlerin und Rezipient, ob uns ein Musikstück oder ein Bild berührt,
unsere Vorstellungskraft anregt bzw. Erkenntnis im Sinne ästhetischer Erfahrung
bewirkt.

Zu Beginn der 90er Jahre des 20. Jahrhunderts entsteht in der Bildenden Kunst eine eigene Kunstströmung, die ihre künstlerische Position selbst in der Kontextualität einnimmt und auch alle anderen Kunstsparten – auch musikalische Aufführungen – beeinflusst. Während in den Jahrzehnten davor vor allem die Konzeptualisierung der Produktion von Kunst im Vordergrund steht, folgt nun eine Schwerpunktverlagerung hin zur Kontextualisierung der Kunst. In diesem Kunstverständnis fungiert Kunst als Text der Welt und die Welt als Kontext von Kunst. Ebenso bilden die Beziehungen zwischen dem Werk und seinem Interpreten wechselseitige Kontexte:

> „Das Werk und die in ihm dargestellte Welt gehen in die reale Welt ein und bereichern sie, und die reale Welt geht in das Werk und in die in ihm dargestellte Welt ein, und zwar im Schaffensprozess wie auch im Prozess seines späteren Lebens, in dem sich das Werk in der schöpferischen Wahrnehmung durch die Hörer und Leser ständig erneuert." (Weibel 1994, S. 14)

Um ein Kunstwerk zu kontextualisieren, wird ein Netz von Beziehungen zwischen den künstlerischen Äußerungen und der aktuellen Sprache der Zeit, anderen sozialen Diskursen und historischen Strukturen oder Prozessen hergestellt, weil von Vertretern und Vertreterinnen dieses Zugangs grundsätzlich davon ausgegangen wird, dass die Wahrnehmung gesellschaftlicher Realität ebenso für die Interpretation von Kunst relevant ist.

So geht Pierre Bourdieu davon aus, dass es lediglich eine Illusion sei, Kunst unmittelbar verstehen zu können. (vgl. Bourdieu 1970) Vielmehr sei die spezifische ästhetische Betrachtungsweise selbst ein Produkt von Transformation künstlerischer Produktionen, die durch Erziehung reproduziert würde:

> „Die Illusion des ‚reinen', im Sinne eines ‚unbebrillten Auges' ist ein Merkmal derjenigen, die die Brille der Bildung tragen und die gerade das nicht sehen, was ihnen zu sehen ermöglicht, und ebenso wenig sehen, dass sie nicht sehen könnten, nähme man ihnen, was ihnen erst zu sehen erlaubt." (Bourdieu 1970, S. 164)

Darüber hinaus steht Kunst immer im Umfeld anderer Kunst und Kunstformen und in Beziehungen zu Diskursen und Institutionen, die das Kunstschaffen transportieren wie Konzerthäuser, Musikverlage oder Museen. Diese gelten dabei als wesentliche Träger von Ideologien und stehen im Dienst von Interessen, die nicht zuletzt wirtschaftlich geprägt sind.

„Kontext" in der Kunst geht auf die Anfänge der sogenannten Social History in den 30er Jahren des 20. Jahrhunderts zurück. So wie Geschichtsschreibung nicht mehr ausschließlich die Aufzählung von Herrschergenealogien oder Kriegsabläufen und Vertragsabschlüssen abbildet, erhält nun auch das Kunstwerk einen sozialen Hintergrund. Überlegungen treten in den Vordergrund, die soziale Inhalte an Kunstwerke binden möchten, dabei fokussieren, an welches Publikum sich die Kunstwerke richten und welche Wirkungen damit erreicht werden können. Wobei die Antworten auf die beiden letzten Fragen nicht in festen Zuschreibungen oder allegorischen Verweisen liegen, sondern eine Herangehensweise an Kunst als Prozess anstreben. (Draxler 1994, S. 201–205)

In den 60er und 70er Jahren wird der Kontext im Bereich der Bildenden Kunst eine eigene Rezeptionskategorie, die davon ausgeht, dass die Künste nicht getrennt von den kulturellen und soziopolitischen Verhaltensformen in einer Gesellschaft wahrgenommen werden können. In den 90er Jahren wird der Kontext zum Produktionskonzept: das Material, die Themen, die Arbeitsmethoden, die Präsentationsweise und die Veröffentlichungsformen entsprechen nun der veränderten kulturellen Sozialisation der Rezipienten und Rezipientinnen und nehmen zur Kenntnis, dass Kunst nicht von sozialen, kulturellen oder ökonomischen Phänomenen losgelöst wahrgenommen werden kann: „Kunst (ent-)steht im Kontext von bereits existierenden Kunstdiskursen, ist organisiert als ein soziales und kulturelles Phänomen und beeinflusst von sozio-ökonomischen Faktoren." (Vogel 1994, S. 207)

Der Kontext benennt nun die Bühne, bzw. den Rahmen der Präsentation oder Aufführung von Kunst und das Ereignis selbst. Auch wenn der Begriff in unterschiedlichen Diskursen andere Schwerpunkte erlebt, bleibt die Ebene der Partizipation konstant: die Beziehung zwischen Werk und Rezeption bildet das Zentrum.

Bereits Umberto Eco nimmt Ende der 70er Jahre vom autonomen Kunstwerk Abschied und definiert das „offene Kunstwerk", das sich im Zusammenspiel von Werk und Rezipient bzw. Interpretin entfaltet. Das Kunstwerk bleibt in seiner Interpretationsstruktur unabgeschlossen und wird vom Hörer bzw. der Betrachterin mitkonstruiert. Das Publikum wird in diesem Sinn zum Akteur.

Beide Kategorien – Offenheit und Kontext – suchen in erster Linie nicht nach Erkenntnis oder Wahrheitsfindung, wesentlich sind ihnen die Partizipation und der Dualismus von Produktion und Rezeption, von Musikerin und Hörer, von Werk und Betrachterin. Und sie suchen nach zeitgemäßen Forschungsansätzen, Produktion und Rezeption in ihrer heutigen Erscheinungsvielfalt zu analysieren.

5.3   Cultural Studies als Zugang zur Analyse der Arbeitsweise der Musikvermittlung

Cultural Studies – im Deutschen am treffendsten mit „Kulturstudien" zu übersetzen, nicht mit „Kulturwissenschaft" im Sinne einer eigenen Disziplin - bezeichnen einen Sammelbegriff für multi-/inter- und transdisziplinäre Analysen kultureller Fragen. Musikvermittlung als kommunikative Praxis im Feld von Produktion, Rezeption und Distribution versteht sich selbst als interdisziplinäres Phänomen, das musikpädagogische, kulturwissenschaftliche und kulturpolitische Facetten beinhaltet. So wie die Cultural Studies Analysen von Kultur immer im Kontext betrachten, stellt das

Nachdenken über Musikvermittlung laufend die Frage nach Musik in ihrem künstlerischen Kontext und im Kontext der Akteure. Die Cultural Studies beforschen im Fokus ihrer Ansätze die Frage nach der Macht und ihren Wechselbeziehungen zu kulturellen Praxen – dieselbe Fragestellung richtet für Musikvermittlung und Konzertpädagogik einen intensiven Spot auf die hegemonialen Wechsel-Beziehungen zwischen Kulturpolitikern, Veranstalterinnen, Interpreten, Vermittlerinnen und dem Publikum.

Im Zentrum der Cultural Studies steht die Untersuchung von alltagskulturellen und popkulturellen Phänomenen. Erst in jüngerer Zeit verstärkt sich ein Zugang zu Forschungen im Bereich hochkultureller Phänomene, in denen auch Musikvermittlung und Konzertpädagogik beheimatet sind. Rainer Winter bemerkt dazu in seiner Beschreibung der Forschungsgeschichte der Cultural Studies seit den 50er Jahren als Agenda der Gegenwart und Zukunft:

> „In Zukunft wäre es angebracht, dass sich die Cultural Studies mit der gleichen theoretischen und empirischen Sorgfalt, die sie dem Populären zuteil werden lassen, der Kunst widmeten, deren Bedeutungen ihr ebenso wenig wie der Populärkultur inhärent sind, sondern erst in spezifischen sozialen Kontexten geschaffen werden. Darüber hinaus sollten die Cultural Studies untersuchen, inwiefern kulturelle Hierarchisierungen das Produkt von Machtbeziehungen sind, wie die Grenzziehungen als soziales Faktum überhaupt entstehen, wie Grenzen verschoben und (neu) festgesetzt werden." (Winter 2001a, S. 347)

Diesen Ansatz verfolgen Überlegungen zu Musikvermittlung und Konzertpädagogik, wenn sie der Frage nachgehen, in welchen Kontexten diese kommunikative Praxis stattfindet und welche Symbolisierungen, Bedeutungen und Erwartungen seitens der unterschiedlichen Akteure dabei eine Rolle spielen und ob dabei Grenzen zwischen Institutionen, Kunstschaffenden und Publikum verschoben und neu festgesetzt werden können.

Das zentrale Forschungsinteresse der Cultural Studies wird ersichtlich, wenn der wesentliche Impuls für die Entwicklung der Cultural Studies in Großbritannien betrachtet wird, der in der Gegenposition zu einem traditionellen Kulturverständnis der Briten lag, wie es sich in den 40er und 50er Jahren manifestierte: im Bourdieu'schen Sinn wurde Kultur damals mit einem kulturellen Kapital als Familienvermächtnis gleichgesetzt. Ein Verständnis von Kultur, das durch Geburt vererbt würde, ging selbstverständlich davon aus, dass ein Großteil der Bevölkerung kulturlos bleiben musste bzw. die kulturelle Praxis, die von Arbeiterinnen und Arbeitern gepflegt wurde wie naive Malerei, Brass Bands in den Kohleregionen oder Laienchöre als minderwertig angesehen wurde.

Raymond Williams stellte dagegen seine legendär gewordene Kulturdefinition:

> „Yet a culture is not only a body of intellectual and imaginative work, it is also and essentially a whole way of life", (Williams 1976, S. 311)

und legte damit den Grundstein dafür, dass andere als bürgerliche Kulturtraditionen nicht mehr länger aus einer Defizitperspektive heraus wahrgenommen wurden. Nicht mehr die intellektuelle und imaginative Zugangsweise allein war entscheidend, sondern die Suche nach Leitmotiven und Leitthemen in einer kulturellen Praxis. Für Williams gab es zwischen bürgerlicher Kultur und Arbeiterkultur entscheidende Unterschiede im Bezug auf diese Leitmotive:
Als Leitmotiv bürgerlicher Kultur verortet er einen entschiedenen Individualismus, der sich in der Vorstellung von einer Gesellschaft als neutraler Zone, in der jedes Individuum in seiner eigenen Entwicklung und nach seinem eigenen Gutdünken entfalten kann, manifestiert. Demgegenüber steht die Kultur der Arbeiterklasse, deren Leitidee vom Gemeinschaftssinn charakterisiert wird:

> „The human fund is regarded as in all respects common, and freedom of access to it, is a right constituted by one's humanity; yet such access, in whatever kind, is common or is nothing. Not the individual, but the whole society will move." (Williams 1976, S. 312).

In Williams Vorstellung läuft diese Betrachtungsweise letztlich darauf hinaus, in organisatorischen Errungenschaften wie dem Genossenschaftswesen oder der Gewerkschaftsarbeit gleichwertige Kulturleistungen anzuerkennen, wie sie die individuellen Errungenschaften einer bürgerlichen Kultur hervorgebracht haben.
Bedeutung für das kulturelle Praxisfeld der Musikvermittlung erhält diese Sichtweise sowohl in der Aufarbeitung der kulturpolitischen Agenda der 70er Jahre des 20. Jahrhunderts, als auch im Vollzug des Paradigmenwechsels zum „weiten Kulturbegriff" im deutschsprachigen Raum und „Kultur für alle", und „Kultur von allen" zu Schlagworten neuer Kulturvermittlungsbestrebungen wurde.

5.3.1   Zur Forschungsgeschichte der Cultural Studies

Cultural Studies bezeichnen eine heterogene Forschungsrichtung, die auf Studien der Literaturwissenschaftler Richard Hoggart (*1918) und Raymond Williams (1921–1988) zu Kultur zurückgeht. Die ersten Vertreterinnen und Vertreter dieses Forschungsansatzes wollten einer neuen Vielfalt von Kulturen innerhalb der britischen Gesellschaft eine starke Stimme verleihen. Dieser Perspektivenwechsel vollzog sich nach dem Zweiten Weltkrieg: in Großbritannien bedingten mehrere Labour-Regierungen in Folge einen radikalen Umbau der Öffentlichkeit: im Zuge des Ausbaus eines Wohlfahrtsstaates und damit einhergehend einer „Verbürgerlichung" der Arbeiterklasse erhöhten sich die Bildungschancen für alle Bürgerinnen und Bürger während gleichzeitig die zunehmend multikulturelle Gesellschaft als Folge der Kolonialherrschaft und des Commonwealth erste Akzeptanzprobleme innerhalb der britischen Gesellschaft hervorriefen. Die frühe Etablierung der Cultural Studies basiert auf den sogenannten Gründertexten *The Uses of Literacy* (1958) von Richard Hoggart, *Culture and Society 1780–1850* (1958) und *The Long Revolution* (1961) von Raymond Williams sowie *The Making of the English Working Class* (1963) von E.P. Thompson, die sich darum bemühten, die oben genannten rasanten Entwicklungen wissenschaftlich zu begleiten. Die Gründung des Centre for Contemporary Cultural Studies (CCCS) an der Universität Birmingham trug dazu bei, dass sich die Cultural Studies zunehmend im Wissenschaftsbetrieb etablieren konnten. (Nünning 2005, S. 10–13)

Ähnlich wie im deutschen Sprachraum wurde auch in Großbritannien der englische Sprach- und Literaturunterricht für die Herausbildung von Nationalstaatlichkeit zum zentralen Angelpunkt. Zur Identitätsstiftung der Bevölkerung seit dem 19. Jahrhundert sollten die English Studies ein humanistisches Bildungsideal transportieren und eine Einheit Literatur – Sprache – Kultur bilden. Dieser erwünschten Homogenität standen sowohl die Kultur der international geprägten Arbeiterklasse als auch die heterogenen Kulturen der Kolonien gegenüber. Die Arbeiten des Kulturkritikers Matthew Arnold (1822–1888) galten als zentrale Definitionen von Kultur. Für Arnold ist Kultur das Beste, was in der Welt gesagt oder gedacht werden kann und damit ein moralisches Leitsystem, das Bedrohungen der Anarchie abwenden soll und soziale Ordnungssysteme dabei absichern. Kultur wurde an Schulen in Form eines Literaturkanons mit Kunst-Produkten hervorragender Dichter präsentiert, die zeitlos gültige Wahrheiten erkannt hatten. Die Literaturkritikerin Queenie Dorothy Leavis (1900–1988) setzte Arnolds kulturkritische Überlegungen in den 30er Jahren des 20. Jahrhunderts mit einer massiven Kritik an populären Kulturformen fort. Nach dem Ersten Weltkrieg wurde der amerikanische Einfluss in Film, Fernsehen, Radio, Trivialliteratur und Boulvard-Presse auch in England immer deutlicher und bedrohte den bis dahin gültigen klassischen Kanon. Das Ende des Zweiten Weltkrieges markierte den Beginn der britischen Cultural Studies: die Labour-Regierung reformierte das Bildungssystem und sorgte dafür, dass viele Angehörige der bisherigen Arbeiterklasse durch Stipendienprogramme und eine stark subventionierte Erwachsenenbildung ihre Erfahrungen und kulturellen Praktiken in diese Unterrichtssituationen mitbrachten.

5.3.2 Die „Gründertexte"

Einer der Gründertexte der Cultural Studies – *The Uses of Literacy* von Richard Hoggart entstand in diesem Zusammenhang: selbst aus dem Arbeitermilieu stammend unterrichtete Richard Hoggart in der Erwachsenenbildung und erkannte im Verlauf seiner Tätigkeit, dass die Popularkultur, die von seinen Schülerinnen und Schülern geschätzt und genutzt wurde, von der gängigen Literaturwissenschaft nicht länger ignoriert werden durfte. *The Uses of Literacy* beschreibt die Arbeiter-Kultur in England als spezifische Form einer Ästhetik, der die Gemeinschaft wichtig ist und von Erfahrungen und dem Nutzen von Gestaltungsspielräumen im alltäglichen Leben geprägt ist. Hoggarts methodisches Vorgehen, die Erfahrungen („lived experiences") der Vertreter dieser Arbeiterkultur als Ausgangspunkt seiner wissenschaftlichen Analysen zu nutzen, beeinflusste die weitere Arbeitsweise der Cultural Studies.

Auch die beiden anderen „Gründerväter" Raymond Williams und Edward Palmer Thompson (1924–1993) ließen ihren beruflichen Hintergrund aus der Erwachsenenbildung in ihre wissenschaftliche Forschung einfließen.

Williams *Culture and Society 1780–1950* ist u.a. eine Analyse des Konzepts "Kultur" auf Basis von Äußerungen britischer Schriftsteller und Dichter dieser Zeitspanne. In diesem Rahmen äußerte Williams seine für die Cultural Studies zentral gewordene Definition von Kultur als „umfassender Lebensweise" („a whole way of life") und gesellte diese Aussage zu den beiden bis dahin gültigen Bedeutungen – einer eigenständigen Sphäre des moralischen und intellektuellen Handelns sowie eines humanen Anspruchs. Auch er wendet sich in dieser Schrift gegen die Abwertung der Popularkultur und gegen den vermeintlichen Kulturverfall aufgrund der Nutzung der Massenmedien.

The Long Revolution (1961) greift Williams' Kulturbegriff aus *Culture and Society 1780–1950* auf und erweitert ihn zu einer Lebensweise, die sich in Institutionen und im alltäglichen Leben genauso ausdrückt wie in Kunst und Literatur, womit die zukünftige Analyse von Kultur in diesem Verständnis auch immer gleichzeitig die Analyse gesellschaftlicher Verhältnisse bedeutet. Williams fasst die einzelnen Elemente von Kultur zu einer „structure of feelings" zusammen, die als gemeinsame Erfahrungen und Werte einer bestimmten Gruppe, Klasse oder Gesellschaft von Bedeutung sind.

Edward Palmer Thompson stammte im Gegensatz zu Williams und Hoggart nicht aus dem Arbeitermilieu sondern aus einer bildungsbürgerlichen Familie, bekannte sich dafür deutlich zu den politischen Anschauungen des Marxismus. Seine historische Untersuchung *The Making of the Working Class* (1961) bringt den Konflikt zwischen unterschiedlichen kulturellen Erscheinungsformen zum Ausdruck, der das Verständnis von Hoch- und Popularkultur erst ermöglicht. Indem Thompson kulturelle Formen am Rande der Gesellschaft beschreibt sowie deren Unterdrückung, macht er gleichzeitig einen fortwährenden Widerstand gegen die Kultur der herrschenden Klasse sichtbar. Kultur wird für ihn zum Konflikt zwischen Lebensformen. (Lutter/Reisenleitner 2002, S. 15–27)

„Die diskutierten Studien von Hoggart, Williams und Thompson zeigen, dass im Kontext der New Left Ende der fünfziger, Anfang der sechziger Jahre eine kulturalistische Perspektive entwickelt wurde, die die menschliche Handlungsfähigkeit [human agency], Werte, Erfahrungen und die aktive Produktion von Kultur hervorhob. Insbesondere die herausragende Position, die der Erfahrung zugeschrieben wurde, war der Ausgangspunkt für die Cultural Studies." (Winter 2001, S. 22)

5.3.3   Das Centre for Contemporary Cultural Studies (CCCS)

Richard Hoggart verfolgte mit der Gründung des Centre for Contemporary Cultural Studies 1964 das Ziel, Studien mit historischen, literaturwissenschaftlichen und soziologischen Komponenten zu betreiben. Kulturelle Praktiken, Formen und Institutionen sollten analysiert werden und in einen unmittelbar gesellschaftspolitischen Zusammenhang gestellt werden.

Jeder sollte als Produzent und Konsumentin von Kultur gleichermaßen wahrgenommen und respektiert werden – der Wissenschaftsbetrieb sollte sich popkulturellen Formen ebenso annehmen wie hochkulturellen Produkten und Prozessen.

Von Beginn an konzentrierte sich das Center auf postgraduale Studienangebote und Forschungs- und Publikationstätigkeit.

Unter der Führung von Stuart Hall von 1968 bis1979 erfuhr das CCCS eine entscheidende Wende: Popularkultur und Massenmedien wurden zum vorrangigen Schwerpunkt in Birmingham und erweiterten damit die bisherigen Themen aus der Literatur- und Kultursoziologie um Medien- und Ideologietheorie. Stuart Hall bezog sich in seinen Forschungen auf die französische Philosophie des Poststrukturalismus [42] und die zugrunde liegenden semiotischen und strukturalistischen Zugänge.

Daneben waren die Untersuchungen am Institut sowohl den theoretischen Ansätzen des von Williams entwickelten „Cultural Materialism", dem Strukturalismus [43], wie ihn Ferdinand de Saussure, Claude Lévi-Strauss oder Rolandes Barthes vertraten, dem Marxismus nach György Lukács, Louis Althusser oder Antonio Gramsci und

---

[42] Unter dem Begriff „Poststrukturalismus" werden Forschungen von Philosophen wie G. Deleuze, J. Derrida. M. Foucault oder J.-F. Lyotard sowie Soziologen wie J. Baudrillard und Psychoanalytikern wie F. Guattari, J. Kristeva und J. Lacan zusammengefasst. Interdisziplinär entwickelt sich die poststrukturalistische Theorie aus einer Semiotisierung der Welt und der Wissenschaft heraus: zugrunde liegt eine Zeichentheorie von Signifikat (Vorstellung, Bezeichnetes), Signifikant (Lautbild, Bezeichnendes) und Referent (Ding, Objekt). Der Referent wird als ausgeschlossenes Element gesehen, der zwar der Zeichenproduktion unterliegt, diese aber nicht direkt beeinflusst. (vgl. Nünning 2005, S. 184-187)

[43] Der „Strukturalismus" geht davon aus, dass Phänomene nicht vereinzelt existieren, sondern in Verflechtung mit anderen Phänomenen. Die Verbindung der vielen Phänomene bildet eine Struktur, die man erkennen kann. Diese Struktur wird allerdings vom Beobachter in die Wirklichkeit hineingetragen, sie existiert unabhängig vom Beobachter nicht. (vgl. z.B. Thurn 1990, S. 344-367)

der Frankfurter Schule[44] (Max Horkheimer, Theodor Wiesengrund Adorno) verpflichtet.

In den späten 70er Jahren kamen Forschungen zu Feminismus und Rassismus hinzu. Die Frage der Identitätskonstruktion von Kultur rückte in den Vordergrund.

Das CCCS verstand sich selbst als Überwinderin disziplinärer Grenzen im Bildungssystem und wollte mit seinen Analysen und Veröffentlichungen zur Demokratisierung von Kultur Wesentliches beitragen. Gründungen anderer Forschungseinrichtungen wie das Centre of Television Research in Leeds oder die Glasgow Media Group aber auch die Erwachsenenbildungsprogramme der Open University (Englands größter staatlicher Universität für Fernstudien) wurden durch das Institut angeregt. (Lutter/Reisenleitner 2002, S. 27–34)

5.3.4   Cultural Studies im ausgehenden 20. Jahrhundert

In den 80er Jahren des 20. Jahrhunderts emanzipierten sich die Cultural Studies vom Centre for Contemporary Cultural Studies und fanden an anderen Fachhochschulen und Universitäten erste Heimstätten. Auch in den Vereinigten Staaten von Amerika, in Australien und Europa etablierten sich zeitgleich mehrere Ansätze der Cultural Studies. (Nünning 2005, S. 10–13)

In den USA ist die Verankerung der Cultural Studies wesentlich schwieriger zu identifizieren als in England. Ähnlich wie in England wandten sich Forscher im Feld der Kulturanalyse gegen konservative Strömungen nach dem Zweiten Weltkrieg und erfuhren ab den 60er Jahren während des Vietnam-Krieges und in den antirassistischen und bürgerrechtlichen Bewegungen um Martin Luther King ihren ersten Ausdruck. Ein Zentrum formierte sich in der Folge an der Illinois University um James Carey (1934– 2006) und Lawrence Grossberg (*1947), die sowohl auf amerikanischen als auch auf europäischen Traditionen aufbauten. Die Emigration deutscher Intellektueller vor und während des 2. Weltkrieges beeinflusste die amerikanischen Cultural Studies wesentlich: Die post-marxistische Kritische Theorie der Frankfurter Schule rund um Max Horkheimer, Walter Benjamin und Theodor Wiesengrund Adorno führte zu einer grundsätzlich negativen Bewertung von Massenkultur (also auch aller popularkulturellen Formen und Praktiken, die sich der Massenmedien bedienen), die als ideologisches Instrument der Manipulation einer unterdrückten Klasse durch eine herrschende kapitalistische Klasse betrachtet wurde. Trotzdem blieben die amerikanischen Cultural Studies politisch wesentlich konsensualer

---

[44] Die „Frankfurter Schule" bezeichnet einen Kreis von Sozial- und Kulturwissenschaftlern um M. Horkheimer, der von 1930•59 das Frankfurter „Institut für Sozialforschung" leitete und dort die von K. Marx und S. Freud beeinflusste Kritische Theorie entwickelte. Die Frankfurter Schule spielte besonders seit den 1960er-Jahren eine Rolle auf gesellschaftskritischer, wissenschaftstheoretischer und pädagogischer Ebene im Rahmen des Neomarxismus. Der Frankfurter Schule standen u. a. W. Benjamin, H. Marcuse und E. Fromm nahe. (vgl. z.B. Dubiel 1990, S. 255-275)

orientiert als in England und ließen sich nicht eindeutig „links" einordnen. In der Folge wurden popkulturelle und mediale Produkte zunehmend in Zusammenhang mit Rasse und Geschlecht analysiert, bzw. ihre Wirkung auf soziale Normen und Identität erforscht. Stuart Halls encoding/decoding-Modell als Lesen von Symbolen und Bedeutungen wurde dahingehend weiterentwickelt, dass danach gefragt wurde, wie Medien selbst Bedeutungen produzieren und wie das Publikum die vermittelten „Texte" für sich verwendet.

Einen interessanten Ansatz verfolgen die australischen Cultural Studies rund um Tony Bennet, die die politische Orientierung des Forschungsansatzes wieder stärker in den Mittelpunkt rückt: das von ihm gegründete Institute for Cultural Policy Studies übernimmt eine aktive Rolle bei der Entwicklung australischer Kulturpolitik, wenn es gleichzeitig nach theoretischen, praktischen und institutionellen Annäherungen im kulturellen Feld fragt. (Lutter/Reisenleitner 2002, S. 34–43)

5.3.5   Zum Kulturbegriff der Cultural Studies

Raymond Williams unterscheidet drei Definitionen von Kultur: Er sieht erstens zunächst ein „Ideal", das Kultur als Zustand oder Entwicklungsprozess von menschlicher Perfektion im Sinne von absoluten oder universalen Wertvorstellungen beschreibt. Zweitens hat Kultur auch die Funktion der „Dokumentation", wenn sie die intellektuellen Vorstellungen von menschlichen Gedanken und Erfahrungen sammelt. Und drittens verweist die soziale Dimension von Kultur auf spezifische Lebensformen und –arten, die bestimmte Bedeutungen und Werte zum Ausdruck bringen, sowohl in Kunst und Bildung als auch in Institutionen und dem alltäglichen Verhalten der Bevölkerung. Eine umfassende Kulturanalyse in den Kategorien von Raymond Williams sucht nach „Patterns", die die Beziehungen zwischen den Elementen einer ganzen Lebensweise erhellen.

Paul Willis unterstreicht diesen Ansatz, wenn er Williams Kulturbegriff des „whole way of life" mit einem „whole symbolic system" in Beziehung setzt. Kulturelle Artefakte oder Verhaltensweisen sind voneinander nicht zu trennen. Die Bedeutung der menschlichen Verhaltensweisen oder ausdrucksvollen Kunstwerke sind immer intrinsischen Relationen des gesamten kulturellen Systems geschuldet. Für Paul Willis definiert sich Kultur durch die Beziehung, die Menschen zu Objekten und Artefakten haben, die sie umgeben. Das „kulturelle Feld" einer Gruppe bilden Elemente, die für die Gruppe Relevanz haben – diese Elemente werden keineswegs zufällig ausgewählt, sondern müssen einander entsprechen, bzw. in der Terminologie von Willis „kulturell homolog" sein. Bestimmend dafür ist, ob diese Elemente die Gefühlsstruktur der Gruppe zum Ausdruck bringen können, bzw. diese verstärken können. Willis führte dazu vergleichende Studien zu jugendlichen Subkulturen in England durch, wobei er in zahlreichen Details nachweisen konnte, dass kein Teil des kulturellen Repertoires dieser Gruppen zufällig erschien. Mit seiner Idee des kulturellen Feldes und der kulturellen Homologie kommt er dem kultursoziologischen Denken von Pierre Bourdieu (1930–2002) von allen Vertretern der Cultural Studies am nächsten. (Lindner 2002, S. 73ff.)

Dieser Entwicklungshintergrund erhellt fünf Momente, die für die Forschungsansätze der Cultural Studies wesentlich sind:

- Die Kritik an einem idealistisch beschränkten Kulturbegriff

Die Vorstellung einer menschlichen Perfektion, die aufgrund universeller Werte erreicht werden könnte, wird durch eine dokumentarische und anthropologische Dimension ergänzt: durch diesen Ansatz werden analytische Forschungen auf einer sachlichen Ebene möglich, die alle Aktivitäten des Menschen und deren Bedingungen ohne vorangegangene Prioritätensetzung ergründet.

- Eine teilweise Annäherung des anthropologischen und semiotischen Kulturverständnisses

Die Prozesse, die zur Selbsterkundung, Erfahrung und Verständigung einer Gesellschaft führen, sind gleichzeitig ein immanenter Bestandteil dieses gesellschaftlichen Systems und sollen nicht als davon abgeleitet oder reflektierend verstanden werden.

- Eine Neubestimmung des Verhältnisses zwischen Ideologie und Kultur

Kultur wird in den Cultural Studies auf die alltäglich gelebte Praxis von Gesellschaften bezogen, Ideologie hingegen als die Art und Weise identifiziert, wie diese Praxis dargestellt wird.

- Die Verabschiedung von einer Basis-Überbau-Hypothese der Gesellschaft

Die Gesellschaft wird in den Cultural Studies als ein Konglomerat autonomer Elemente und in widersprüchlichen asymmetrischen Beziehungen zueinander verhafteter Gruppen gesehen: welches dieser Elemente für wie lange eine dominierende Funktion ausübt, hängt von allen Konstellationen auf allen gesellschaftlichen Ebenen ab. Entscheidend ist dabei das Element der Hegemonie, die durch Gewalt oder Überredung und Überzeugung in Zustimmung mit der beherrschten Gruppe ausgeübt wird. Diese Zustimmung kann auch wieder verloren gehen.

- Verschiedene Phasen des semiotischen Verständnisses von Kultur

Wenn die Semiose alle Arten von Zeichenprozessen bezeichnet, wie sie zwischen oder innerhalb von Menschen, nicht-menschlichen Organismen und Maschinen (Computer-Semiose) stattfinden, dann steht in der Semiotik die Erforschung aller verbalen und nicht-verbalen Kommunikationssysteme, ihrer Kanäle, ihres Codierungs- und Decodierungssystems und ihrer Interpretation im Mittelpunkt. Aus der Sicht des Strukturalismus herrscht zwischen Signifikanten und Signifikaten[45] ein relativ stabiler Zusammenhang. Forscher und Forscherinnen, die sich poststrukturalistischen Ansätzen verpflichtet fühlen, orten eine grundsätzliche Instabilität zwischen beiden und rücken die Wissensproduktion und seine Verbindung mit gesellschaftlichen Machtstrukturen gegenüber dem Aspekt der Bedeutung von Zeichen in den Vordergrund. (Nünning 2005, S. 10–13)

5.3.6 Cultural Studies in Deutschland und Österreich

In Deutschland wurden die Cultural Studies in den 70er Jahren erstmals rezipiert – zunächst nicht an universitären Instituten und Einrichtungen, sondern in erster Linie in Zeitschriften der neuen Linken im Gefolge von 1968. Vor allem die Zeitschrift „Ästhetik und Kommunikation" sollte ein Forum für die Veröffentlichung von Texten aus der Perspektive der Cultural Studies werden – stilprägend war dabei das Heft 24 „Freizeit im Arbeiterviertel" (1976), das einerseits eine Selbstdarstellung des Birmingham Centre for Contemporary Cultural Studies und Texte zu Fußball im Ruhrgebiet und jugendlichen Subkulturen in der Arbeiterklasse beinhaltete. Diese Ausgabe wurde zur Initialzündung der deutschen Cultural Studies-Rezeption – anschließend erschienen deutsche Übersetzungen von Büchern und Artikeln von Paul Willis, Stuart Hall und Raymond Williams. Allerdings verlor diese Rezeptionsweise die Vielschichtigkeit des Forschungsanliegens der Cultural Studies zugunsten eines Jugendkultur-Schwerpunktes aus den Augen. Vor allem die akademische Disziplin der Pädagogik suchte eine neue Definition durch die „Entdeckung" der Jugendkulturen. Im Bereich der empirischen Kulturwissenschaft erlangten alltagskulturelle Studien über das Leben unter dem Nationalsozialismus einige Nähe zu den Cultural Studies.

Auch in Österreich erfolgte das Kennenlernen der Cultural Studies über Forschungen zu Jugendkulturen. Kurt Lugers „Die konsumierte Rebellion. Geschichte der Jugendkultur" setzte 1991 einen Markstein, der vor allem für Kommunikationswissenschaftlerinnen und -wissenschaftler in Österreich bedeutsam werden sollte, die ihr Interesse an massenmedialen Fragen in den Cultural Studies wieder fanden.

Das „Institut für Kulturstudien" (IKUS) und sein Diskurs zur Kunstvermittlung
Die wichtigste Entwicklung für die Etablierung der österreichischen Cultural Studies sieht der Kulturwissenschaftler Roman Horak 1985 in der Gründung des „Instituts für Kulturstudien" (IKUS), das außerhalb des regulären akademischen Betriebs

---

[45] Der Signifikant bezeichnet in der strukturalistischen Linguistik und Semiotik die Ausdrucksseite eines Zeichens, die auf eine Bedeutung = Signifikat verweist. Das Wort „Baum" wird zum Signifikanten für das Vorstellungsbild Baum, das das Signifikat bildet.

Forschungen zu Fußball, Bildungsnehmern und -nehmerinnen im zweiten Bildungsweg, einem Kulturentwicklungsplan für St. Pölten bis zu Kunstpräsentation und Kunstrezeption betrieb. Eine eigene Publikationsreihe – die IKUS-Lectures – veröffentlichten über drei Jahre ab Herbst 1992 kontinuierlich vom Institut organisierte Debatten. Die Gründung des „Internationalen Forschungszentrums Kulturwissenschaften" und das Einfrieren der Forschungsgelder für das „Institut für Kulturstudien" führten später zur Schließung des IKUS. (Horak 2002, S. 59–87).

1993 finanzierte der Fond zur Förderung Wissenschaftlicher Forschung eine Studie des Instituts für Kulturwissenschaft[46] über den Stand und die Bedingungen der Kunstvermittlung an Hauptschulen und Allgemeinbildenden Höheren Schulen. Diese Studie nahm das IKUS zum Anlass, gemeinsam mit den Autoren und Autorinnen eine Lecture zum Thema „Ästhetische Standards und individuelle Kunsterfahrung" mit Jochen Boberg, Renate Goebl, Karl-Josef Pazzini, Toni Stooss, Manfred Wagner und Ulf Wuggenig, moderiert von Peter Huemer, zu veranstalten, die als IKUS-Lecture Nr. 11 + 12 1993 (Institut für Kulturstudien 1993) herausgegeben wurde.

Ausgangspunkt für die Diskussion bildete die Frage, wodurch Geschmack, ästhetische Standards und individuelles Rezeptionsverhalten beeinflusst werden, beziehungsweise, ob die Schule noch die Möglichkeit hat, kulturelles Verhalten zu prägen: Während Jochen Boberg den Begriff der Kunstvermittlung unbelastet in die Diskussion einführt: „Ich glaube, dass man grundsätzlich trennen muss zwischen Kunstvermittlung – als der Aneignung von kulturellen Werten, die in Geschichte und Gegenwart geschaffen werden – und dem Einüben in kreative Techniken," (Institut für Kulturstudien 1993, S. 5), antwortet Karl-Josef Pazzini mit einer Infragestellung der Praxis „Kunstvermittlung" an sich: „In diesem Zusammenhang ist mir der Begriff der Kunstvermittlung verdächtig geworden, der so tut, als gäbe es jemanden, der Experte ist, und dann gibt es die Dummen, den Gegenstand „Kunst" und dazwischen kann man vermitteln." (ebda, S. 6) Auf die Frage nach der Wirkung von Kunstvermittlung wird im Sinne von Pierre Bourdieu die These entwickelt, dass die Geschmacksbildung durch Kunstvermittlung sozial strukturiert erscheint und von den Existenzbedingungen der Individuen und ihrem kulturellen, ökonomischen und sozialen Kapital abhängt – in diese Komplexität ist auch der Kunstvermittler und die -vermittlerin selbst in seiner bzw. ihrer sozialen Position einzuordnen und kann auf diese Weise nicht beliebig auf die Geschmackskultur der Schülerinnen und Schüler einwirken. Die Besonderheit des Faches „Bildnerische Erziehung" wird insofern dargestellt, dass Kunst oft als Anlass und Anstoß zur praktischen Eigentätigkeit der

---

[46] Das Institut für Kulturwissenschaft wurde 1990 von Renate Goebl und Dieter Bogner gegründet als Basis für Kuratorenlehrgänge im Ausstellungswesen. Nach seiner Schließung 2002 floss das Knowhow in den neuen postgradualen Lehrgang „ECM Exhibition and Cultural Communication Management", der heute an der Universität für Angewandte Kunst Wien beheimatet ist.

Schülerinnen und Schüler herangezogen wird, was die Studienautorinnen und -autoren als „Bildung durch Kunst" bezeichnen und damit die Auseinandersetzung mit Kunst als künstlerischem und kulturellem Phänomen – „Bildung zur Kunst" – erschwert wird, die aber erst die Grundlegung des Kunstverständnisses und des Kulturverhaltens der Kinder und Jugendlichen zur Folge hätte.

Ende der 90er Jahre ging vom österreichischen Wissenschaftsministerium ein Forschungsschwerpunkt Kulturwissenschaften/Cultural Studies aus, um den Begriff Kulturwissenschaften zu schärfen bzw. das bis zu diesem Zeitpunkt noch unklare Verhältnis zu den angloamerikanischen Cultural Studies zu präzisieren:

> „Der Begriff Kulturwissenschaften unterliegt derzeit einer inflationären Verwendung und benennt unterschiedliche Wissenschaftstraditionen ebenso wie methodisch innovative Analysen in Geistes- und Sozialwissenschaften. Unklar ist vor allem auch das Verhältnis zu den anglo-amerikanischen Cultural Studies, die bei aller Heterogenität ihrer Ansätze wesentlich stärker auf die soziale und politische Dimension kulturwissenschaftlicher Betätigung verweisen." (Lutter 1999, S. 17)

5.4   Kontextualisierung aus der Sicht der Cultural Studies

5.4.1   Das „Encoding – Decoding" – Modell

Stuart Hall (*1932) gehört zu den zentralen Vertretern der Cultural Studies in Großbritannien. Er wurde in Jamaica geboren und kam in den 50er Jahren mittels eines Stipendiums nach Oxford. Ab 1964 unterrichtete er am Centre for Contemporary Cultural Studies (CCCS) der Universität Birmingham und leitete dieses von 1968 bis 1979. Seine wissenschaftliche Karriere beendete er als Professor für Soziologie an der Open University, wo er bis zu seiner Pensionierung 1997 unterrichtete. Prägend für seine Art und Weise zu unterrichten war die intensive Beteiligung der Studierenden am Lehren und Forschen. Gerade die Open University ermöglichte es Hall, Studierende aus allen sozialen Schichten und auf unterschiedlichen Ausbildungsniveaus in unkonventionellen Rahmenbedingungen zu betreuen und Cultural Studies in diesem Sinn zu einer neuen Form der öffentlichen Pädagogik zu funktionalisieren, indem sie Erkenntnisse und Forschungsfragen in einer Weise aufbereitete, dass sie für diejenigen verständlich wurden, die sie betrafen.

Wie für alle Vertreter der Cultural Studies sind auch für Stuart Hall kulturelle Fragen immer gleichzeitig politische Fragen: kulturelle Fragestellungen dürfen sich nicht auf die Rolle und Funktion von Kultur beschränken, sondern müssen ihre Analyse auch auf die Machtverhältnisse hinsichtlich kultureller Praxis richten. Die Aufgabe des Forschers bzw. der Forscherin im Sinne der Cultural Studies ist es also, gesellschaftliche Kämpfe um Hegemonie herauszuarbeiten, wenn kulturelle Bedeutungen in ihrem Kontext dargestellt werden. 1964 gab Stuart Hall gemeinsam mit Paddy

Whannel eine Untersuchung zur Bestimmung von Qualität populärer Kunstprodukte heraus – „The Popular Arts": die Autoren vertreten die These, dass sich qualitative populäre Kunst (‚Popular Art') dadurch auszeichnet, dass es eine genuine Interaktion zwischen Publikum und Darstellerinnen und Darstellern gibt. Im Gegensatz dazu beurteilen sie Massenkultur (‚Mass Art') als in ihrer Ausdrucksweise formelhaft, eskapistisch und ästhetisch belanglos. Im Sinne der Anwendbarkeit von Forschung und intellektueller Arbeit im Bereich der Cultural Studies setzen sich die beiden Autoren zum Ziel, das Publikum in ihren ästhetischen Urteilen zu schulen und ihm dadurch einen emanzipatorischen Gebrauch von kulturellen Gütern zu ermöglichen. Diesen Anspruch konnte Hall in einem interdisziplinären multimedialen Kurs an der Open University verwirklichen – ‚Deconstructing the Popular' wurde von insgesamt 6000 Teilnehmerinnen und Teilnehmern besucht.

Stuart Hall kommt in einer Reihe von Forschungen zur Populärkultur zu dem Schluss, dass Populärkultur nicht die authentische Kultur der Arbeiterklasse sei, sondern das Populäre generell immer den Kampf um Hegemonie in der Gesellschaft ausdrückt und damit keiner bestimmten Klasse zuordenbar ist.

In der Folge wandte er sich intensiv der Medienforschung zu und entwickelte in diesem Zusammenhang sein legendäres „Encoding – Decoding – Modell", dem Analysen von Repräsentation und Ideologie als mobiles Feld von Kräfteverhältnissen zugrunde liegen. Hall versteht unter Ideologie den mentalen Rahmen im Sinne von Sprache, Konzepten, Kategorien, Denkbildern und Vorstellungssystemen, den verschiedene gesellschaftliche Gruppierungen entwickeln, um sich innerhalb der Gesellschaft zu definieren und verständlich zu machen. Bis zu diesem Zeitpunkt verfolgten Forschungen zu Massenmedien vorwiegend behaviouristische Modelle, die in erster Linie die einseitige Beeinflussung durch Medien in den Vordergrund rückte. Hall hingegen setzte diesen Forschungen seine Definition von Publikum entgegen, die weit davon entfernt war, das Publikum als homogene und passive Masse zu begreifen, sondern vielmehr die aktive Rolle des Zuschauers und der Zuhörerin im Rahmen des Prozesses des Enkodierens und Dekodierens von Medienbotschaften herauszustreichen.

Das Modell von Stuart Hall beschreibt drei idealtypische Positionen, aus denen ein medialer Text decodiert werden kann und ist in diesem Sinne auch auf andere kulturelle Texte übertragbar:

1. Die sogenannte Vorzugslesart eines Textes wird angewendet, wenn das Publikum den herrschenden hegemonialen Code ausnahmslos akzeptiert und sich innerhalb der dominanten Ideologie positioniert. Die Botschaft wird im Sinn des Referenzcodes, mit dem sie codiert wurde auch decodiert.

2. Von einer ausgehandelten Lesart spricht man, wenn das Publikum zwar grundsätzlich die dominanten Definitionen von Zusammenhängen oder

Problemlagen akzeptiert, den Text aber auch nach seinen eigenen Erfahrung interpretiert und damit eine Interaktion mit dem Text konstruiert, die in seinem sozialen und lokalen Sinnsystem Bedeutung hat.

3. Wenn das Publikum den Text völlig ablehnt, obwohl es ihn versteht, liegt eine oppositionelle Lesart vor, die meist von Zuschauerinnen und Zuhörern eingenommen wird, die sich in Opposition zum hegemonialen Code befinden.

Im oben beschriebenen Sinn ist Kultur- und Medienanalyse immer gleichzeitig auch Ideologieforschung, die den Prozess der Produktion, Distribution und Rezeption von Kultur innerhalb von symbolischen Bedeutungsnetzen sieht, in denen dieser eingebunden ist. (Winter 2006a, S. 381–393)

Hall besteht darauf, dass Kommunikation kein natürlicher Vorgang sei, sondern immer bedingt, dass die Botschaft, die gesendet werden soll, vorher konstruiert werden muss. Und so wie das Senden einer Botschaft ein aktives, interpretierendes und soziales Ereignis ist, so ist es auch der Moment der Rezeption. (Turner 1992, S. 89)

5.4.2 „Encoding und Decoding" in der Praxis der Musikvermittlung

Rezeptionsforschung ist ursprünglich eine Domäne der Kommunikationswissenschaften. Insbesondere bei der wissenschaftlichen Betrachtung der Wirkungsweisen der Medien wie Fernsehen und Radio brachten Rezeptionsstudien erste Erkenntnisgewinne im Bezug auf Nutzungsgewohnheiten und Rezeptionsverhalten eines massenmedialen Publikums. Dabei wandten sich die Wissenschaftlerinnen und Wissenschaftler in erster Linie der Wirkungsforschung und damit psychologischen Zugängen zum Forschungsfeld zu. Auch Kommunikatorstudien und Inhaltsanalysen wurden betrieben. Erst in den 80er Jahren – u.a. ermutigt durch die Auseinandersetzung mit den Cultural Studies in Deutschland und Österreich setzten sich auch im deutschsprachigen Raum erste qualitative und ethnographisch konzipierte Rezeptionsstudien durch. (Mikos 2001, S. 321–326)

Weder Publikum noch musikalische Partituren sind in einem ontologischen Sinn gegeben. Zuhörerinnen und Zuhörer entstehen erst, wenn sich Musik in Tönen und Klängen realisiert. Davor hat ein musikalischer Text ausschließlich materielle Qualitäten. Auch der Zuhörer bzw. die Zuhörerin muss sich der Musik zuwenden, um zum Publikum zu werden.[47] Davor existieren beide nur in einem latenten Stadium und konkretisieren sich in der Interaktion. Während der Interaktion entsteht zwischen Ausführenden und Publikum etwas gemeinsames Drittes – die rezipierte Musik. Das Verhältnis von Zuhörerinnen und Zuhörern zu Musik ist eine

---

[47] Passiv konsumierte Musik im Sinne von „Berieselungsmusik" am Arbeitsplatz, in Supermärkten oder im öffentlichen Raum ist hier nicht Gegenstand der Betrachtung.

kommunikative Konstellation, in der eine produzierte Musik in einem spezifischen Kontext vor Publikum mit jeweils spezifischen kulturellen Sozialisationen vor dessen aktuellem lebensweltlichen Hintergrund zur Aufführung gelangt.

Die Aufführungssituation von Musik bzw. eines Konzerts ist reziprok organisiert: die Musik strukturiert Zuhöraktivitäten vor und trifft dabei auf eine Zuhörerschaft, die ihrerseits die Aufführung vorstrukturiert. Für das Konzert sind die spezifischen Persönlichkeiten des Publikums nicht ausschlaggebend, weil sie keinen Einfluss auf die Aufführung nehmen, jedoch beeinflussen sie die Modalität der Realisierung, wenn es um die Intensität der Wahrnehmung und die Motivation des einzelnen Zuhörers und der Zuhörerin im Publikum geht.

Musik birgt die Aufforderung in sich, mit einem Publikum zu interagieren – der Zuhörer bzw. die Zuhörerin ist also als Struktur bereits in der Musik vorhanden und weist ihm oder ihr die Aufforderung zur Realisierung zu – die aufgeführte Musik initiiert bei der Zuhörerschaft physiologische, kognitive und emotionale Rezeptionsaktivitäten, die sozusagen als symbolische Anweisungen in der Struktur der Musik bereits angelegt sind. (Mikos 2001, S. 326–329)

Diese Symbole für das Publikum zu übersetzen, prägt die Aufgabe des Musikvermittlers und der Musikvermittlerin.

Zur Ästhetik der Vermittlung als Funktion der Rezeption

Konzerte dienen nicht nur als Medien zur Aufführung von Musik, sondern transportieren durch die Inszenierungsform der Darbietung Möglichkeiten zur Rezeption mit: Konzerte sind als solche ästhetisch gestaltet (auch ohne eigene Musikvermittlungsaktivitäten): wie sind die Musikerinnen und Musiker auf der Bühne positioniert, wie sind die Zuschauerinnen und Zuschauer dazu gruppiert, welche Kleidung trägt das Orchester, welche außermusikalischen Botschaften tragen sie dadurch zusätzlich nach außen, wie verhalten sie sich bei Auf- und Abtritt, welche Lichtverhältnisse herrschen während des Konzerts und in den Pausen, etc. Alle diese ästhetischen Merkmale sind für die Wahrnehmung und Aufmerksamkeit des Publikums strukturell relevant und erscheinen in diesem Zusammenhang funktional zum Rezeptionsprozess. (Mikos 2001, S. 329–330)

Die ästhetische Gestaltung eines Konzerts findet sowohl auf einer inhaltlichen als auch auf einer formalen Ebene statt, wobei die formalen Elemente auch inhaltlich verstanden werden können. Während zur formalen Gestaltung eines Konzerts vor allem die oben bereits angeführten Punkte gehören, zusätzlich zu Fragen der Besetzung (kammermusikalisch, solistisch, orchestral) und der ton- und lichttechnischen Erfordernisse, tragen die inhaltlichen Elemente wie die Dramaturgie der Programmwahl, die Inszenierung des Ablaufs oder der Einsatz von anderen künstlerischen Disziplinen bis hin zu musikvermittelnden Prozessen der Moderation während des Konzerts zur intensiven Rezeption von Musik bei.

In diesem Zusammenhang ist auch auf die Unterscheidung von „Rezeption" zu „Aneignung" hinzuweisen: während Rezeption die konkrete Auseinandersetzung mit einem Musikstück im Rahmen einer Hörsituation meint, findet Aneignung erst dann statt, wenn die Zuhörerschaft die rezipierte Musik auch in ihren alltags- und lebensweltlichen Bezugsrahmen integriert und zur soziokulturellen Praxis macht: d.h. erst wenn einzelne Arien aus Mozarts „Zauberflöte" zu Gassenhauern werden, die jedermann nachpfeifen kann, findet Aneignung statt, die über die Rezeption in der Oper hinausgeht.

Musikvermittlung und Rezeptionsästhetik
Konzerte bzw. musikvermittelnde Prozesse sind keine Ereignisse, deren Bedeutung in sich abgeschlossen wäre, bzw. die in einer Analyse objektiv bewertet werden könnten. Die Bedeutung von Musik oder musikalischer Live-Erlebnisse entfaltet sich erst in der Rezeption oder in der Aneignung durch das Publikum. Die Wirkung des Konzerts an sich ist lediglich ein Angebot an Bedeutungen, Gefühlsanregungen oder Möglichkeiten zur Identifikation – was die Zuhörerinnen und Zuhörer davon für sich nützen, wie und was sie hören und ob sie es zur Deutung ihrer persönlichen Lebenswelt einsetzen, bleibt offen.
Rezeptionsästhetische Analysen aus der Perspektive der Cultural Studies stellen daher Fragen in den Vordergrund, die das kulturelle Erlebnis an sich betrachten und ein besonderes Augenmerk auf die Vorstrukturierung durch den Musikvermittler oder die Musikvermittlerin bzw. den musikvermittelnden Ansatz legen. Sie müssen erarbeiten, wie die Musik zum Publikum hin geöffnet wird, wie die musikvermittelnden Elemente während der Rezeption das Wissen und die Erfahrungsqualität der Zuhörerinnen und Zuhörer aufbauen. D. h. sie untersuchen, wie das Konzert und sein Publikum vorstrukturiert ist und wie das rezipierte Musikerlebnis als Ergebnis einer Interaktion entsteht und welche Bedeutung das Publikum ihm beimisst. Eine rezeptionsästhetische Analyse im Sinne der Musikvermittlung wird also nicht nur auf den Inhalt des Konzerts eingehen, sondern besonders die Gestaltungsmittel untersuchen, die das Geschehen vorantreiben und die Zuhörerinnen und Zuhörer durch das Hörerlebnis führt. (Mikos 2001, S. 331–333)

5.4.3   Der Radikale Kontextualismus

Lawrence Grossberg, einer der führenden amerikanischen Vertreter der Cultural Studies sieht in der Kontextualisierung von kultureller Praxis ein zentrales Forschungsfeld, weil „its [Cultural Studies] true object is not cultural discourses or practices but the context within which such discursive practices operate." (Grossberg 1999, S. 30) Cultural Studies selbst sind in einen Kontext eingebunden, einerseits als Antwort auf politische Herausforderungen der Realität, andererseits, weil der Forschungsgegenstand selbst nicht der kulturelle Diskurs oder die Praxis ist, sondern die Frage, in welchem Kontext diese Praxis stattfindet. Dabei setzt sie sich einer eigenartigen Logik aus: die Forschung beginnt in einem Kontext, der bereits selbst wieder Fragen aufwirft – gleichzeitig definieren diese Fragen aber den Kontext. D.h. Cultural Studies müssen im Rahmen dieser Kontextualisierung einen produktiven Einstieg und eine produktive Forschungsdimension finden und dabei anstreben, dass am Ende des Forschungsprozesses der Kontext in einem neuen Licht erscheint. In diesem Verständnis forschen die Cultural Studies kontextspezifisch wie Kontexte erzeugt, gefordert, verändert und wieder aufgebaut werden als Strukturen von Macht und Hegemonie. (Grossberg 1999, S. 26–28)

Die Cultural Studies unterscheiden dabei drei Zugänge zum Kontext:

- Der strukturelle Kontext, manifestiert in Kultur und Gesellschaft, in der Sprache und gesellschaftlichen Entwicklungen.
- Der mediale Kontext ergibt sich aus den Bedingungen der eingesetzten Medien und bestimmt, wie Inhalte dargestellt und inszeniert werden und in welchem Verhältnis die eingesetzten Medien zu anderen stehen.
- Der personale Kontext beschreibt die Biografie, die Sozialisation und die Lebensbedingungen der involvierten Personen. (Glogner; Rhein 2005, S. 436)

Kontextualisierung in der Musikvermittlung

Das Encoding-/Decoding-Modell von Stuart Hall beschreibt einen Zugang zur Rezeptionsforschung, der davon ausgeht, dass Codierung und Decodierung unabhängig voneinander stattfinden, und dass die Bedeutung eines Textes (Kultur als Text) erst im Prozess des Lesens entsteht. Das Publikum kann ihn in der präferierten Lesart lesen, außenstehender Beobachter bleiben oder Teilnehmerin, die den Text gegen den Strich auffasst. Immer sind diese Texte vom Kontext der Rezeption her zu beforschen, da der Text erst ein „Vorprodukt" darstellt, das durch Rezeption und Interpretation in eine symbolische Sprache übersetzt wird. (Glogner; Rhein 2005, S. 435f.)

Bedeutungen und Aneignung können im Konzert nur stattfinden, wenn die Musik und ihre Kontextualisierung durch musikvermittelnde Prozesse im Diskurs der Zuhörerinnen und Zuhörer verankert ist oder verankert werden kann. D. h. die Rezeptionsforschung muss sowohl im Blick behalten, in welchem Kontext das Konzert bzw. der Workshop, die musikvermittelnde Praxis stattfindet (Ort, Veranstalter, Preisgestaltung, Zugänglichkeit, gesellschaftliche und fachliche Position, Besucherstruktur), aber auch, welcher Kontext die musikvermittelnde Praxis inhaltlich prägt (welche Ausbildung, Zugangsweise, welcher Bedeutungsrahmen positioniert den Musikvermittler und die Musikvermittlerin) und welche Kontexte bilden die Lebenswelt und die kulturelle Sozialisation der Zuhörerschaft. Erst wenn sie diese Kontexte mitberücksichtigt, kann sie die Konzert/Workshop-Musikvermittlerin-Zuhörer-Situation im Rahmen übergeordneter gesellschaftlicher Kommunikationsverhältnisse begreifen und ihre kulturelle Bedeutung berücksichtigen. (Mikos 2001, S. 333–337)

Das Rezipieren eines Musikstücks ist ein aktiver und mitgestaltender Aneignungsprozess, der mit der Deutungsoffenheit des Kunstwerks und der Wahl des Mediums der Vermittlung einhergeht. Der Spielraum, der durch diese Offenheit zur Verfügung steht, kann als Potenzial für subjektive Bildungsprozesse im Sinne der Selbstverwirklichung genutzt werden. Weil Kultur im Verständnis der Cultural Studies nicht mit Objekten gleichgesetzt wird, sondern der Prozess des Entstehens und der Hervorbringung von Kultur als Zirkulation von Bedeutungen und Energien und der Entfaltung der kreativen Aspekte im Vordergrund steht, werden dabei Forderungen nach der Unterstützung von Menschen laut, damit sie ihre eigenen Erfahrungen interpretieren können und zu geteilten Bedeutungen innerhalb der Kultur beitragen können. (Winter 2006b, S. 31–45)

Musikvermittlung erscheint im Kontext von musikpädagogischen, kulturpolitischen, soziologischen, ökonomischen und ästhetischen Ansprüchen, Zielsetzungen und Realitäten. Sieht man nur aus *einer* der kontextuellen Perspektiven auf die Tätigkeit und Reflexion der Musikvermittlung, kann man der Komplexität des musikvermittelnden Handelns nicht gerecht werden und läuft Gefahr, Bedeutungen und Erklärungen einseitig zu generieren. Transdisziplinäres Arbeiten hingegen erlaubt eine Annäherung an komplexe soziale und kulturelle Realitäten, auch wenn dies forschungspraktisch Probleme aufwirft.

Der radikale Kontextualismus der Cultural Studies wendet sich der Ethnographie als Methode der empirischen Untersuchung zu, weil diese kontextgebundene Situationen unterstreicht und das Verständnis, das durch diese Forschungen erreicht wird, spezifische Interpretation vor erklärende Verallgemeinerung stellt, lokale Konkretisierung vor formale Abstraktion und *dichte* Beschreibung von Details vor extensive aber *dünne* Erhebungen.

> „Das heißt, mit dem Eingeständnis, dass der Ethnograph nicht ‚überall‘ sein kann, aber immer von ‚irgendwo‘ sprechen und schreiben muss, können wir zugunsten narrativer Arten von Argumentation und Darstellung …die Überreste logisch-wissenschaftlichen Denkens (wie es in der Epistemologie des radikalen Kontextualismus verkörpert ist) als das belassen, was sie sind." (Ang 1999, S. 95)

In diesem Sinn bemüht sich die anschließende Darstellung von fünf Fallbeispielen zur Musikvermittlung nicht so sehr um erkenntnistheoretische Perfektion, sondern begibt sich auf einen Weg des Erzählens und versucht in Form einer Geschichte zum Verständnis eines Ausschnitts unserer kulturellen Praxis beizutragen.

6   Übersetzung und Kontextualisierung in der Praxis der Musikvermittlung

Im dritten Kapitel wird zwischen zwei Praxisformen der Musikvermittlung unterschieden: „Musikvermittlung im Konzertleben" beschreibt die Vielfalt an konzertpädagogischen Zugängen im und rund um das Konzert, „Musik und Wissensvermittlung" verweist auf die unterschiedlichen Medien und Darstellungsformen, die ergänzend zu Live-Erlebnissen im Konzert einzelne Aspekte der Musik für junge und erwachsene Hörerinnen und Hörer herausarbeiten. Die fünf nun folgenden Fallbeispiele veranschaulichen drei Projekte aus dem ersten Praxisfeld und zwei Projekte aus dem zweiten Praxisfeld.

Praxisfeld „Musikvermittlung im Konzertleben":
- „Peppo erlebt die Jahreszeiten" ist ein moderiertes und inszeniertes Konzert für Kinder, das einen Komponisten (Joseph Haydn) und eines seiner Werke (Die Jahreszeiten in einer Bearbeitung für Harmoniemusik) in den Mittelpunkt stellt.
- „Compose!" kontextualisiert Improvisation und Komposition zunächst für Musikstudierende und in der Folge für Schülerinnen und Schüler, die ihre Workshopergebnisse im Rahmen eines Kindermitmachkonzerts zur Aufführung bringen.
- „Bartók und die Volksmusik" ist ein konzertpädagogischer Workshop für Jugendliche und Erwachsene, der auf ein Konzert vorbereitet, das die Teilnehmerinnen und Teilnehmer eine Woche später besuchen.

Praxisfeld „Musik und Wissensvermittlung"
- „Was macht der Puls in der Musik?" fragt eine Vorlesung im Rahmen der Kinder-Universität.
- „Auf den Spuren Anton Bruckners" heißt ein Hörbuch, das einen Komponisten in seiner Biografie und seinem Schaffen beschreibt und in Verbindung zum Geburtshaus von Anton Bruckner einen Ausstellungskatalog für Kinder ersetzt.

Alle fünf Beispiele werden im Sinne der Analyse der Cultural Studies in ihrer Kontextualisierung beschrieben, die sich in drei Aspekte gliedert:
- Der strukturelle Kontext: Dieser veranschaulicht, an welchem Ort und aus welchem Anlass die jeweiligen Projekte entstehen, welche kulturelle Institution den Rahmen dafür bildet und welche gesellschaftlichen bzw. pädagogischen Ziele diese damit verfolgt.

- Der mediale Kontext: Aus der Perspektive des medialen Kontextes interessiert besonders die inhaltliche Umsetzung der Projekte: welche Medien werden gewählt, welche Inszenierungsformen werden herangezogen, um die ausgewählten Inhalte darzustellen, welche Bedingungen ergeben sich durch die eingesetzten Medien und wie vollzieht sich dabei Übersetzung.

- Der personale Kontext: Dieser beschreibt sowohl die beteiligten Kultur- und Musikvermittler als auch ihr Publikum, bzw. ihre Hörerinnen.

Als *interpretative Ethnographie* bezeichnen die Cultural Studies einen relativ jungen Forschungsansatz, der es dem Forscher und der Forscherin erlaubt, nicht nur die Erfahrungen und Praktiken anderer zu beschreiben, sondern sich dabei auch selbst zu thematisieren. Dabei muss sich der Forschende seine eigenen Vorlieben, Abneigungen, Erfahrungen und Praktiken bewusst machen und sie im Rahmen seiner Forschung kritisch hinterfragen. Seine Subjektivität ist dabei Ausdruck der medialen Praktiken der gegenwärtigen Gesellschaftsformen, von denen er ein Teil ist.

> „Cultural Studies werden durch eine Ethnographie, die sich der Performance und der Interpretation verpflichtet fühlt, bereichert. Auf diese Weise wird der Untersuchte vom Objekt zum Subjekt, dessen mediale Praktiken vom Forscher vor dem Hintergrund seiner eigenen Praktiken verstanden werden." (Winter 2006, S. 90)

Die Verfasserin war in alle fünf Fallbeispiele involviert. Ihre eigenen Praktiken erforscht sie in diesem Zusammenhang im Dialog mit denen ihrer Kolleginnen und Kollegen und interpretiert gemeinsam die gegenwärtigen medialen Ausdrucksformen im musikvermittelnden Bereich.

6.1   „Peppo erlebt die Jahreszeiten" – ein inszeniertes und moderiertes Konzert für Kinder ab 6 Jahren

Im Verlauf eines einstündigen Konzerts für Kinder erlebt Peppo – Joseph Haydn als 8jähriger – gemeinsam mit seinen Freunden den Wechsel der Jahreszeiten, sie erfinden ihre eigenen Spiele und nehmen am Leben der Bäuerinnen, Winzer und Handwerker teil. Ein geheimnisvoller Fremder kommt auf Besuch – und verändert das Leben des jungen Joseph Haydn von Grund auf. Die Musik aus dem Oratorium „Die Jahreszeiten", transkribiert für Harmoniemusik, bildet den künstlerischen Fokus des Konzerts. Eine Moderatorin führt mit einer Handpuppe, die Joseph Haydn verkörpert, durch das Konzert.

6.1.1   Der strukturelle Kontext

Das Selbstverständnis der Musikuniversität
Die Idee zur Produktion entstand im Umfeld der Anton Bruckner Privatuniversität (Linz, Oberösterreich). Die Anton Bruckner Privatuniversität ist eine junge Universität, die 2004 aus dem vormaligen Bruckner-Konservatorium hervorging.

> „Die Anton Bruckner Privatuniversität ist eine Universität für die Bereiche Musik, Schauspiel und Tanz, die ihren Auftrag gleichermaßen in der künstlerischen und künstlerisch-pädagogischen Ausbildung wie in der Erschließung und Erforschung der Künste sieht....Die ABPU versteht sich als integrierter Teil des regionalen und überregionalen Kulturlebens, von dem aufgrund des besonderen Status als künstlerische Universität herausragende Impulse für die Produktion, Interpretation und Reflexion der Künste ausgehen."[48]

In diesem Sinn versteht sich die Anton Bruckner Privatuniversität neben ihrer Ausbildungstätigkeit als Kulturveranstalterin, die in den drei künstlerischen Bereichen Musik, Tanz und Schauspiel auch als Produzentin von Performances auftritt, die nicht ausschließlich für den Unterricht Bedeutung haben, sondern ein breites Publikum in der Stadt Linz und in der Region ansprechen sollen.

Die Personen in ihren Funktionen
Eine Masterstudierende (Hauptfach Klarinette, Instrumentalpädagogik) und ein Professor für Oboe gründeten 2008 ein Bläseroktett mit Kontrabass-Verstärkung, das musikvermittelnde Konzertformen in den Mittelpunkt der künstlerischen Arbeit stellt. Das künstlerische Team verstärkt seit der Gründung eine Musikvermittlerin[49] und erarbeitet gemeinsam mit den Musikerinnen und Musikern dramaturgische Konzepte. Aus dieser Zusammenarbeit ging im Frühling 2008 die Entwicklung des Konzerts für Kinder „Peppo erlebt die Jahreszeiten" und seiner begleitenden Angebote für Schulklassen hervor.
Strukturbildend wirkt die Zusammenarbeit einerseits durch die gleichberechtigte Kooperation einer Studierenden mit zwei Lehrenden des Hauses und die sowohl instituts- als auch fachübergreifende Projektentwicklung des Instituts für Holzblasinstrumente und des Instituts für Musikpädagogik.

---

[48] Aus dem Leitbild der Anton Bruckner Privatuniversität: http://www.bruckneruni.at/Die-Universitaet/ueber-uns/Leitbild [14.3.2009]
[49] Als Musikvermittlerin fungierte in allen fünf Beispielen die Verfasserin. Wenn in der Kinder-Vorlesung von zwei Musikvermittlerinnen die Rede sein wird, ist darüber hinaus die Masterstudierende für Klarinette und Instrumentalpädagogik gemeint.

Zur Verankerung des Projekts in den Alltag der Universität

Die einzelnen Institute der Universität veranstalten regelmäßig Übungs- und Vortragsabende, die zwar einer allgemeinen Öffentlichkeit offenstehen, als Teil des Studierendenalltags jedoch in erster Linie ein internes Publikum ansprechen.

Die starke Position des grundständigen Studiums „Elementare Musikpädagogik" bedingt daneben die kontinuierliche Erarbeitung von Produktionen für und mit Kindern, die mittlerweile ein Stammpublikum aus interessierten Familien und Schulklassen generiert hat:

Ein alljährliches KinderMitmachKonzert bündelt Programme und Beiträge von Studierenden unterschiedlicher Institute zu einem dramaturgischen Konzertfaden (bspw. „Die Violine", „Komponieren", „Johann Sebastian Bach", „Gespenster", ...), der in der Elementaren Musikpädagogik erarbeitet wird und von der Institutsdirektorin des Instituts für Musikpädagogik moderiert wird.

Musiktheaterproduktionen für und mit Kindern stellen die Zugänge der Elementaren Musikpädagogik bzw. die Arbeit der Schauspielstudierenden in den Mittelpunkt der künstlerisch-pädagogischen Gestaltung.

„Peppo erlebt die Jahreszeiten" entstand abseits dieser eingeführten Programmreihen für Kinder als außerordentliches Projekt zusätzlich zum Studienalltag aus Initiative der drei Projektentwickler heraus und fand sofort breite Unterstützung der beiden Institute Musikpädagogik und Holzblasinstrumente und in der Folge jede Hilfe des gesamten Hauses bei der Umsetzung als Konzert.

Maßnahmen der Öffentlichkeitsarbeit

Auf der bereits etablierten Ansprache hin zu einem Kinderpublikum konnte „Peppo erlebt die Jahreszeiten" aufbauen und einerseits die Öffentlichkeitsarbeit auf dieses Publikum hin ausrichten und andererseits neue Zielgruppen im Schulbereich ansprechen, die in der üblichen Zusammenarbeit mit der Anton Bruckner Privatuniversität nur schwach repräsentiert sind. Dazu wurde zusätzlich das Gespräch mit dem Fachinspektor für Musik im Landesschulrat für Oberösterreich gesucht, der im Verlauf des Joseph-Haydn-Gedenkjahres 2009 unterstützende Hilfe für die weitere Ansprache von Schulen zusagen konnte.

Der erste Konzerttermin im Oktober 2008 fiel durch Zufall mit dem Besuch der Gutachterinnen und Gutachter des Österreichischen Akkreditierungsrates zusammen, die im Zuge der anstehenden Reakkreditierung der gesamten Universität Gespräche mit dem Kollegium, den Verwaltungsmitarbeiterinnen und -mitarbeitern und Studierenden des Hauses sowie Beratungen bezüglich der Studiengänge durchführten. Das Konzert stand durch diese Koinzidenz exemplarisch für die Herangehensweise des Hauses in der Kulturvermittlung und wurde deshalb von überdurchschnittlich vielen Kolleginnen und Kollegen des Hauses besucht und wahrgenommen.

Budgetierung

Das inhaltliche Konzept des Konzertes für Kinder „Peppo erlebt die Jahreszeiten" basiert auf der Harmoniemusik zu den „Jahreszeiten" von Joseph Haydn. Parallel zur Entwicklung des Musikvermittlungsprojekts spielten die Studierenden unter der künstlerischen Leitung des Professors für Oboe das gesamte Oratorium in der Bearbeitung für 2 Oboen, 2 Klarinetten, zwei Hörnern, zwei Fagotten und Kontrabass auf CD ein. Neben einem Förderstipendium der Anton Bruckner Privatuniversität für diese CD-Einspielung suchte die Masterstudierende darüber hinaus um öffentliche Fördermittel bei der Stadt Linz und dem Land Oberösterreich für die Aufnahme, die Entwicklung des Konzertes für Kinder und die Erarbeitung von musikpädagogischem Material für Schulklassen, die das Konzert im Haydn-Jahr besuchen werden, an.

6.1.2   Der mediale Kontext

Zur inhaltlichen Herangehensweise an das Projekt

Die Gestaltung des Konzerts „Peppo erlebt die Jahreszeiten" lag bei der Studierenden und der Musikvermittlerin. Gemeinsam entwickelten sie einen roten Faden durch das Konzert, das den Verlauf des letzten Jahres des Kindes Joseph Haydn erzählt, das Haydn in vertrauter ländlicher Umgebung verbrachte, bevor er als Sängerknabe in Wien zum Musiker ausgebildet wurde. Zunächst recherchierte das Team biographische Daten des Komponisten und zog einzelne Jugendbücher zu Joseph Haydn heran. Bekanntlich verließ Joseph Haydn sein Elternhaus in Rohrau bereits zum ersten Mal im Alter von sechs Jahren, um im nahegelegenen Hainburg bei Verwandten zu leben und erste Erfahrungen als Sängerknabe zu machen. Zwei Jahre später entdeckte ihn der Domkapellmeister Georg Reutter und nahm ihn mit nach Wien zu den Sängerknaben der Stephanskirche. Das Team erlaubte sich die Freiheit, diese beiden einschneidenden Kindheitserlebnisse zu einem zusammenzufassen und erarbeitete einen Erzähltext, der den Jahresverlauf eines achtjährigen Kindes im 18. Jahrhundert in ländlicher Umgebung beschrieb. Darin wird von folgendem berichtet:

- Frühling:

Die Hauptfigur Joseph Haydn („Peppo") wird vorgestellt. Sein familiärer Hintergrund wird beleuchtet, der Beruf des Vaters beschrieben und im Verlauf einer Szene mit Haustieren die Besonderheiten des Kindes Joseph Haydn herausgearbeitet, dessen Hörsinn überdurchschnittlich ausgeprägt erscheint.

- Sommer:

Kinderspiele der damaligen Zeit bilden den dramaturgischen Fokus dieses Abschnitts. Haydn erlebt das Spielen mit Gleichaltrigen zugleich als unterhaltsames, freundschaftsstiftendes aber auch bedrohliches, konfliktreiches Feld der Auseinandersetzung. Haydn wird dabei als Bub dargestellt, der ebenso fröhlich mit seinen Freunden Reifentreiben spielt, als auch sich selbst als Außenseiter erlebt, der von seinen Freunden aus Jux in den Dorfteich geworfen wird.

- Herbst:

Im Herbst findet die Handlung ihren Höhepunkt: während des dörflichen Weinlesefests kommen fremde Gäste aus der Residenzstadt ins kleine Rohrau. Es wird zum Tanz aufgespielt, die Kinder des Dorfes unterhalten die Gäste mit kleinen Geschenken und vor allem mit Liedern, die der junge Haydn vorträgt. Einer der Fremden widmet Haydns offensichtlicher Begabung besondere Aufmerksamkeit.

- Winter:

Der Fremde – Domkapellmeister Georg Reutter – hat mittlerweile das Gespräch mit Haydns Eltern gesucht und ihnen den Vorschlag gemacht, das Kind nach Wien mitzunehmen und dort zum Sängerknaben auszubilden. Die Mutter stellt Joseph Haydn die Möglichkeit vor und überlässt ihm die Entscheidung, ob er diese Chance annehmen möchte. Das Konzert endet mit dem Entschluss Haydns, von zuhause Abschied zu nehmen und sich auf das unbekannte Leben in der Großstadt einzulassen.

Die performative Umsetzung

Das Team entschied sich für eine Umsetzung als *Moderiertes* und *Inszeniertes Konzert*, das die musikalischen Sätze der „Jahreszeiten" für Harmoniemusik weitgehend ungekürzt zum Klingen bringen sollte und gleichzeitig für Kinder ab 6 eine spannende Geschichte erzählen wollte, die während der musikalischen Teile weitergehört, weiterempfunden und weitergedacht werden konnte.

Eine Handpuppe als Joseph Haydn am Arm der Erzählerin schaffte eine Identifikationsmöglichkeit für die Kinder im Publikum, punktuell eingesetzte Requisiten für Schlüsselszenen im Verlauf der Geschichte wie ein Reifen, eine Bank von der aus Haydn von seinen Freunden ins Wasser gestoßen wird, ein Korb mit Weintrauben bei der Weinlese und ein kleiner Koffer des abreisenden Haydn sowie ein einfaches Bühnenbild aus vier Bäumen im Wechsel der Jahreszeiten, die an den entsprechenden Stellen der Erzählung durch Spots beleuchtet wurden, mussten als Imaginationsraum genügen.

Die Erzählerin stellte sich und Haydn zu Beginn den Kindern im Publikum vor, indem sie durch die Reihen ging und ihn so vielen Kindern wie möglich die Hand schütteln ließ. Während des Konzerts behielt sie eine freundliche Haltung gegenüber dem Geschehen und eine freundschaftliche Zuneigung zu Haydn. Nur in der letzten Szene, in der der junge Haydn sich für den Abschied vom Elternhaus entscheiden musste, wechselte sie in die Rolle der Mutter, um die Dichte der Szene zu verstärken.

Die Musikerinnen und Musiker selbst blieben während der erzählenden Geschichte nicht unbeteiligt, sondern fungierten abwechselnd als Tierstimmen oder Haydns Freunde, die mit Haydn spielten und stritten.

Drei Szenen boten sich an, die Kinder im Publikum als Mitspielende und Mitagierende in das Geschehen zu integrieren:

- Kinderspiele:

Zunächst spielten Haydn und einer der Musiker einander den Reifen zu, dann wurden einige Kinder auf die Bühne gebeten, um mit Haydn zu spielen. Ein Kinderspiel, das Geschicklichkeit in den Vordergrund rückt, bildete eine Brücke zur Lebenswelt der Kinder im Publikum.

- Das Entwickeln von Musik aus Rhythmus:

Haydn wird im Konzert als ein Kind charakterisiert, das sich dadurch auszeichnet, aus Alltagsgeräuschen im Stall eines Bauern (Tierstimmen, Rascheln von Stroh, das Klopfen von Holz) zunächst Rhythmus und daraus Musik zu entwickeln, d.h. seine Wahrnehmung der Welt in ästhetischen Formen verarbeiten zu können. Diesen Zugang boten die Gestalterinnen den Kindern als Mitmachaktion mit Bodypercussion an, die direkt in einen Satz der „Jahreszeiten" überleitete, der die drei verschiedenen rhythmischen Patterns weiterführte.

- Singen und Bewegen zur Musik:

Während des Fests zur Weinlese hatte Haydn seinen entscheidenden Auftritt vor Domkapellmeister Reutter. Haydn wurde dabei in seinem Vortrag vom Publikum unterstützt, das das Lied vorher mit einer Musikerin und der Erzählerin einstudieren konnte. Ebenso war es aufgefordert, beim Tanz zum Weinlesefest eine einfache Schrittfolge zu lernen.

6.1.3   Der personale Kontext

Die beteiligten Musikvermittlerinnen und Musiker

„Peppo und die Jahreszeiten" führte Musiker und Musikvermittlerinnen mit unterschiedlichen Erwartungen zusammen:

Die Erarbeitung der Harmoniemusik zu Haydns Jahreszeiten entstand im Verlauf eines Kammermusik-Schwerpunktes des Instituts für Holzbläser, das in erster Linie künstlerischen Ansprüchen genügen wollte. Die intensive mehrmonatige Probenarbeit, die der Einspielung auf Tonträger vorausging, weckte in den beteiligten Studierenden den Wunsch und die Hoffnung, dieses Projekt über den Universitätsalltag hinaus einer größeren Öffentlichkeit zu präsentieren. Die Integration eines musikvermittelnden Konzepts für junges Publikum und Schulklassen erschien als geeignete Strategie, diese Öffentlichkeit auch zu erreichen.

Der künstlerische Leiter des Ensembles als Professor für Oboe, die konzipierende Studierende und die Universitätslehrerin für Musikvermittlung entwickelten in diesem Sinn ein Konzept, das von den übrigen Instrumentalistinnen und Instrumentalisten ausgeführt werden sollte.

Das Team erarbeitete dieses Konzept im Kontext seiner eigenen bisherigen Erfahrungen hinsichtlich Kulturvermittlung:

Der Professor für Oboe beteiligte sich an Musikvermittlungs-Programmen des Österreichischen Kultur-Service[50], die Schülerinnen an kompositorische Gestaltungsprozesse heranführen. Die Studierende sammelte Knowhow in der Konzeption eines Projekts[51] zur Vorstellung von Orchesterinstrumenten und der musikalischen Partizipation von Volksschülerinnen und -schülern und setzte sich in ihrem Studium mit Musikvermittlung als Schwerpunkt auseinander. Die Universitätslehrerin für Musikvermittlung studierte Musikwissenschaft, Publizistik und Kulturmanagement und verfügt über Erfahrungen aus unterschiedlichen Perspektiven: einerseits aus Sicht des Veranstalterwesens als ehemalige Leiterin des Musikvermittlungs-Bereiches der Jeunesse Österreich, aus Sicht der konzipierenden Musikvermittlerin, die zahlreiche Projekte für unterschiedliche Zielgruppen erarbeitet hat und als Lehrende und Forschende im Feld der Kulturvermittlung.

Alle drei Personen blicken auf das Feld der Musikvermittlung vor ihrem eigenen kulturellen Hintergrund, der vorrangig im hochkulturellen Musikleben verankert ist und ihre Sozialisation in einem Bildungsmilieu zum Ausdruck bringt, das Studien an einer Musikhochschule bzw. Universität zur Voraussetzung hat. Sie verstehen sich selbst als Angelpunkte eines Kulturlebens, das klassische und zeitgenössische Musik auf eine Weise zur Verfügung stellen möchte, um möglichst viele Menschen aller Altersstufen teilnehmen zu lassen. Sie handeln dabei zum einen als Vertreterinnen und Vertreter ihres eigenen Berufsfeldes, die Verantwortung dafür tragen, dass das Musikleben in Form von Instrumentalunterricht, Konzertleben, Laienmusizieren und professionellen Musikerkarrieren lebendig und für die Gegenwart und unmittelbare Zukunft relevant bleibt, zum anderen als Vertreterinnen und Vertreter einer Bildungsinstitution, die von Staat und Gesellschaft damit beauftragt ist, neben der Ausbildung von Musikern, Tänzerinnen und Schauspielern und der Präsentation der Fortschritte der Studierenden nach außen, darüber hinaus kulturelle Bildung für Kinder, Jugendliche und Erwachsene zu ermöglichen.

Das Publikum eines Familienkonzerts

„Peppo erlebt die Jahreszeiten" ist für ein Familienpublikum konzipiert, das im Rahmen der Freizeit ein kulturelles Angebot für Kinder nützt.

---

[50] Jetzt KulturKontakt Austria
[51] Musik *Mobil* der Akzente Salzburg

Die Aufführung an der Anton Bruckner Privatuniversität wurde für das Publikum gratis angeboten, eine Vorgangsweise, die für alle Veranstaltungen für Kinder eingeschlagen wird, um das Angebot möglichst niederschwellig zu halten. Die Öffentlichkeitsarbeit der Universität nutzte in erster Linie die Teilöffentlichkeit des oberösterreichischen Landesmusikschulwerks, an die Einladungen ergingen sowie die Teilöffentlichkeit der Familien, deren Kinder im Rahmen der Elementaren Musikpädagogik an Kursen teilnehmen. Darüber hinaus wurden die oberösterreichischen Lokalmedien mit einer Presseaussendung beschickt, diese schalteten jeweils Veranstaltungstipps für das Konzert. Außerdem wurden die Lehrenden und Studierenden des Hauses auf das Konzert aufmerksam gemacht sowie Mundpropaganda im persönlichen Umfeld der Mitwirkenden betrieben.

Das Publikum beim Konzert setzte sich zu zwei Drittel aus Familien und zu einem Drittel aus Lehrenden und Studierenden des Hauses zusammen. Aufgrund der Strategie der Öffentlichkeitsarbeit kann davon ausgegangen werden, dass das Familienpublikum in erster Linie einem bildungsbürgerlichen Milieu angehörte, das seinen Kindern einen Einstieg in die Welt der klassischen Musik anhand eines Konzerts mit Musik von Joseph Haydn ermöglichen wollte. Die Kinder lernten bereits Instrumente an einer Musikschule oder nahmen an Kursen der Elementaren Musikpädagogik teil, d.h. sie wurden in ihrer kulturellen Bildung seitens des Elternhauses besonders gefördert.

6.2   „Compose!" – ein Improvisations- und Kompositionsprojekt

„Compose!" entstand als Kooperationsprojekt der Anton Bruckner Privatuniversität für *Linz 2009 Kulturhauptstadt Europas*. Es sollte das Thema „Musikvermittlung", das mit der Konzeption eines postgradualen Studiengangs „Musikvermittlung – Musik im Kontext" seit 2006 einen neuen Schwerpunkt der Universität bildet, öffentlichkeitswirksam nach außen und gleichzeitig innerhalb der Ausbildungsinstitution für Studierende und Lehrende verankern. Studierende des Faches „Musikvermittlung" ließen sich gemeinsam mit dem Konzertpädagogen und Komponisten Bernhard König auf improvisatorisches Arbeiten mit Stimme und Instrument ein und erarbeiteten ein zweimonatiges Workshopkonzept für 12jährige Schülerinnen und Schüler, das der Schulklasse die Erarbeitung zweier Musikstücke ermöglichen sollte. Seinen Abschluss fand das Projekt im Rahmen eines alljährlichen KinderMitmachKonzerts der Universität, das anlassbezogen unter das Thema „Komponieren" gestellt wurde.

6.2.1   Der strukturelle Kontext

Europäische Kulturhauptstadt

Die Universität nutzte die Dynamik und die finanziellen Möglichkeiten im Zusammenhang mit dem Programm der Europäischen Union zur Kulturhauptstadt, um insgesamt fünf Projekte gemeinsam mit *Linz 2009 Kulturhauptstadt Europas* zu verwirklichen, das erste Projekt im Jahresverlauf widmete sich der Musikvermittlung – „Compose!".

Folgende Ziele formuliert die Europäische Union für die Bewerbung als Kulturhauptstadt:

> „In der Bewerbung ist insbesondere anzugeben, wie durch das angegebene Thema folgende Ziele erreicht werden sollen …:
> Herausstellung der gemeinsamen kulturellen Strömungen in Europa, an denen die Bewerberstadt beteiligt war oder zu denen sie einen wesentlichen Beitrag geleistet hat;
> Förderung der kulturellen Veranstaltungen und künstlerischen Darbietungen mit Künstlern aus anderen Städten der Europäischen Union, die zu einer dauerhaften kulturellen Zusammenarbeit führen, sowie Förderung der Mobilität innerhalb der Europäischen Union;
> Mobilisierung und Beteiligung breiter Bevölkerungsschichten an dem Projekt;
> Freundliche Aufnahme der Gäste und Bekanntmachung der vorgesehenen Veranstaltungen durch multimediale Mittel in mehreren Sprachen;
> Förderung des Dialogs zwischen den europäischen Kulturkreisen und anderen Weltkulturen;
> Herausstellung des historischen Erbes und der Stadtarchitektur sowie der Lebensqualität in der Stadt." [52]

Linz formulierte für das Kulturhauptstadtjahr drei Schwerpunkte: „Projekte", „Musik" und „Darstellende Kunst", die alle die Identität der Stadt zum Grundthema erklärten. In 220 Projekten setzte sich Linz mit seiner Vergangenheit, Gegenwart und Zukunft auseinander und setzte auf ein Programm, das an 365 Tagen für ein breites Publikum mit unterschiedlichen künstlerischen Ansprüchen verfügbar sein sollte.
Im Programmbereich „Musik" bildete das Thema Akustik den zentralen Angelpunkt aller Überlegungen. Die gesamte Stadt sollte als akustischer Raum erfahrbar werden und den Menschen als klingendes und hörendes Wesen in den Mittelpunkt stellen. Der Komponist Peter Androsch zeichnete für das Projekt „Hörstadt" verantwortlich, das diese Überlegungen nicht nur künstlerisch zum Ausdruck bringen, sondern darüber hinaus politischen Einfluss auf den Umgang der Stadt Linz mit akustischen Phänomenen nehmen wollte.

---

[52] http://europa.eu/legislation_summaries/other/129005_de.htm [22.2.2010]

Die „Linzer Charta" fasste Werte und Ziele in ein Manifest, das als Richtschnur für zukünftige stadtplanerische Überlegungen gelten sollte. Dabei wurde das Schlagwort „beschallungsfrei" zum Ausgangspunkt für 2.000 Geschäfte und Räume in Österreich, die ab 2009 frei von Hintergrundsmusik agieren. In Deutschland wurde die „Linzer Charta" bereits von der Stadt Erlangen übernommen und Hannover deklariert sich ab 2010 als „Hörstadt Hannover" nach Linzer Vorbild.

In Linz wurde ein „Akustikon" eingerichtet, das auch nach dem Kulturhauptstadtjahr als europäische Forschungs- und Vermittlungsstelle zur nachhaltigen Entwicklung des akustischen Raums beitragen soll.[53]

„Compose!" nahm in seiner Programmentwicklung auf die Anforderung der Europäischen Union hinsichtlich der Zusammenarbeit mit einem Künstler aus Deutschland, der Mobilisierung breiter Bevölkerungsschichten als Publikum im KinderMitmachKonzert und der Herausstellung von Stadtarchitektur und Lebensqualität als Themen der Kompositionen der Kinder Bezug und stellte einen Zusammenhang zum gesellschaftspolitischen Anliegen der „Hörstadt" her.

Die Musikuniversität als Angelpunkt für Innovation und Reflexion zu Aus- und Weiterbildung

Musikvermittlung gewinnt immer mehr Bedeutung in der Aus- und Weiterbildung. Die Anton Bruckner Privatuniversität startete als erste österreichische Hochschule einen postgradualen Studiengang „Musikvermittlung – Musik im Kontext" im Oktober 2009, begann aber mit der Konzeption dafür bereits 2006 und konnte das Linzer Kulturhauptstadtjahr 2009 und seine Vorbereitung dafür nützen, ihr neues Angebot sowohl intern als auch extern mit „Compose!" besonders zu verankern. Die für eine Universität außergewöhnlichen finanziellen Möglichkeiten durch das Kulturhauptstadtjahr und die Breitenwirkung des Projekts unterstützten das Anliegen sowohl bei den Kolleginnen und Kollegen am Haus und den teilnehmenden Studierenden als auch beim Publikum und dem schulischen Projektpartner.

Gleichzeitig ermöglichte das Projekt vielerlei interne und externe Diskussionen und bildete den Anstoß für weitere Konzepte zur Gestaltung des Studiengangs und zur Einbindung von Musik vermittelnden Projekten in das Basisstudium Instrumentalpädagogik.

Professionelle Öffentlichkeitsarbeit

„Compose!" wurde als Kooperationsprojekt für *Linz 2009 Kulturhauptstadt Europas* in allen Veröffentlichungen des Kulturhauptstadtjahres mittransportiert. Linz09 gab ab dem Frühjahr 2008 bis zum Beginn 2009 insgesamt 3 Programmbücher heraus und begleitete alle Veranstaltungen mit einer 14tägigen Zeitschrift, dem „Neuner".

---

53 http://www.linz09.at [22.2.2010]

Außerdem fand das Projekt seinen Platz auf der Website von Linz09 und im Rahmen der regelmäßigen Presseaussendungen.

Darüber hinaus veröffentlichte die Anton Bruckner Privatuniversität ihre insgesamt fünf Kooperationsprojekte über ihre jährliche Programmbroschüre „Live an der Bruckneruni", den monatlichen elektronischen Newsletter, ihre Pressekontakte und einer abschließenden Dokumentation.

Ebenso bildete das Umfeld der Schule, die an „Compose!" beteiligt war, eine weitere Plattform der Kommunikation über das Projekt. Es wurde in den Jahresbericht der Schule aufgenommen und von den Schülerinnen und Schülern in Form von Mundpropaganda weitergetragen.

Generell werden Konzerte für Kinder selten mit einer redaktionellen Kritik bedacht – üblich ist im besten Fall eine Vorankündigung. Durch die intensive Öffentlichkeitsarbeit und die überregionale Bedeutung, die das Kulturhauptstadtjahr ausstrahlen konnte, berichteten die Oberösterreichischen Nachrichten ausnahmsweise zusätzlich zu zahlreichen Vorankündigungen in unterschiedlichen Medien auch in Form einer regulären Konzertkritik im Anschluss an die Performance:

> „Der eigene Herzschlag, der Atem, das gesprochen Wort, das Blinklicht einer Baustelle, Küchengeräusche – beinahe alles lässt sich in Musik verwandeln. Wie (einfach), führten Studierende und Lehrende der Anton Bruckner Privatuniversität gemeinsam mit Schülern des Bischöflichen Gymnasiums Petrinum beim ‚KinderMitmachKonzert' für Menschen ab 6, ein Projekt für Linz09, vor Augen und vor allem zu Ohren....Eine kleine Einführung in die wunderbare Kunst einer Alchemie, die Gefühle und Geräusche in Klänge verwandelt, ...die vor allem eins machte: Lust auf Musik." (Oberösterreichische Nachrichten, 29.1.2009)

Ein umfassendes Budget transportiert Wertschätzung für Musikvermittlung

Wie bereits oben ausgeführt, ermöglichte die Kooperation mit der Kulturhauptstadt einen größeren finanziellen Spielraum. Es gelang, als Impulsgeber für die Studierenden, die im Anschluss das Projekt an der Schule durchführen sollten, einen erfahrenen Konzertpädagogen und Komponisten aus Deutschland einzuladen, die Workshopphase des Projekts auf insgesamt zwei Monate auszudehnen und zusätzlich Mittel für Requisiten zum Konzert und die Gestaltung eines Dokumentationsvideos aufzuwenden. Sowohl die Studierenden als auch die Lehrerin der Schulklasse waren sich der außergewöhnlichen Bedingungen bewusst und genossen die Wertschätzung für ihre Arbeit, die nicht zuletzt durch die finanziellen Möglichkeiten zum Ausdruck kam.

6.2.2 Der mediale Kontext

Da es bis zu diesem Zeitpunkt an der Universität im Rahmen des Studiums Instrumentalpädagogik wenig Erfahrungen mit den Praxisfeldern Musikvermittlung und

Konzertpädagogik gab, wurde die Vorbereitung zum Projekt „Compose!" in vier Phasen geteilt:

- Zunächst sollten die Studierenden selbst Erfahrungen mit Improvisation mit ihrem eigenen Instrument, bzw. mit ihrer Stimme sammeln – dabei unterstützte sie der deutsche Komponist und Konzertpädagoge Bernhard König.
- Anschließend erarbeitete Bernhard König mit den Studierenden Methoden der Improvisation mit Schülerinnen und Schülern und bereitete sie auf ihren Besuch als Musikerin bzw. Musiker in einer Schulklasse vor.
- Zunächst gemeinsam mit ihm, in der Folge selbstständig fanden drei Workshops in der Schulklasse statt.
- Den Abschluss bildete die Integration der Ergebnisse dieser Workshops in das jährliche KinderMitmachKonzert an der Universität.

Eigene Improvisationserfahrungen der Studierenden

Alle drei teilnehmenden Master-Studierenden versicherten, bis zur Teilnahme an „Compose!" im Verlauf ihres Studiums keine Improvisationserfahrungen gesammelt zu haben. Auch Berührungen zur Neuen Musik, in diesem Fall verkörpert durch Bernhard König als Komponist, haben – wenn überhaupt – nur punktuell stattgefunden. So bedeutete der Einstieg ins Projekt das Betreten von musikalischem Neuland und das vorsichtige Abtasten und Erweitern der eigenen Musikerpersönlichkeit. König begann den Workshop mit Stimmimprovisationen, die allen drei Studierenden einen unmittelbaren Zugang ermöglichte, Schwierigkeiten zeigten sich erst bei musikalischen Gestaltungen und Spielen auf dem eigenen Instrument, doch auch diese konnten überwunden werden und führten zu klanglich, rhythmisch und harmonisch interessanten gemeinsamen Improvisationen.

Methoden der Improvisation mit Schülerinnen und Schülern

Der zweite Teil des Projekts war der Begegnung zwischen Studierenden und Schülern gewidmet. Studierende der Instrumentalpädagogik sammeln im Laufe ihres Studiums (noch) wenig Inputs und Anregungen zum Umgang mit größeren Gruppen. Der Fokus der Ausbildung liegt im Unterricht von Einzelpersonen bzw. Kleingruppen, wie es der Alltag an einer Musikschule verlangt. Die zunehmende Implementierung von Ganztagsschulen macht es jedoch erforderlich, auch über neue Kooperationsmöglichkeiten von Musikschulen und Schulen nachzudenken. Dazu wollte das Projekt „Compose!" ebenso einen Beitrag leisten, indem es Anregungen und Ermutigungen beisteuerte.

Folgende Inhalte der Begegnung zwischen der Schulklasse und den Studierenden bildeten das Zentrum:

- Wie stelle ich mein Instrument in einer Schulklasse/vor einem größeren Publikum vor?

- Welche Methoden gibt es, um Schülerinnen und Schüler in einen Kompositionsprozess zu führen?
- Wie integriere ich die Ergebnisse dieses Prozesses in ein Konzert?

Im Mittelpunkt der Instrumentenvorstellung stand die spielerische Verknüpfung von Bau- und Spielweise mit den klanglichen Möglichkeiten und Besonderheiten des Instruments. Zwischen Spielen und Erklären sollte ein ausgewogenes Verhältnis herrschen und Interaktion mit den Schülerinnen und Schülern von Beginn an möglich werden.

Für den anschließenden Kompositions- und Improvisationsprozess entschied sich die Gruppe für die Erarbeitung dreier „Klangmaschinen" und ein abschließendes Sprechchorstück.

„Klangmaschinen" sind mittlerweile häufig verwendete Einstiegsmodule in eine Gruppenimprovisation mit Laien und beinhalten bspw. folgenden Ablauf: nach einer gemeinsamen Probierphase mit kleinen rhythmischen Maschinen-Einwürfen jedes einzelnen der Gruppe, stellen sich die Teilnehmerinnen und Teilnehmer die Aufgabe, eine gemeinsame Maschine zu bauen. Der erste Teilnehmer geht in die Mitte des Raumes und führt einen sich ständig wiederholenden Laut mit einer sich ständig dazu wiederholenden Bewegung aus. Eine zweite Teilnehmerin kommt hinzu und baut ein weiteres Maschinenteil an, während sie sich dabei auf das vorherige Teilstück bezieht. Es kommt ein zweiter, ein dritter, ein vierter Teilnehmer dazu, usw.

Auch im Rahmen von „Compose!" wurde auf diese Weise in drei Gruppen gearbeitet und diese Maschinen mit dem Einsatz von Instrumenten, Dynamik und Spannung innerhalb des Stücks mit den Schülerinnen und Schülern verfeinert und ausgearbeitet.

Für das abschließende Sprechchorstück wurde zunächst mit der Schulklasse herausgefiltert, welche Räume und Orte in Linz für die Jugendlichen kulturell konnotiert sind: Ergebnisse wie Fußballplatz, Dom, Jahrmarktgelände aber auch Ars Electronica Center und Brucknerhaus machten den erweiterten Kulturbegriff der Schülerinnen und Schüler deutlich. Als verbindendes Element beider Kompositionselemente diente nun Linz und sein Selbstverständnis als Industriestadt, das im Rahmen des Kulturhauptstadtjahres schillernde Facetten dazu gewinnen konnte. Die einzelnen Klangmaschinen wurden im Linzer Raum verankert ohne eine enge Zuschreibung zu erzwingen.

Die Integration der Kompositionen in ein KinderMitmachKonzert

Das Projekt zielte darauf, die im Workshop beteiligten Schülerinnen und Schülern zu Aufführenden auf einer Bühne mit einer größeren Öffentlichkeit zu machen. Jugendliche sollten unmittelbar zu Beginn des Kulturhauptstadtjahres im Jänner 2009 selbst zu Kulturschaffenden werden und damit an der Gestaltung dieses Jahres aktiv

mitwirken. Im Rahmen des alljährlichen KinderMitmachKonzert der Universität bot sich dafür ein idealer Rahmen: „Stell' Dir in Deinem Kopf einen Ton vor. Und diesen Ton wiederholst Du nun, machst ihn mal kürzer oder länger, mal höher oder tiefer, mal schneller oder langsamer, mal lauter oder leiser. Und jetzt fügst Du noch einen Ton dazu und machst mit ihm dasselbe oder noch ganz andere Dinge. Gerade hast Du in Deinem Kopf komponiert. Genauso machen das viele Komponisten und Komponistinnen und schreiben die Musik auf, die sie im Kopf hören. Diese Kompositionen werden dann auf Instrumenten gespielt, gesprochen, gesungen und sogar auch getanzt. So können sie von anderen gehört und gesehen werden.
In unserem KinderMitmachKonzert
   - hörst Du Kompositionen, die schon über 200 Jahre alt sind!
   - Erlebst Du Kompositionen, die erst vor kurzem entstanden sind!
   - Bist Du dabei, während komponiert wird!
   - Siehst Du Kompositionen!"
So lautete der Einladungstext zum Konzert „Compose! Töne dichten – Worte tanzen", in das die musikalische Collage der Schülerinnen und Schüler integriert wurde.

6.2.3   Der personale Kontext

<u>Kooperation von Lehrenden und Studierenden</u>
Das Team des Projekts setzte sich aus Musikvermittlern und Studierenden zusammen.
Die Projektleitung übernahm wiederum die bereits im ersten Praxisbeispiel erwähnte Universitätslehrerin für Musikvermittlung. Sie zeichnete neben der inhaltlichen Konzeption und der Begleitung der Studierenden ebenso für die Budgetierung, die Projekt-Einreichung bei Linz09 und deren Abrechnung verantwortlich.
Im Rahmen der Lehrveranstaltung „Musikvermittlung", die für alle Master-Studierenden der Instrumentalpädagogik offenstand, nahmen drei Studierenden am Projekt teil: eine Oboistin, ein Bratschist und eine Sängerin. Die Oboistin und der Bratschist brachten keine Vorkenntnisse in der Arbeit mit größeren Gruppen mit, die Sängerin war bereits neben ihrem Studium an der Anton Bruckner Privatuniversität als Schulmusikerin an einem Gymnasium tätig. Alle drei hatten noch keine Erfahrungen mit Improvisation gemacht, weder mit ihrem Instrument bzw. ihrer Stimme noch in der Anleitung von Gruppen. Da sie nach der Einführung durch den Konzertpädagogen allein für die künstlerisch-pädagogische Arbeit in der Schulklasse verantwortlich waren, bedeutete diese neue Erfahrung eine große Herausforderung für ihr Portfolio, die sie nach anfänglichen Unsicherheiten souverän meistern konnten.

Impulse zur Improvisation durch den Konzertpädagogen

Ein wesentliches Ziel der Projektleiterin war es, die internationale Praxis der Konzertpädagogik möglichst früh in den Aufbau des Schwerpunktes „Musikvermittlung" an der Universität zu verankern. Das Budget der Kulturhauptstadt ermöglichte es, den deutschen Konzertpädagogen und Komponisten Bernhard König als Impulsgeber ins Team zu bitten.

König studierte Komposition bei Mauricio Kagel und siedelt seine künstlerische Arbeit in der Grenzüberschreitung von Musik, Theater, Film und Hörspiel an. Seit über 10 Jahren arbeitet er mit unterschiedlichen Zielgruppen an Kompositions- und Gestaltungsarbeiten, bspw. mit Altenheimbewohnern, Schülern aus sozialen Brennpunkten oder Musikschulensembles. Er ist Mitbegründer des Kölner Büros für Konzertpädagogik und realisiert in diesem Zusammenhang zahlreiche Projekte, die überregional ausstrahlen.

Seine Aufgabe im Projekt bestand darin, den Studierenden Sicherheit und Freude beim eigenen Improvisieren zu vermitteln und ihnen ein erstes Handwerkszeug zur Realisierung konzertpädagogischer Projekte an Schulen zu ermöglichen. Gemeinsam entwickelten sie ein aufbauendes Konzept für die Arbeit mit der 6. Schulstufe eines Gymnasiums und verwirklichten dieses Konzept zur Übung ebenso an einer weiteren Schulklasse, die nicht in das Projekt zur Kulturhauptstadt eingebunden war.

Die Schulklasse und ihre Lehrerin

Die ausgewählte Schulklasse war eine zweite Klasse Gymnasium (6. Schulstufe) am Bischöflichen Gymnasium Petrinum in Linz. Die Wahl fiel auf diese Klasse, da es zur Lehrerin bereits erste Kontakte gab und die räumliche Distanz für die Studierenden in Gehweite zur Universität zu bewältigen war. Das Petrinum ist eine katholische Privatschule und bildet damit vorrangig einen bildungsbürgerlichen Kontext ab. Die verhältnismäßig geringe Schülerzahl (22 Kinder) und die grundsätzliche Bereitschaft der Schülerinnen und Schüler, an diesem Projekt teilzunehmen, gab den Studierenden einen sicheren Rahmen in einem für sie noch ungewohnten Tätigkeitsfeld. Zwei Drittel der Schülerinnen und Schüler spielten selbst ein Instrument und ließen damit einen klanglich interessanten instrumentalen Spielraum bei der Gestaltung der Kompositionsaufgabe zu.

Die beteiligte Lehrerin unterrichtet Musik und Deutsch und war gleichzeitig der Klassenvorstand dieser Klasse. Sie erwies sich von Beginn an als sehr offen und wertschätzend und behielt durchgehend eine klare Rolle als Begleiterin im Projekt, die jederzeit disziplinäre Interventionen setzen würde ohne inhaltlich das Heft in die Hand nehmen zu wollen.

6.3   „Bartók und die Volksmusik" – ein konzertpädagogischer Workshop für Jugendliche und Erwachsene

Die Jeunesse Österreich bietet als Konzertveranstalterin zusätzlich zu den zahlreichen Musikvermittlungsprojekten für Kinder und Jugendliche eine Workshopreihe an, die sich jeweils am Sonntagvormittag an Erwachsene bzw. an ein Familienpublikum wendet:

„Bartók und die Volksmusik" fand als Einführungsworkshop aus der Reihe „Mitten im Klang" zu einem Konzert der Wiener Symphoniker statt, in dessen Zentrum das *Konzert für Orchester* von Béla Bartók stand. Ein Kulturwissenschaftler/Journalist, eine Musikvermittlerin und ein Orchestermusiker gestalteten gemeinsam ein eineinhalbstündiges Programm, das in Kombination eines Vortrags, eines interaktiven Workshops und einer musikalischen Präsentation das Publikum breitgefächert auf den Besuch des Konzerts vorbereitete.

6.3.1   Der strukturelle Kontext

<u>Eine Konzertveranstalterin als Teil eines internationalen Netzwerks</u>
Die Jeunesses Musicales International bezeichnet sich als das größte Jugend- und Musik-Network der Welt. Während des Zweiten Weltkriegs reifte in Belgien die Idee, eine eigenständige Konzertorganisation für Jugendliche zu schaffen, die 1946 zur Gründung der „Fédération Internationale des Jeunesses Musicales" mit Sitz in Paris führte. Dieser Bewegung schlossen sich viele weitere Länder an, so dass die Jeunesses Musicales International heute 45 Mitgliedsstaaten zählt. Seit nunmehr 60 Jahren leitet ihre Organisation der Slogan „Making a Difference through Music" – der Wunsch, soziale, geografische und kulturelle Unterschiede zu überbrücken, wird jedoch in den einzelnen Mitgliedsländern unterschiedlich gelebt: so veranstaltet die Jeunesses Musicales in Kenia neben der Professionalisierung kenianischer Künstlerinnen und Künstler ein jährliches Festival für regionale und überregionale Kulturformen, in Deutschland verwirklicht sie sich als Dachverband und Weiterbildungseinrichtung für Jugendorchester, in Schweden wiederum als Konzertveranstalterin, die ihre Programme in erster Linie an Schulen anbietet.

<u>Die Jeunesse Österreich profiliert sich im Bereich Musikvermittlung</u>
In Österreich organisiert die Jeunesse seit 1949 Konzerte für Kinder, Jugendliche und Erwachsene und profiliert sich zunehmend im Bereich der Musikvermittlung. Heute veranstaltet die Jeunesse österreichweit über 650 Konzerte für Erwachsene und Kinder und programmiert dabei von Jazz über Cross-Over zu Klassik. In ihrem Mission Statement drückt sie aus, dass sie sich aktiv für die Förderung der Konzert-

kultur, junge Ensembles und Solistinnen und Solisten sowie für musikalische und kulturelle Bildung einsetzt.[54]

Die Besucherstruktur der Jeunesse erscheint in den einzelnen Bundesländern unterschiedlich: während sie in Wien in erster Linie ein Milieu anspricht, das für hochkulturelle Angebote Interesse zeigt, bzw. Familien, die ihren Kindern zur Hochkultur Zugänge verschaffen möchte und daher in erster Linie Konzerte im Wiener Konzerthaus und im Wiener Musikverein veranstaltet und nur vereinzelt Off-Konzertorte wie das Badeschiff am Wiener Donaukanal oder das Jazz-Lokal Forgy & Bess nutzt, finden die Konzerte in den Bundesländern an sehr unterschiedlichen Orten von Kulturzentren über Schulen bis zu Kirchen oder arrivierten Konzertsälen statt. Ebenso unterschiedlich erscheint dabei das Publikum, das im ländlichen und kleinstädtischen Bereich anderen Kultur- und Bildungsmilieus entspricht.

Unter Musikvermittlung versteht die Jeunesse in erster Linie Vorträge, Künstler-Gespräche, ergänzende Ausstellungen und Musik-Workshops, die dem Publikum eine kreative Begegnung mit Musik aus den unterschiedlichen Stilrichtungen und Genres ermöglichen soll. In diesem Rahmen fand auch der Workshop „Bartók und die Volksmusik" statt, der an einem Sonntag-Vormittag eine Woche vor dem Konzert, in dessen Rahmen das *Concerto für Orchester* von Béla Bartók mit den Wiener Symphonikern zur Aufführung gelangte, stattfand und im Folgenden näher beschrieben wird.

6.3.2   Der mediale Kontext

<u>Das Publikum als Feldforscher</u>
In der Gestaltung des Workshops wirkten die Musikvermittlerin und der Kulturwissenschaftler und Journalist federführend, während der Orchestermusiker in der Folge zum Team dazu stieß und seine musikalischen Vorschläge in das bereits ausgearbeitete Konzept integrierte.

Nach ersten Recherchen der beiden Vermittler zu Bartóks *Concerto für Orchester* in Form von Partiturstudium, dem Auswerten von musikwissenschaftlichen Texten und Tonmaterial, entstand die Idee zum Workshop als Spiegelung der feldforschenden Volksmusik-Suche des Komponisten: das Publikum sollte im Verlauf des Vormittags selbst als Feldforscherinnen und -forscher agieren, die aus musikalischen und sprachlichen Fundstücken ein eigenes künstlerisches Werk kreieren sollten:

Béla Bartók begann seine Sammeltätigkeit 1906. Erforschte er zunächst nur die bäuerliche Musik seiner Heimat Ungarn, dehnte er seine Erkundungsfahrten bald nach Rumänien und die Slowakei aus und suchte vor Ort nach unmittelbaren Zeugnissen von Volksmusik, die er im Unterschied zu volkstümlicher Musik für

---

[54] Vgl. http://www.jeunesse.at/ueber-uns/die-jeunesse.html [28.3.2009]

spontane Lebensäußerungen hielt, die als Teil des Lebens einer Naturerscheinung gleichkommen. Bartók forschte nicht nur aus ethnographischen Beweggründen, sondern in erster Linie aus künstlerischen Erwägungen. In der Pentatonik der Volksmusik und der Verwendung von lydischen und mixolydischen Tonarten sah er eine Entwicklungslinie, die ihn das vorherrschende Dur-Moll-System der Spätromantik überwinden ließ. In der Ausarbeitung der Forschungsergebnisse für seine eigene Tätigkeit als Komponist kategorisierte er schließlich sechs Arten des Umgangs mit Volksmusik, die vom Einsatz einer Bauernmelodie als Zitat über die Verwendung von rhythmischen und melodischen Elementen in der Art einer Muttersprache bis zum prinzipiellen Musterbild einer persönlichen Verbundenheit zum Volk reichen konnten.

Diese Zugänge und das Postulat Bartóks, dass man das pulsierende Leben der bäuerlichen Musik nur im unmittelbaren Umgang mit Bauern erkennen kann, bzw. nur dort schöpferisch wirken kann, wo man die Umgebung sieht und kennt, und die Melodien leben, führten zu folgendem Workshop-Konzept:

Wenn Bartók durch die ländlichen Regionen reiste, um Melodien zu sammeln, fanden die Teilnehmerinnen und Teilnehmer Melodien und Rhythmen aus dem *Concerto für Orchester,* die sie vor dem Hintergrund ihres eigenen zeitgenössischen städtischen Alltags zu einer Klanggeschichte verarbeiteten. Die Teilnehmerinnen und Teilnehmer wurden in drei Gruppen geteilt, um nach gemeinsamen Zugängen zu folgender urbanen Alltagssituation zu suchen: Menschen fahren dicht gedrängt mit der Straßenbahn – es passiert ein Unfall – die Fahrgäste trauern gemeinsam um ein Unfallopfer – und nehmen die gemeinsame Fahrt mit der Straßenbahn wieder auf. Der Zusammenstellung der Geschichte lagen jeweils vier Ausschnitte aus dem *Concerto für Orchester* zu Grunde.

Einführung in die Arbeitsweise von Béla Bartók

Der Workshop begann nach einer Vorstellungsrunde der Workshopleiter mit einer musikalischen Introduktion durch den Solo-Flötisten der Wiener Symphoniker, der einen Ausschnitt aus der „Suite Paysanne" von Béla Bartók in einer Bearbeitung für Flöte und Klavier spielte und damit dem Publikum einen unmittelbaren Eindruck von Bartóks Zugang zur Volksmusik in seinen eigenen Kompositionen bot. Im journalistischen Dialog wurden anschließend einige Facetten und Bezüge zum *Concerto für Orchester* herausgearbeitet.

Daran schloss ein kurzer Überblick zu Bartóks Forschungen in Ungarn, Rumänien und der Slowakei, seine ästhetischen Suchbewegungen und Auseinandersetzungen mit dem vorgefundenen Material. Einige Zitate von ihm selbst und seinem Freund und Forscher/Künstler-Kollegen Zoltán Kodály machten seine Sichtweisen lebendig.

Die Arbeit in den Gruppen

Anschließend wurde an das Publikum der Auftrag zur Gestaltung eines zeitgemäßen urbanen Volksliedes mit Material von Béla Bartók gegeben und dabei die Wahlmöglichkeit für drei Gruppen eröffnet:

- Der Kulturwissenschaftler/Journalist betreute die erste Gruppe, die mit Bongos, Tschemben und Rahmentrommeln vier Patterns, die vier Ausschnitten aus dem Concerto entnommen wurden, als rhythmischen Verlauf des Straßenbahn-Sujets ausarbeiteten.
- Der Flötist betreute die zweite Gruppe, die mit chromatischen Xylophonen, Metallophonen und Glockenspielen melodische Abschnitte entwarf. Die Stabspiele wurden vor dem Workshop präpariert, so dass sie den Skalen entsprachen, die Bartók im Concerto verwendet.
- Die Musikvermittlerin betreute die dritte Gruppe, die angeregt durch eine Volksdichtung aus dem ausgehenden 19. Jahrhundert über die Reise in der Pferdebahn, eine Textbasis in Form eines Refrains, einer Beschreibung im Bus (die Gruppe entschied sich spontan für einen Bus statt einer Straßenbahn), einer Kollision mit einer älteren Dame, der Trauer über verschüttetes Taubenfutter und die Weiterfahrt mit dem Bus entwarf.

Aus Zeitmangel war es nur möglich, die einzelnen Gruppenarbeiten zu präsentieren, der nächste Schritt, alle drei Teile zu einem gemeinsamen Musik-Text-Stück zusammenzustellen, musste ausbleiben.

Ausklang

Den Abschluss des Workshops bildete ein kurzer Filmausschnitt aus einer DVD-Reihe, die Werke sowohl musikalisch präsentiert als auch Erläuterungen mittels Interviews, Bild- und Tonmaterial zur Entstehung der Komposition gibt. Das Workshop-Team entschied sich für einen Ausschnitt, der sowohl drei der vier musikalischen Sequenzen aus dem Workshop als auch noch einmal die Rolle Bartóks als Feldforscher thematisierte. Die vorgestellte DVD sollte als Beispiel für eine mögliche Vertiefung des Themas im Anschluß des Workshops dienen.

6.3.3   Der personale Kontext

Die Vermittler und Vermittlerinnen

Mit der Konzeption des Workshops wurden vom Konzertveranstalter Jeunesse ein Journalist und Kulturwissenschaftler und eine Musikvermittlerin beauftragt. Es bestand zusätzlich die Möglichkeit, einen Orchestermusiker der Wiener Symphoniker in das Konzept zu involvieren, was beide gerne annahmen. Folgende beruflichen und fachlichen Qualifikationen brachten der Journalist und Kulturwissenschaftler bzw. der Solo-Flötist der Wiener Symphoniker in die Entwicklung des Workshops ein:[55]

- Der Journalist und Kulturwissenschaftler studierte Philosophie und Musik und arbeitet sowohl als Lehrender an einer Musikuniversität als auch als Journalist in einem öffentlich-rechtlichen Rundfunk-Sender. Darüber hinaus hält er Einführungsvorträge zu Konzerten und ist in der Konzeption eines Lehrgangs zur Musikvermittlung eingebunden.

- Der Solo-Flötist sammelte pädagogische Erfahrungen als Lehrer an einer Musikuniversität und war bereits in einen vergleichbaren Konzertvorbereitungs-Workshop der Jeunesse integriert, allerdings zunächst nur als Musiker. Im Bartók-Workshop kam er zum ersten Mal als Animateur in einer Gruppe zum Einsatz und unterstützte die Teilnehmerinnen und Teilnehmer dabei, eigene Melodien aus vergebenen Skalen zu entwickeln.

<u>Die Teilnehmerinnen und Teilnehmer des Workshops</u>
Insgesamt nahmen etwa 30 Personen an dem Workshop teil, die sich aus unterschiedlichen Gruppen zusammensetzten: Schülerinnen und Schüler der Sekundarstufe 2 mit ihrer Lehrerin, ein Großvater und sein jugendlicher Enkel und Erwachsene jeden Alters, die sich aktiv mit einem Kunstwerk auseinandersetzen wollten.
Wie bereits im Zusammenhang mit dem strukturellen Kontext der Veranstalterin erwähnt, setzt sich das Publikum der Jeunesse generell aus einem bildungsbürgerlichen Milieu zusammen, das an Hochkultur ein enthusiastisches Interesse zeigt.
So war auch in diesem Workshop eine positive, engagierte, fragende Stimmung seitens der Teilnehmerinnen und Teilnehmer spürbar, die sich sowohl im interessierten Zuhören als auch im lebendigen Mitmachen des musikalischen Forschens manifestierte.
Teilnehmerinnen und Teilnehmer dieser Workshop-Reihe, die über Einzelkarten und als Abonnement von vier Workshops zu unterschiedlichen Konzerten der Saison angeboten wird, sind sowohl am Wissen zur Entstehungsgeschichte einer Komposition bzw. am Kontext des Komponisten interessiert als auch bereit, sich auf eigenes musikalisches Experimentieren einzulassen, ohne dabei von einheitlichen Vorerfahrungen ausgehen zu können. Sie erhoffen sich davon eine Erweiterung ihres musikalischen Verständnisses, das sie das Werk im Rahmen eines üblichen Symphoniekonzerts unmittelbarer erleben lässt.

---

[55] Die beruflichen und fachlichen Hintergründe der Musikvermittlerin wurden bereits im Kapitel 6.1.3. beschrieben.

6.4 „Was macht der Rhythmus in der Musik?" – eine Kinder-Vorlesung

Im Rahmen der seit 2003 vom ZOOM Kindermuseum veranstalteten Kinder-Vorlesungen stand 2008 zum ersten Mal eine im Zeichen von Musik. Zwei Musik-vermittlerinnen gingen dabei für Kinder von 8 bis 12 Jahren der Frage nach, welche Rolle der Rhythmus in der Musik spielt und welche Bezüge sich dabei zum Alltag der Kinder herstellen lassen. Die Vermittlung von wissenschaftlichen Erkenntnissen nimmt in der Öffentlichkeit sowohl für Erwachsene als auch für Kinder zunehmend größeren Raum ein – einem „public understanding of knowledge" verpflichtet, suchen dabei auch die Künste nach Wegen, ihren theoretischen Anteil verfügbar zu machen.

6.4.1 Der strukturelle Kontext

Was ist eine Kinder-Universität?
Im Sommersemester 2002 nahm die erste deutschsprachige Kinder-Uni in Tübingen ihre Vorlesungsreihe auf:

> „In der Kinder-Uni beantworteten echte Professoren Fragen, die sich Kinder stellen. Auch die Erwachsenen waren neugierig auf die Antworten. Oft genug waren sie ihren Kindern eben diese schuldig geblieben." (Janssen/Steuernagel 2003, S. 7)

Gemeinsam mit dem Schwäbischen Tagblatt initiierte die Eberhard Karls Universität Tübingen Vorlesungen, die z. B. folgende Themen für Kinder aufbereiteten: „Warum sind die Dinosaurier ausgestorben?", „Warum speien Vulkane Feuer?", „Warum gibt es Arme und Reiche?".
Die Lehrenden der Hochschule standen dabei vor einer großen Herausforderung. Ihre bisherigen didaktischen Konzepte der Lehrveranstaltungen mussten für die Altersgruppe der Kinder völlig neu überdacht und adaptiert werden. Wesentlich mehr Raum musste den Fragen der Kinder gegeben werden und zahlreiches An-schauungsmaterial wurde in den Hörsaal transportiert. Eine Tageszeitung war nicht zufällig der Partner dieser ersten Initiative – Öffentlichkeitsarbeit im Sinne einer neuen Verankerungen der Universität in der Stadt Tübingen spielte eine wesentliche Rolle bei der Implementierung dieses erfolgreichen Modells, das innerhalb kürzester Zeit auf zahlreiche Universitätsstädte im deutschsprachigen Raum ausstrahlte.

Warum veranstaltet das ZOOM Kindermuseum Kinder-Vorlesungen?
Das ZOOM Kindermuseum wurde 1994 als erstes österreichisches Kindermuseum nach angloamerikanischen Vorbildern der „hands on" – Museen für Kinder gegründet. Es versteht sich selbst als Universalmuseum, das Kinder zum Erkunden der Welt

mit allen Sinnen einladen möchte. Im Mittelpunkt stehen die Altergruppen der bis 14jährigen, die sich in fünf verschiedenen Bereichen vertiefen können:

- Interaktive Ausstellungen bereiten Themen aus der Wissenschaft, der Kunst und Alltagskultur für Kinder auf.
- Ateliers bieten interaktive Workshops mit künstlerischen Techniken an.
- Das Trickfilmstudio bildet das Zentrum zur Gestaltung von Soundcollagen, Popsongs, Drehbüchern und Trickfilmen.
- Ein Erlebnis- und Spielbereich lädt Kinder von null bis sechs Jahren zum Spielen mit künstlerischen Objekten ein, die die motorischen, kognitiven und sozialen Fähigkeiten der Kinder erweitern sollen.
- ZOOM Science steht im Zeichen der Wissenschaftsvermittlung für Kinder.

Der weit gefasste Auftrag des Kindermuseums beinhaltet gleichermaßen die Darstellung und Aufbereitung von wesentlichen Themen für Kinder, ebenso wie die Reflexion und Erforschung von Phänomenen, die im Alltag von Kindern eine Rolle spielen.

Seit 2003 gewährleistet eine Kooperation mit den *Wiener Vorlesungen* die Veranstaltung von Kinder-Vorlesungen, die nicht unmittelbar an eine Universität gebunden sind, sondern das Museum in seiner ursprünglichen Funktion als Sammlungs- und Forschungsort ins Zentrum rückt.

Wissenschaftsvermittlung braucht Öffentlichkeitsarbeit

Ebenso wie die Gründung der ersten deutschsprachigen Kinder-Uni auf die Kooperation mit einer Tageszeitung zurückgeht, benötigt die kontinuierliche Entwicklung und Entfaltung einer außeruniversitären Reihe zur Wissenschaftsvermittlung eine breite Öffentlichkeitsarbeit. Diese dient nicht nur dazu, die jeweiligen Veranstaltungen anzukündigen, sondern das Thema an sich für ein breites Publikum zu verankern und damit die Schwellen zum Besuch von Kindervorlesungen so niedrig wie möglich zu halten.

Im Fall der Kooperation der Wiener Vorlesungen und des ZOOM Kindermuseums erweisen sich die kinderspezifischen Seiten der Wiener Tageszeitungen als regelmäßige Partner, ebenso wie der Hörfunksender Ö1 des öffentlich-rechtlichen Österreichischen Rundfunks, der mittlerweile zwei Sendereihen für Kinder ins Leben gerufen hat, die sich einerseits als „Ö1 Kinderuni" mit allen Themen der Wissenschaftsvermittlung auseinandersetzt und als „Doremifa" die vielfältigen Begegnungen mit Musik, Musikerinnen und Musikern und dem Musikleben zum Inhalt hat.

„Wie kommt der Rhythmus in die Musik" wurde von Ö1 mitgeschnitten und im Rahmen eines 20minütigen Beitrags in der Sendung „Doremifa" zwei Monate nach der gehaltenen Vorlesung ausgestrahlt. Folgender Text machte auf der Homepage von Ö1 darauf aufmerksam:

> „Gemeinsam mit den Musikvermittlerinnen Constanze Wimmer und Katharina Polly von der Anton Bruckner Privatuniversität haben sich die Teilnehmer und Teilnehmerinnen der 18. Wiener Kindervorlesung mit dem Salz in der musikalischen Suppe beschäftigt, mit dem Rhythmus. Stattgefunden hat die Veranstaltung im Zoom Kindermuseum in Wien.
> Katharina und Constanze haben dabei den Kindervorlesungsbesuchern das Foto eines Embryos gezeigt, der von allem Anfang im Mutterleib den Herzschlag seiner Mutter hören kann: Den Puls. Und dieser Grundpuls liegt auch in der Musik und ist immer vorhanden. Fühl Deinen Puls!
> Ihr könnt auch ausprobieren, den Puls zu spüren. Am Handgelenk oder am Hals auf der Seite. Ganz fest drücken. Wenn es stark pocht, dann passt das schon. Nächste Aufgabe in der Kinderuni zum Thema Rhythmus, auf Achtung fertig los, musste jeder ganz leise für sich seine Pulsschläge mitzählen."[56]

6.4.2   Der mediale Kontext

<u>Was macht eine gute Vorlesung für interessierte Laien aus?</u>

Vorlesungen bilden an Universitäten ein zentrales Vermittlungsmodell, das in einer frontalen Unterrichtsform Wissensinhalte an eine Vielzahl von Studierenden weitergibt. Im Unterschied zu Seminaren und Übungen, die interaktiven Charakter haben, liegt der Fokus zur Gänze bei den zu erlernenden Fakten und nicht beim fragenden und diskursiven Austausch der Studierenden. Der Vortragende übt dabei die Rolle des Experten aus, der über Kenntnisse und Forschungsergebnisse zum Wissensgebiet verfügt und diese in vorlesender oder vortragender Form weitergibt. Die didaktischen Fähigkeiten, die der Vortragende nutzt, um dieses Wissen aufzubereiten, stehen im Hintergrund, da Professorinnen und Professoren an Hochschulen und Universitäten aufgrund ihrer fachlichen Qualifikation und erst in zweiter Linie aufgrund ihrer didaktischen Fähigkeiten berufen werden und erwartet wird, dass Studierende bereits über Lernmethoden verfügen, um sich die neuen Inhalte aneignen zu können.

Sobald sich Vorlesungen an eine breitere Öffentlichkeit richten – im populärwissenschaftlichen Zusammenhang oder in Veranstaltungen für Kinder und Jugendliche – stehen diese didaktischen Eigenschaften allerdings im Zentrum, da die Art und Weise der Vermittlung der Inhalte darüber entscheidet, ob diese von Laien angenommen werden können. Oft heißen diese Veranstaltungen dann zwar Vorlesungen oder Kinder-Vorlesungen, nehmen aber in der Realität den Charakter von Seminaren an, die teilweise sogar Übungen beinhalten.

---

[56] http://oe1.orf.at/highlights/119939.html [12.3.2010]

Was sie auszeichnet, ist eine didaktische Aufbereitung, die grundsätzlich von den Erfahrungen der Zuhörerinnen und Zuhörer ausgeht und diese Alltagsbeobachtungen zum Zentrum der Auseinandersetzung macht, um von dort aus in wissenschaftliche Forschungen vorzudringen. Die kommunikative Persönlichkeit des Vortragenden und seine Fähigkeiten, das Publikum direkt anzusprechen, entscheiden über die Qualität von „public understanding of knowledge", das heißt über die Rezeptionsmöglichkeiten der interessierten Laien. Die Gründer der Kinder-Uni in Tübingen geben dazu folgende Tipps für eine gelungene Vorlesungsdidaktik:

a. „Die Vorlesung sollte nicht zu interaktiv sein. Zuviel Interaktivität stiftet Unruhe. Wenn der Dozent Fragen an die Kinder stellt, sollte er die Redebeiträge aus dem Saal immer am Mikro wiederholen, bevor er seinen Kommentar dazu abgibt.

b. Einsatz von Medien ist gut, aber er sollte nicht übertrieben werden. Die Vorlesung muss nicht versuchen, Fernsehen etc. zu imitieren. Überzeugen soll die Rede, Bilder und Ton sind nur ihre Hilfsmittel. Sie machen etwas anschaulicher, unterhalten bei Gefahr allzu großer Trockenheit, setzen überraschende Akzente, rütteln auf, aber ersetzen den Vortrag nicht.

c. Jeder gute Vortrag sollte anschaulich sein, ein Vortrag vor Kindern muss es sein. Nicht zu viele Informationen aneinander reihen, sondern Fakten möglichst erzählerisch verpacken. Beispiele aus dem Lebensumfeld der Kinder würzen den Vortrag. Zahlen sollten immer vorstellbar sein. Beispiel: 40 Kilometer unter der Erdoberfläche, "das gleicht der Strecke von…nach…". Oder: 1 von 500 ist "einer hier im Saal".

d. Die Vorlesung sollte einen Spannungsbogen halten. Die Antworten auf die Frage sollten sich steigern, zwischendurch gibt es Zusammenfassungen. Am Ende sollte die Eingangsfrage knapp und in Stichworten beantwortet werden. Oder zugegeben werden, dass sich die Frage nicht beantworten lässt, dass sie vor allem viele neue Fragen aufwirft.

e. Kinder lieben Fachbegriffe, allerdings müssen sie gut dosiert werden. Sie tragen sie wie Trophäen nach Hause. Dort können sie sie den Erwachsenen erklären. Ein bis zwei komplizierte Wörter kann man ruhig in die Vorlesung einführen und erklären. "[57]

---

[57] http://www.die-kinder-uni.de/html/studienberatung_fur_profis.html [14.3.2010]

<u>Zum Aufbau des Inhalts von „Was macht der Rhythmus in der Musik?"</u>
Da die beschriebene Kinder-Vorlesung die erste im Rahmen der Reihe war, die Musik zum Thema hatte, und die beiden Musikvermittlerinnen das Thema selbst wählen konnten, entschieden sie sich für ein grundsätzliches Phänomen in der Musik – den Rhythmus und die mit ihm verwandten Begriffe des Pulses und des Metrums. Ebenso vermuteten beide, dass sich gerade Rhythmik dazu eignet, erklärende Interaktionen in einem Hörsaal-Setting herbeizuführen.

Die Kinder-Vorlesung fand in einem Auditorium statt, das insgesamt 100 Personen in Form eines ansteigenden Atriums fasste und eine frontale Bühnensituation herstellte. An Medien standen Beamer, Laptop und Tonanlage zur Verfügung. Für perkussive Sequenzen kamen die Körper der Teilnehmerinnen und Teilnehmer sowie Boden und Sitzgelegenheiten zum Einsatz.

Die Vorlesung sollte insgesamt eine Stunde dauern und wurde für Kinder von 8 bis 12 konzipiert, die auch tatsächlich in dieser Altersgruppe gekommen waren.

Gleich zu Beginn starteten die Musikvermittlerinnen mit einer Mitmachaktion, die die Gruppe in 2 unterschiedlichen Rhythmen aktivierte. Daran anschließend folgte eine Sequenz, die das Publikum über das Finden und Fühlen des eigenen Pulses in Ruhe und in Bewegung für unterschiedliche Tempi sensibilisierte und anschließend für die Eigenschaften des Metrums aufgeschlossen machte, das in den Betonungen des Kinderlieds „Fuchs, du hast die Gans gestohlen" und im Einsatz eines Metronoms noch einmal wiederholt wurde.

Nun stand der Rhythmus im Zentrum: zunächst wurde über wiederkehrende Phänomene wie den Wechsel der Jahreszeiten oder den Wechsel von Tag und Nacht ein allgemeines Verständnis für Wiederkehrendes geschaffen und letzteres durch Beispiele aus dem Alltag der Kinder um Pausen und Taktwechsel erweitert. Die folgenden Hörbeispiele zum Dreivierteltakt des Walzers und zum Zweiertakt des Marsches knüpfte die Verbindung zur Musik und bot die Gelegenheit, die Aufgaben eines Dirigenten im Orchester zu thematisieren.

Den Abschluss bildete ein gemeinsames Lied, das mit begleitender Bodypercussion zum Rhythmusstück erweitert wurde und den Kindern zur Erinnerung mitgegeben wurde.

6.4.3   Der personale Kontext

<u>Eine Kooperation aus Musikwissenschaft und Musikpädagogik</u>
In dieser Kinder-Vorlesung bot es sich an, musiktheoretische Grundbegriffe wie Rhythmus, Puls und Metrum musikpädagogisch für Kinder aufzubereiten. Daher teilten sich bei diesem Projekt eine Musikvermittlerin mit musikwissenschaftlichem Hintergrund und eine Musikvermittlerin mit musikpädagogischem Hintergrund die entsprechenden Rollen: Während die eine jeweils die Fachtermini und Phänomene

erklärte und in einen Zusammenhang zu Musikstücken stellte, ergänzte die andere mit Animationen, die die Kinder unmittelbar zum Fühlen und Erleben des Gehörten anregte.[58]

Die Leiterin des Kindermuseums als Kuratorin der Vorlesungsreihe

Die Leiterin des ZOOM Kindermuseums übernahm das Haus 2003 und eröffnete nicht zuletzt aufgrund ihrer eigenen beruflichen Biografie den neuen Schwerpunkt ZOOM Science: nach einem Studium der Geschichte, Psychologie und Philosophie unterrichtete und forschte sie zur Geschichte der Kindheit und Wissenschaftsgeschichte. Bevor sie die Leitung des Kindermuseums übernahm, organisierte sie den Forschungsschwerpunkt „Fremdenfeindlichkeit" im Wissenschaftsministerium. Das forschende Erfassen von Kunst, Kultur und Kinder-Alltag bildet das Zentrum des Kindermuseums und führt folgerichtig zur Kuratierung einer Kooperation der Wiener Vorlesungen mit der Kinder-Universität. Überraschenderweise standen Fragen der Kunst bislang nur sporadisch im Zentrum der Vorlesungen, was vermutlich der gegenwärtigen öffentlichen Wahrnehmung von Wissenschaft und Kunst als voneinander getrennt agierender Bereiche geschuldet ist und „Universität" als höhere Bildungs- und v. a. Forschungseinrichtung in erster Linie mit Geistes- und Naturwissenschaften, Technik und Medizin verbindet als mit Musik und Kunst. Mittlerweile haben bspw. in Wien die Universitäten für Musik und für Angewandte Kunst jeweils eigenen Kinder-Universitäten gestartet, um diesem Defizit entgegenzuarbeiten.

Das Zielpublikum von Kinder-Vorlesungen

In Österreich gibt es mittlerweile zahlreiche Veranstalter, die Kinder-Universitäten konzipieren und durchführen. Sie finden in Kooperation mit Universitäten, Pädagogischen Hochschulen und außeruniversitären Partnern wie dem ZOOM Kindermuseum statt. Die Mehrzahl der Kinder-Vorlesungen findet an Wochenenden bzw. in der vorlesungsfreien Zeit in den Sommermonaten statt und richtet sich damit an ein privates Familienpublikum, das wenig Barrieren gegenüber höherer Bildung kennt, d.h. sich überwiegend aus bildungsnahen Schichten zusammensetzt. Ebenso finden Kinder-Vorlesungen in Österreich bis auf eine Ausnahmen – die Kinderuni Steyr – in Landes- bzw. Bundeshauptstädten statt und unterstreichen damit den Unterschied zwischen Stadt und Land.

Auch die jungen Studierenden in der Vorlesung „Was macht der Rhythmus in der Musik?" setzten sich aus Kindern zusammen, deren Eltern eine umfassende Bildung ermöglichen wollen und dafür nach Impulsen wie Kinder-Vorlesungen suchen.

---

[58] Die beruflichen und fachspezifischen Erfahrungen beider Musikvermittlerinnen wurden bereits im Beispiel „Peppo erlebt die Jahreszeiten" ausführlich beschrieben.

Darüber hinaus sehen sie es als einen willkommene Möglichkeit, gemeinsam etwas über Phänomene der Wissenschaft oder der Kunst zu erfahren, denen auch sie in ihrem Erwachsenenleben bislang nicht auf den Grund gehen konnten.

6.5   „Auf den Spuren Anton Bruckners" – ein Hörbuch für junges Publikum ab 8 Jahren

Die Abteilung Kulturvermittlung der Oberösterreichischen Landesmuseen erarbeitete gemeinsam mit der Anton Bruckner Privatuniversität ein Hörbuch zu Leben und Werk Anton Bruckners, das als klingender Katalog sowohl Schülerinnen und Schüler auf den Besuch des Geburtshauses von Anton Bruckner in Ansfelden vorbereiten oder den Ausflug im Unterricht nachklingen lassen soll, als auch Familien und ihre Kinder an die Person Anton Bruckners heranführen möchte.

Dafür wurde ein biografischer Erzählstrang zu Bruckner entwickelt, der sich durch kurze Hörspielszenen verdichtet und Momente aus Bruckners Leben wie z.B. Szenen als Kind in der Schule, während einer Orchesterprobe zu einer seiner Symphonien oder als Orgelvirtuose zu Besuch in London aufgreift. Zusätzlich bereiten Passagen zu musikalischen Themen wie „Was ist eine Symphonie?", „Was macht ein Komponist?", „Bruckner und die Volksmusik" oder „Die Orgel als Königin der Instrumente" Aspekte, die für Bruckners Schaffen wesentlich sind, für Kinder altersgerecht auf.

Die musikalischen Beispiele wurden zum Teil von Studierenden der Anton Bruckner Privatuniversität eingespielt, zum Teil durch Aufnahmen aus der Verlagsreihe Naxos ergänzt.

6.5.1   Der strukturelle Kontext

Das Geburtshaus von Anton Bruckner als Ausgangspunkt des Projekts

In Österreich sind noch viele Wohnungen und Orte zu finden, die mit großen Komponistenpersönlichkeiten der Vergangenheit unmittelbar in Verbindung gebracht werden können. Wohnhäuser von Joseph Haydn, Franz Schubert, Wolfgang Amadeus Mozart, Ludwig van Beethoven und Johann Strauß sind heute in Wien zu Museen adaptiert, die neben einzelnen Alltags- und Einrichtungsgegenständen der Bewohner Originale, Faksimili und Materialien aus der Arbeit der Komponisten ausstellen und vor allem als Orte der Erinnerung Eindrücke aus der Zeit des Künstlers liefern und das private Leben erahnen lassen.

Auch in den Bundesländern sind einzelne Musikergedenkstätten erhalten, wie beispielsweise das Komponierhäuschen von Gustav Mahler in Maiernigg am Wörthersee, das Geburtshaus und Wohnhaus von Wolfgang Amadeus Mozart in Salzburg oder das Geburtshaus von Anton Bruckner in Ansfelden.

Das Geburtshaus von Anton Bruckner in Ansfelden wird heute von den Oberöster-reichischen Landesmuseen für die Öffentlichkeit zugänglich gemacht. Als ehemali-ges Schulhaus steht es neben der Kirche von Ansfelden. Gegen Ende des 18. Jahr-hunderts erhielt das Haus das Aussehen, das Anton Bruckner als Kind erlebte. Bereits sein Großvater wirkte als Lehrer an diesem Ort, für den jungen Anton war es bis zum Tod des Vaters Schule und Wohnung zugleich.

1968 wurde das Haus vom Land Oberösterreich gekauft und zu einer Gedenkstätte für Anton Bruckner eingerichtet. Als solches beherbergt es heute einen Wohnraum, das Geburtszimmer und eine möblierte Schulklasse aus der Zeit Bruckners. Darüber hinaus wird der Komponist Bruckner durch Klangbeispiele, Dokumente und Bilder veranschaulicht. Der Spieltisch der Orgel in St. Florian, ein Clavichord aus der Zeit des jungen Hilfslehrers Bruckner in Windhaag, sein Dirigentenstab und die Toten-maske gehören zu den Ausstellungsstücken, die den Ort auszeichnen.

Kulturvermittlung im Museum

Die Oberösterreichischen Landesmuseen stellen das Publikum ins Zentrum ihrer Vermittlungsaktivitäten. Kulturvermittlung wird in diesem Zusammenhang als Begleitung und Anregung im Bezug zu den einzelnen Ausstellungen gesehen – Bevormundung wird explizit ausgeschlossen.

Der Fokus im Bereich Vermittlung liegt nicht in erster Linie auf den Kunstwerken oder an historischen Artefakten sondern bei der subjektiven Wahrnehmung der Betrachterinnen und Betrachter. In diesem Sinn stehen die Begriffe „Anregung", „Animation" und „Beratung" für kulturvermittelnde Aktivitäten im Vordergrund, die dem eigenen Empfinden der Besucherinnen und Besucher und deren Interpretatio-nen möglichst großen Raum geben wollen.

Die jeweiligen Aktivitäten gliedern sich in Vorträge, Führungen, Ausstellungsgesprä-che für Einzelbesucherinnen, -besucher und Gruppen und museumspädagogische Aktionen mit Schulen, Kindergartenkindern oder Familien.[59]

Budgetierung

Die Gestaltung und Erstellung des Hörbuchs wurde aus dem Budget der Abteilung Kulturvermittlung, der Marktgemeinde St. Florian und der Stadtgemeinde Ansfelden getragen. Dabei kommt dem Hörbuch innerhalb der Budgetierung Pilotcharakter zu, da der übrige Aufwand der Abteilung des Landesmuseums in erster Linie Personal-kosten für Kulturvermittlerinnen und -vermittler betrifft und nur zu einem geringen Anteil in die Entwicklung und Produktion von Katalogen für Kinder und Jugendliche bzw. in die Erstellung von CD-Roms oder ähnlichem Lernmaterial fällt.

---

[59] http://www.landesmuseum.at/de/lm/ [23.3.2009]

<u>Die Kommunikation mit der Öffentlichkeit</u>

Die CD wurde nach ihrer Fertigstellung der Öffentlichkeit auf mehreren Kanälen präsentiert:

- Eine Pressekonferenz in Ansfelden mit den Bürgermeistern der Gemeinden Ansfelden und St. Florian sowie dem Direktor der Oberösterreichischen Landesmuseen und dem Gestaltungsteam stellte das Projekt der Medienöffentlichkeit vor. Berichte in den regionalen Print- und TV-Medien waren die Folge.
- Darüber hinaus wurden Lehrende an Pflichtschulen bei Lehrerstammtischen und ähnlichen Zusammenkünften über die CD informiert.
- In Bruckners Geburtshaus in Ansfelden und im Museumsshop der Oberösterreichischen Landesmuseen liegt sie zum Kauf für Schulen und Familien auf.

6.5.2   Der mediale Kontext

<u>Die Wahl eines Hörbuchs als Vermittlungsform</u>

Das erste gemeinsame Treffen der Kulturvermittlerinnen und -vermittler der Oberösterreichischen Landesmuseen mit der Musikvermittlerin der Anton Bruckner Privatuniversität klärte den Rahmen der Aufgabenstellung: Das Geburtshaus in Ansfelden wird regelmäßig von Schulklassen aus Linz und Oberösterreich im Rahmen der Landeskunde besucht, die Aufbereitung der Ausstellungsstücke und die personale Kulturvermittlung im Museum erreicht einen begrenzten Grad an Vermittlung der Person und der Musik Anton Bruckners an Kinder. Die Qualität dieser Vermittlung sollte nun verbessert werden. Ein Besuch der Projektpartner im Geburtshaus von Anton Bruckner gewährte Einblick in die Atmosphäre des Hauses, das Gespräch mit der Museumsmitarbeiterin vor Ort klärte darüber hinaus, dass die Mehrzahl der jungen Besucherinnen und -besucher um die zehn Jahre alt ist und das größte Interesse am Schulzimmer zeigen, das aus Einrichtungsgegenständen der Bruckner-Zeit nachgebaut wurde.

Die Musikvermittlerin schlägt in der Folge die Gestaltung eines Hörbuchs vor, das als klingender Katalog für Besucherinnen und Besucher fungieren soll, im Unterricht zur Vor- bzw. Nachbereitung eingesetzt werden kann und sowohl die Person Anton Bruckner als auch seine Musik für Hörerinnen und Hörer ab acht Jahren aufbereitet. Das Medium Hörbuch erschien deshalb besonders geeignet, da die auditive Vermittlung erstens einem Musiker besonders gerecht wird und zweitens den Kindern eine Präsentationsform bieten kann, die einen vor langer Zeit verstorbenen Komponisten mit einer Musiksprache, die für die meisten Kindern heute abseits ihres ästhetischen Alltags beheimatet ist, im Kontext Museum am ehesten lebendig werden lässt.

Die Entwicklung der dramaturgischen Form

Wie kann das Leben eines Komponisten für Kinder lebendig werden, der heute weder als Wunderkind noch als genialer Bohemien in Erinnerung ist, sondern als ein Musiker, der sein Schaffen unter schwierigen Bedingungen verwirklicht hat? Nicht zufällig findet man unter der Fülle an Musikbüchern und Tonträgern für Kinder kaum etwas zu Anton Bruckner.

Die Phase der Einarbeitung in das Projekt verlief einerseits im Sichten der Materialien, die zu Bruckner für Kinder bereits erschienen sind, andererseits im Kennenlernen vergleichbarer Hörbücher zu anderen Komponisten sowie im Erarbeiten relevanter Fakten aus Bruckners Biografie und seinem Musikerleben anhand der musikwissenschaftlichen Literatur.

In einer gemeinsamen Entwicklungsphase entstand die dramaturgische Form einer biographischen Erzählung zu Anton Bruckner, die durch einzelne Hörspielszenen zu Schlüsselmomenten seines Lebens verdichtet werden sollte. Darüber hinaus sollte das Hörbuch zu ausgewählten Aspekten des musikalischen Schaffens altersgerechte Erklärungen bereithalten. Das Team einigte sich dabei auf „Was macht ein Komponist?", „Wie entsteht eine Symphonie?", „Warum heißt die Orgel Königin der Instrumente?" und „Spielt's auf, Musikanten" als Einführung in die Verbindungslinien zwischen Bruckner und der oberösterreichischen Volksmusik. Darüber hinaus sollten musikalische Ausschnitte kurze Hörbeispiele zu Bruckners Werk aber auch zu seiner Zeit lebendig werden lassen.

Die vier Personen des Kultur- und Musikvermittler-Teams teilten daraufhin ihre Funktionen auf und erstellten ein arbeitsteiliges Konzept, in dem jeder einen spezifischen Schwerpunkt übernahm, die Gesamtgestaltung aber von allen gemeinsam getragen werden konnte:

- Die Leiterin der Abteilung Kulturvermittlung der Oberösterreichischen Landesmuseen übernahm die Verantwortung für das Budget und die kommunikative Koordination zwischen dem Museum und dem Vermittlungsteam. Zusätzlich wählte sie die beteiligten Partner wie Aufnahmestudio oder Grafikbüro für die Gestaltung der CD und des Booklets aus.
- Die beiden Kulturvermittler nahmen sich der biografischen Aufbereitung des Komponisten an, wobei der eine den Erzählstrang im Auge behielt und die andere Hörspielszenen zu ausgewählten Momenten von Bruckners Leben entwarf.
- Die Musikvermittlerin arbeitete die musiktheoretischen Abschnitte aus und entschied die Auswahl und die Ausschnitte der Musikbeispiele, die in die Handlung gesetzt werden sollten.

Die Auswahl der Sprecherinnen und Sprecher

Bei der Umsetzung des Hörbuch-Konzepts in ein Hörspiel zeigte sich innerhalb des Teams eine unterschiedliche Einschätzung hinsichtlich des künstlerischen Anspruchs an ein kulturpädagogisches Projekt. Nicht zuletzt aus Kostengründen konnte die Mehrzahl der Sprecherinnen und Sprecher keine professionelle Schauspielausbildung vorweisen, sondern rekrutierte sich aus dem Bereich des Laienschauspiels. In den kurzen Hörspielszenen, die Ereignisse aus Bruckners Leben herausgriffen wie beispielsweise eine Schulstunde im Leben des Kindes, das Werben um eine junge Frau, Widerstand von Orchestermusikern anlässlich der Uraufführung seiner Symphonie oder das anglophone Ambiente seiner Orgelreise nach London, beanspruchten nur jeweils kurze Auftritte und Sprechszenen, die durchaus von Laien umsetzbar waren.

Die Identifikationsfigur für die zuhörenden Kinder sollte die Figur Rudolf Weinwurm bilden, der im Verlauf des Hörbuchs als Freund und Vertrauter Bruckners einen Bogen zu seinem Leben spannte. Dafür stand zu Beginn ebenfalls ein Laienschauspieler zur Verfügung, der allerdings in der Folge durch einen Profischauspieler des Linzer Landestheaters ersetzt werden musste, um die dramaturgische Spannung der Erzählung über den Text hinaus durch Sprechtechnik und künstlerische Gestaltung des Handlungsstrangs zu erreichen.

Die Auswahl der Musikstücke

Die Auswahl der Musikstücke erfolgte aufgrund von musikalischen und pragmatischen Erwägungen:

Die Quellen des Materials bildeten überwiegend einerseits solistische Tonaufnahmen mit Studierenden der Anton Bruckner Privatuniversität (Orgel, Tuba, Oboe, Geige), die eigens für die Herstellung der CD eingespielt wurden und andererseits Aufnahmen von Bruckner-Symphonien aus der CD-Reihe Naxos.

Die Funktion der Musikbeispiele, die zumeist jeweils zwischen 30 Sekunden und einer Minute dauern, gliedert sich in zwei Aspekte:

- Ausschnitte aus Bruckners symphonischen Werken ermöglichen einen Einblick in die Klangwelt des Komponisten. Dabei wurde auf möglichst abwechslungsreiche Beispiele geachtet, die sowohl die dramatischen und leidenschaftlichen Aspekte seines Oeuvres zeigen als auch zurückgenommene und innige Passagen in die Erzählung einfließen lassen. Ergänzend dazu veranschaulichen Orgeleinspielungen die beeindruckende Klangvielfalt dieses Instruments, das Bruckner ein Leben lang fasziniert hatte. Die Orgel-Einspielungen sind aber bis auf eine keine Originalkompositionen von Bruckner (die es in diesem Genre kaum gibt), sondern Werke, die er gespielt haben könnte, bzw. gehört haben könnte.

- In den vier musiktheoretischen Teilen „Was ist eine Symphonie?", „Was macht ein Komponist?", „Bruckner und die Volksmusik" und „Die Orgel als Königin der Instrumente" werden Musikbeispiele herangezogen, die musikalische Erläuterungen für musiktheoretische Sachverhalte liefern, also beispielsweise die einzelnen Themen eines Satzes einer Symphonie vorstellen oder die Registervielfalt der Orgel zeigen.

6.5.3   Der personale Kontext

<u>Kooperation von Kultur- und Musikvermittlung</u>
Die Kooperation entstand auf Initiative der Leiterin der Kulturvermittlungsabteilung der Oberösterreichischen Landesmuseen. Sie kam mit ihren beiden Kollegen auf die Musikvermittlerin der Anton Bruckner Privatuniversität zu, um eine geeignete mediale Form für die Aufbereitung Anton Bruckners für Kinder im Rahmen der Dauerausstellung im Geburtshaus Ansfelden zu überlegen.
Folgende fachlichen und beruflichen Hintergründe zeichnen die beteiligten Kulturvermittlerinnen und -vermittler aus: [60]
- Die Leiterin der Abteilung Kulturvermittlung schloss an ihre Ausbildung zur Kindergärtnerin ein Studium der Ethnologie an und ist seit sieben Jahren für die Oberösterreichischen Landesmuseen als Kulturvermittlerin tätig.
- Die Kulturvermittlerin, die in der Folge in erster Linie die Hörspielszenen des Hörbuchs dramaturgisch erarbeitete, kann als Quereinsteigerin in das Feld der Kulturvermittlung bezeichnet werden. Ihren beruflichen Hintergrund bilden Tätigkeiten in der Erwachsenenbildung und in der Lebensberatung, wobei sie dabei ihren Schwerpunkt auf Kommunikation und Arbeit mit dem Körper legt. Seit kurzer Zeit ist sie für die Oberösterreichischen Landesmuseen als Kulturvermittlerin tätig und führt durch die aktuellen Ausstellungen der Institution von bildender Kunst bis zur Zeitgeschichte. Die Grundlage für ihre Vermittlungstätigkeit bieten Unterlagen der Abteilung Kulturvermittlung, die an die einzelnen Personen versendet werden, bzw. eigene Recherchen bspw. in den jeweiligen Ausstellungskatalogen. Wie auch bei der Arbeit am Hörbuch liegt ihr Schwerpunkt nicht in der künstlerischen Dimension der Ausstellungen sondern vielmehr in der historischen und lebensweltlichen Kontextualisierung für die Besucherinnen und -besucher.
- Der dritte Kulturvermittler, der die biografische Entwicklung der Erzählung des Hörbuchs herausarbeitete, hat Geschichte studiert und ist zusätzlich zu seiner Tätigkeit als Kulturvermittler der Oberösterreichischen Landesmuseen auch als Fremdenführer in der Stadt Linz tätig.

---

[60] Die beruflichen und fachlichen Hintergründe der Musikvermittlerin wurden bereits im Kapitel 6.1.3. beschrieben.

In diesem Fallbeispiel treffen unterschiedliche Kompetenzen zusammen, die jedoch den Zugang zum Praxisfeld in seiner Vielfalt beschreiben. Im Bereich der Kulturvermittlung des Oberösterreichischen Landesmuseums arbeiten einerseits Expertinnen und Experten aus einer Kunstsparte, der Ethnologie oder der Geschichte. Das Arbeitsgebiet ist darüber hinaus ebenso für Quereinsteiger aus anderen Berufen und Tätigkeiten offen, die dem Mission Statement zur Kulturvermittlung zuarbeiten wollen, das in erster Linie die Animation und Begleitung der Besucherinnen und Besucher im Sinne einer lebendigen und persönlichen Auseinandersetzung mit Kunst, Geschichte und Kultur ins Zentrum stellt.

Wer soll durch die CD angesprochen werden?
Bereits in den ersten Besprechungen zu möglichen Vermittlungszugängen zu Anton Bruckner in Verbindung zur Bruckner-Gedenkstätte in Ansfelden wurde von Seiten der Kulturvermittlerinnen und -vermittler des Museums und der Vermittlerin in der Gedenkstätte betont, dass die überwiegende Zahl der Gäste Schulklassen aus dem Pflichtschulbereich seien, die der Gedenkstätte im Rahmen der Landeskunde zu Oberösterreich einen Besuch abstatten. Es wurde darauf hingewiesen, dass dabei viele Kinder mit migrantischem Hintergrund ins Museum kämen, die allerdings – ebenso wie die überwiegende Mehrzahl der aus Oberösterreich stammenden Kinder – zu Anton Bruckner kaum Bezüge herstellen können. Deswegen erweist sich das Schulzimmer aus der Zeit Anton Bruckners, das direkt an die Lebenswelt der Kinder anschließen kann, als die weitaus größere Attraktion des Museums, als der Orgeltisch aus St. Florian oder die Hörbeispiele, Noten und Bilder, die ebenso zu sehen sind.
Das Hörbuch soll in erster Linie Schülerinnen und Schüler aus dem Pflichtschulbereich ansprechen und ihnen vor oder nach dem Besuch der Gedenkstätte in einer knappen Stunde einen sowohl lebendigen historischen Eindruck zu Bruckners Leben vermitteln als auch durch Klangbeispiele und kurze musiktheoretische Erläuterungen Besonderheiten und Charakteristika des Symphonikers Anton Bruckner erschließen.
Das Hörbuch kann daher genauso von Lehrenden mit oder ohne musikalische Kenntnisse im Unterricht eingesetzt werden und ist nicht zuletzt durch ein umfassendes Booklet als Anregung für die weitere Befassung mit Anton Bruckner in Oberösterreich gedacht.
Darüber hinaus ist die CD auch im Museumsshop der Oberösterreichischen Landesmuseen und direkt in der Gedenkstätte Ansfelden für interessierte Familien erhältlich.

6.6   Wie vollzieht sich Übersetzung und Kontextualisierung in den fünf Fallbeispielen?

In den fünf Beispielen, die das Praxisfeld von Konzerten für Kinder, konzertpädagogischen Workshops für Jugendliche und Erwachsene bis zu Angeboten zur Wissensvermittlung zur Musik z.B. als Hörbuch aufspannen, stellen sich die Vermittlerinnen und Vermittler die Frage, wie sie Bedeutungen in der Musik für Menschen mit unterschiedlichen Vorerfahrungen erschließen können und kommunikative Prozesse in Gang kommen können, die einen „Dritten Raum" aushandeln, in dem Begegnungen mit und anhand von Kunst stattfinden. Alle fünf Zugänge wollen bei den Zuhörerinnen und Zuhörern die „Lesefähigkeit" von ästhetischen Ereignissen fördern und damit das subjektiv-private Empfinden von ästhetischen Symbolen ermöglichen.

6.6.1   Haydns „Jahreszeiten" als Anlass zur Welterfassung von Kindern

Eine musikalische Komposition, die vor über 200 Jahren in einem bürgerlich-aristokratischen Milieu vor dem kulturpolitischen Hintergrund eines aufgeklärten Katholizismus entstanden ist und Spiritualität aus der Kirche in den öffentlichen Konzertsaal transferiert, kann für Kinder im Heute bedeutungsvoll werden, wenn der dramaturgische Bogen eines Kinderkonzerts gedanklichen Spielraum für das Erfassen von Welt aus der Sicht eines Kindes zulässt und dabei zentrale Fragen des Miteinanders in Form von Freundschaft, Individualität, Gemeinschaft, Abschied und das Erleben von Natur in einer Geschichte formt, die die musikalischen Inhalte in ihrer eigenen symbolischen Sprache vertiefen kann.

Wenn die Übersetzung im Vermittlungsprozess ein Musikstück aus seinem ursprünglichen Kontext reißen darf und dabei symbolische Zeichen in einem interpretierenden Sinn rekontextualisiert, wird das in diesem Beispiel im doppelten Sinn geleistet. Die vorliegende Musik folgt einer Bearbeitung des Oratoriums für Harmoniemusik von Georg Druschetzky (1745–1819) – eine gängige Praxis, um groß besetzte Werke im privaten oder kleinen Kreis aufführen zu können. Der Bearbeitung einen inszenierten Handlungsbogen aus der Sicht des achtjährigen Joseph Haydn zur Seite zu stellen, führt zu einer weiteren Rekontextualisierung: „In Kindern begegnen Erwachsene sich selbst. Sie interessieren sich für sie mit den Fragen, die ihnen ihr Erwachsenenleben gerade aufgibt." (Elschenbroich 2001, S. 20)

In diesem Sinn schufen Erwachsene in und mit der Musik von Joseph Haydn einen „Dritten Raum", in dem sich Kinder und Erwachsene im Vermittlungsprozess begegnen und Kinder wie Erwachsene ästhetische Erfahrungen mit der musikalischen Symbolsprache von Joseph Haydn anhand einer Geschichte über den Alltag eines Kindes machen. Dabei werden keine Brücken zwischen gestern und heute geschlagen oder zwischen einem Komponisten der Wiener Klassik zu Kindern der Linzer Gegenwart, sondern im Interagieren von kulturellen Praktiken der Vergangenheit mit kulturellen Bedeutungen, die historisch unabhängig sind, Relevanz für Kinder und Erwachsene im Publikum und auf der Bühne hergestellt.

6.6.2 Kinder werden zu musikalischen Akteuren auf der Bühne

Die meisten konzertpädagogischen Programme, die eine längere Phase der Vorbereitung in einer Schulklasse nutzen können, arbeiten mit kompositorischen Gestaltungsprozessen, die Kinder und Jugendliche selbst zu Akteuren im Konzertleben machen. Der Ausgangspunkt des Veranstalters entscheidet darüber, ob dieser Prozess einem Referenzwerk, das im Konzert von Profis gespielt wird, zuarbeitet oder eine eigenständige Arbeit der jungen Komponistinnen und Komponisten sein soll. Im Fall von „Compose!" war lediglich die abschließende Einbettung in ein KinderMitmachKonzert der Universität gegeben, das jeweils aus Einzelbeiträgen von Studierenden bestand, die mittels eines roten Fadens der Moderatorin – in diesem Fall das Komponieren an sich – verbunden waren.

Bedeutungen von Musik wurden auf mehreren Ebenen ausgehandelt: zunächst fanden die Studierenden im Improvisieren zu einer neuen Haltung gegenüber dem künstlerischen Moment und dem Musizieren im und für den Augenblick. Dabei kommunizierten sie intensiv mit dem Komponisten und Konzertpädagogen: Musikvermittlung fand also zu allererst unter Musikerinnen und Musikern statt, die eine gemeinsame Richtung für die weitere Arbeit mit musikalischen Laien finden sollten. Die Lebenswelt der Studierenden, die bis dahin eine rezipierende musikalische Sozialisation erlebt hatten, musste mit der Arbeitsweise des Komponisten verbunden werden, um für Neues zu inspirieren. Erst in der Folge stellten sich für die Studierenden Fragen, die mit der Lebenswelt der Schülerinnen und Schüler zu tun hatten und wie deren Erfahrungen (mit der Stadt Linz, mit Orten, an denen kulturelle Ereignisse stattfinden, mit instrumentalen Fähigkeiten) ins Projekt zu integrieren wären.

Im Fokus der Arbeit stand das Ergebnis beider Prozesse: die Schülerinnen und Schüler sollten ihre musikalische Collage erfolgreich auf einer Bühne im Verlauf eines Konzerts, das von angehenden musikalischen Profis (Studierenden der Anton Bruckner Privatuniversität) bestritten wurde, präsentieren können, und die Erfahrung machen, eine gelungene eigenständige musikalische Arbeit vor einem öffentlichen Publikum zu präsentieren. Und Studierende sollten Mut gewinnen, ähnliche musikalisch-kommunikative Projekte mit ihren Instrumentalschülern zu versuchen und sich selbst dabei als Improvisatoren und dramaturgische Gestalterinnen zu erleben.

6.6.3   Den Forschergeist eines Komponisten im Publikum entzünden

Der konzertpädagogische Workshop zur Bedeutung der Volksmusik im Schaffen Béla Bartóks suchte nach Übersetzungsmöglichkeiten, die in der Arbeitsweise des Komponisten begründet liegen. Das forschende Interesse von Bartók und sein Umgang mit gefundenem Material bot dafür das geeignete Transportmittel.

Entsprechend der Prämisse, dass künstlerische Werke im Verlauf des Vermittelungsprozesses mehrdeutig werden können, entnahm das konzipierende Team einzelne charakteristische Skalen und Rhythmen aus dem Concerto für Orchester, um gemeinsam mit den Workshop-Teilnehmerinnen und -teilnehmern zu experimentieren und das musikalische Material in einen neuen Zusammenhang zu bringen.

Diese aktive Erkundung und Beforschung von ästhetischem Material wurde zunächst durch eine Einführung in die Arbeitsweise von Béla Bartók vorbereitet und in einen Kontext zu Bartóks Suche nach einer volksnahen und gewachsenen Tonsprache als Überwindung der Spätromantik gestellt. In der Moderation und Workshopleitung wurde eine Atmosphäre geschaffen, die im Mittelteil das gemeinsame Spielen mit Skalen, Rhythmen und Texten erleichtern sollte – die Teilnehmerinnen und Teilnehmer kannten sich vor dem Workshop nicht, ebenso waren musikalische Vorkenntnisse nicht erforderlich. Als zentrale Momente wurden Bartóks Neugierde, seine Reisefreudigkeit und seine ethnographische Leidenschaft für Musik, die aus der Region heraus entstanden ist, herausgearbeitet und als Haltung in den Workshop mitgegeben. Da ein Kontext urtümlicher Bäuerlichkeit im Wiener Konzerthaus mit einem städtischen Publikum nicht herstellbar war, wurde die Spielanleitung an den urbanen Kontext der Teilnehmer angepasst. Wichtig erschien dabei, das volkstümliche Element der musikalischen Schilderung von Alltag herauszugreifen, für den Workshop diente dafür das Benutzen öffentlicher Verkehrsmittel.

Wiederum war dabei nicht die Überbrückung unterschiedlicher kultureller Praktiken das Ziel, sondern das Interagieren in dieser Unterschiedlichkeit, um dem Publikum Möglichkeiten des Interpretierens an die Hand zu geben. Kontextualisierung und Rekontextualisierung stellten ein kreatives und deutendes Verfahren bei den Teilnehmerinnen und Teilnehmern ebenso wie bei Béla Bartók dar und wurde als künstlerische Praxis für das Publikum unmittelbar erfahrbar.

6.6.4 Wissen für alle!

Kinder-Vorlesungen vermitteln Phänomene der Wahrnehmung

Kultur für alle! So hieß das Schlagwort der 70er Jahre, um Zugänge zu Kunst und Kultur für bildungsnahe und -ferne Schichten zu gewährleisten. Die Vermittlung von Wissen, das an Universitäten und Hochschulen gelehrt wird, an Menschen weiterzugeben, die selbst nicht über diesen akademischen Abschluss verfügen, hat sogar eine noch längere Tradition. Ansätze zu populärwissenschaftlichen Veranstaltungen für Arbeiter gehen bis zum Ende des 19. Jahrhunderts zurück und fanden und finden in den Programmen der Volkshochschulen ihre kontinuierliche Fortsetzung.
Der neue Ansatz scheint allerdings darin zu liegen, dass sich nun dieselben Professorinnen und Lehrenden für die Vermittlung von Wissen für alle zuständig fühlen, die auch an Universitäten lehren. Ebenso differenziert sich die Zielgruppe der Studierenden aus und bildet in der Altersspanne zwischen 8 und 12 Jahren eine neugierige und wissbegierige Gruppe, die sich die Welt, die sie umgibt, auch theoretisch und reflektierend aneignen möchte.

Die Kinder-Vorlesung „Wie kommt der Rhythmus in die Musik" versuchte, das Kennenlernen rhythmischer Phänomene über den eigenen Körper zu vermitteln und als Puls und Metrum zusätzlich auszudifferenzieren. Innerhalb einer Stunde sollte bei den jungen Zuhörerinnen und Zuhörern ein komplexer Zusammenhang zwischen ihnen selbst in der Wahrnehmung des eigenen Pulses und ihren Erfahrungen mit Bewegungsabläufen, Kinderliedern und Kompositionen aus unterschiedlichen Stilrichtungen geschlossen werden. Die Musikvermittlerinnen wollten damit erreichen, dass der rhythmische Aspekt der Musik (neben Melodie und Harmonie) bei zukünftigen Musikerfahrungen als formgebendes Prinzip erkannt wird und im besten Fall unmittelbare Verknüpfungen mit eigenen körperlichen Wahrnehmungen möglich wird.

6.6.5 Die Biographie eines Komponisten für Kinder aufbereiten

Die Gestaltung eines Hörbuchs zur Biographie eines Komponisten steht in einer langen Tradition, Musik vergangener Zeit durch die biographische Kontextualisierung dessen, der diese Musik komponiert hat, zu erschließen. Für Kinder und Erwachsene herrscht ein großes Angebot an Büchern, Tonträgern und Filmen, die anhand der Lebensgeschichte von Mozart, Beethoven oder Bach Bezüge zu deren Werk herstellen.
Drei Besonderheiten zeichnen das Projekt „Auf den Spuren Anton Bruckners" darüber hinaus aus:

- Bruckners spröde Lebensgeschichte: Anton Bruckners Biografie bietet für die Lebenswelt der Kinder in der Gegenwart nur versteckte Ankerpunkte wie seine Schwierigkeiten, mit Frauen Beziehungen zu knüpfen, sein Streben nach Anerkennung oder seine unerschütterliche Leidenschaft für ein Instrument – die Orgel. Dagegen erscheint sein unspektakulärer Lebensweg als Lehrer, seine späte Entscheidung für die Musikerkarriere mit über 40 Jahren oder seine dominierende Gläubigkeit distanzierend für heutige junge Hörerinnen und Hörer.
- Die Gestalterinnen und Gestalter des Hörbuchs suchten nach Momenten im Leben Anton Bruckners und dessen Aufbereitung, die ein Drehbuch zur eigenen Beschäftigung mit dem Komponisten entstehen lassen sollten. Es wurde nach einschneidenden Erlebnissen geforscht, die sowohl phantasieanregend als auch paradigmatisch für sein Leben betrachtet werden konnten.
- Bruckners symphonisches Oeuvre: im Werk Anton Bruckners gibt es wenige Passagen, die ähnlich der „Kleinen Nachtmusik" oder „Für Elise" im Sinne der Aneignung Eingang in den musikalischen Alltag der Gegenwart gefunden haben. Die Ausschnitte auf der CD mussten also für sich wirken können und durften nicht darauf vertrauen, dass der Hörer bzw. die Hörerin die Musikstücke im Kopf vollenden könnte. Gleichzeitig sollten sie so sprechend sein, dass sie im Zusammenhang mit den Textstellen davor und danach als ästhetische Symbole verstanden werden konnten.
Der Auftraggeber des Hörbuchs ist ein Museum: Museen nutzen Kataloge, Audioguides in der Ausstellung und personale Kulturvermittlung, um aufbereitete künstlerische oder kulturelle Inhalte ihren Besucherinnen und Besuchern zu vermitteln. Statt eines Katalogs ein Hörbuch einzusetzen, das vor dem Ausstellungsbesuch in Bruckners Geburtshaus im Unterricht oder von Familien im privaten Zusammenhang rezipiert werden kann, ist ein junges Mittel zur kulturellen Auseinandersetzung im Museum.

Im Vergleich zu den beiden anderen Beispielen findet im Rahmen dieses Projekts Übersetzung in erster Linie in der Förderung der Lesefähigkeit von ästhetischen Ereignissen statt. Die kurzen musikalischen Ausschnitte und musiktheoretischen Erläuterungen dienen dazu, ästhetische Symbole verständlich zu machen und Codes zur Annäherung an die Musik und an den Menschen Anton Bruckner zu entschlüsseln.

7 Die Akteure der Musikvermittlung

7.1 Das Arbeitsfeld der Musikvermittlerinnen und -vermittler

„Kulturpädagog/in ist zunächst, wer sich als solches bezeichnet und kulturpädagogische Tätigkeiten mehr oder weniger professionell entsprechend Fachlichkeit (auch wenn es bezogen auf die Finanzierung ‚ehrenamtlich' bzw. ‚initiativ' ist) ausübt. Es gibt keine geschützte Berufsbezeichnung ‚Kulturpädagoge'..." (Zacharias 2001, S. 199)

Ebenso ist derzeit jeder Musikvermittler bzw. jede Konzertpädagogin, der oder die sich als solche/r bezeichnet. Musik vermitteln heute Menschen mit unterschiedlichen beruflichen Qualifikationen. Im Folgenden werden Akteure beschrieben und in ihrer Beziehung zur Musikvermittlung im Kulturbetrieb befragt, die als Kommunikatoren zwischen Bühne und Publikum und zwischen Musikbetrieb und interessierten Laien fungieren. Ihr jeweiliger Zugang zum Praxisfeld wird stark von ihrer Berufsausbildung geprägt, d.h. der Musikpädagoge geht an das Feld der Musikvermittlung mit pädagogischen Methoden heran, die Dramaturgin sucht nach Mitteln angewandter Musikwissenschaft, und Schauspieler sowie Regisseurinnen wenden ihr performatives Wissen und Können zur Gestaltung von inszenierten Konzerten an. Obwohl unterschiedliche Berufsgruppen im Feld der Musikvermittlung und Konzertpädagogik arbeiten, trägt das seit 10 Jahren zunehmend ausdifferenzierte Angebot an Fort- und Weiterbildung für die Akteure dazu bei, die berufliche Identität der Musikvermittlerinnen und Konzertpädagogen zu schärfen.

Einige charakteristische Trends für Kulturberufe im Allgemeinen zu Beginn des 21. Jahrhunderts gelten in jedem Fall für alle Musikvermittlerinnen und -vermittler:

- Offene Arbeitsformen:

Berufe am kulturellen Arbeitsmarkt passen meist nicht vollständig in abhängige Strukturen, die Erwerbslage der Musikvermittlerinnen und -vermittler bleibt individuell und prekär. Die Tätigkeit des Musikvermittelns wird oft neben anderen Berufen ausgeübt, bzw. fließt in die bisherige Arbeit befruchtend ein. Kulturberufe zeichnen sich generell durch vermehrte Selbstständigkeit aus, und es kommt häufig zur Kombination von mehreren verschiedenen Arbeitsverhältnissen. Selbstständigkeit und flexible Vertragsvereinbarungen haben einerseits den Vorteil der freien Zeiteinteilung, bringen aber andererseits Nachteile wie unterschiedliche Einkommensverhältnisse oder schlechte Ausgangspositionen bei Vertragsverhandlungen mit sich.

▪ Individualisierung:
Jeder Musikvermittler und jede Musikvermittlerin arbeitet unterschiedlich zu anderen. Die Lust an der Individualisierung prägt die Berufswahl und Qualifizierung in diesem offenen Tätigkeitsfeld, wobei sich die einzelnen Akteure gerne auf Basis persönlicher Sympathie vernetzen.

▪ Internationalisierung:
Kulturberufe sind oft global orientiert und Kulturinstitutionen als Arbeitgeber häufig in internationale Netzwerke eingebunden. Musikvermittlerinnen und -vermittler profitieren von internationalen Erfahrungen und Zugängen zum Arbeitsfeld, die für ihre eigene Arbeit immer wieder neue Perspektiven aufmachen.

▪ Informatisierung:
Neue Arbeitsmittel werden in kreativer Weise genutzt – Multimedia und soziale Netzwerke erzeugen im Zusammenhang mit Kulturberufen keine Versagensängste sondern willkommene zusätzliche Ausdrucks- und Kommunikationsmittel.

▪ Qualifikation:
Wie die meisten im Kultursektor Tätigen zeichnen sich auch Musikvermittlerinnen und -vermittler durch mehrfache Ausbildungen und damit durch überdurchschnittliche Qualifikationen aus. (Dostal 2003, S. 137–148)
Ein Blick nach Großbritannien verdeutlicht, dass allerdings auch nach Jahrzehnten institutionalisierter Kulturvermittlung und Ausbildung der Akteure das berufliche Prestige und damit das Einkommen der Vermittlerinnen und Vermittler im Verhältnis zu anderen Berufsgruppen, die im Kulturbetrieb tätig sind, gering bemessen wird. Nur wenige Leiter bzw. Leiterinnen von Kulturorganisationen erlangen ihre Positionen über den Berufsweg der Kulturvermittlung, dementsprechend betrachten sie Mitarbeiter und Mitarbeiterinnen in diesem Bereich nach wie vor als „second-class citizens, tolerated because education is an income source, or an adjunct of marketing." (Holden 2008, S. 16)
Eine Studie zum Einkommen von Arts Professionals in Großbritannien, die 2006 durchgeführt wurde, zeigt folgendes Bild (zit. nach Holden 2008, S. 26):[61]

---

[61] Die Zahlen beziehen sich auf ein Jahreseinkommen in britischen Pfund. „Education" bezeichnet den Bereich, dem Kulturvermittlerinnen und -vermittler angehören.

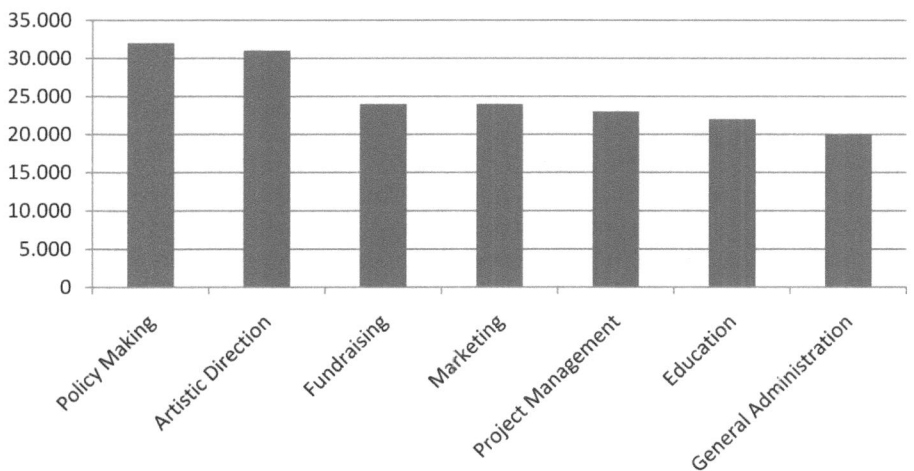

Einkommensübersicht Großbritannien

7.2 Die Akteure in ihrem beruflichen Umfeld

7.2.1 Musikpädagoginnen und -pädagogen

Der überwiegende Teil der derzeit tätigen Musikvermittler und Konzertpädagoginnen verfügt über eine instrumentalpädagogische oder eine allgemein musikpädagogische Ausbildung. Oft vertieft eine Schwerpunktsetzung im Bereich Elementarmusikpädagogik das Ausbildungsprofil. Musikpädagogen und -pädagoginnen gestalten sowohl den inhaltlichen Ablauf von Konzerten für Kinder oder Jugendliche als auch konzertpädagogische Workshops für Schulklassen oder Familien, zu denen sie Musiker und Musikerinnen aus dem Orchester begleiten. In einigen Fällen arbeiten sie auch konzertpädagogisch mit Lehrenden im Rahmen von Fortbildungsveranstaltungen, um ihnen die selbständige Vorbereitung für Konzerte zu erleichtern.
Im Fokus ihrer Auseinandersetzung mit den Bedürfnissen des Publikums steht das musikalische Erlebnis an sich. In ihrer Arbeit sehen sie sich nicht in erster Linie als die, die ihr Wissen über die aufgeführten Werke weitergeben möchten und auf einer kognitiven Ebene kulturelle Bildung im Sinne von Verständnis für die musikalische Gattung, die Kompositionsweise oder das kultursoziologische und historische Umfeld des Komponisten oder der Komponistin zu erschließen, sondern in einem unmittelbaren Sinn um das Öffnen der Ohren des Publikums.

„Ich bin nicht hauptberuflich Musikvermittlerin, sondern elementare Musikpädagogin. D.h. ich mache mir Gedanken darüber, wie kann ich Musik vermitteln – im
Unterricht und natürlich besonders auch in der Konzertgestaltung. Die Dramaturgie
eines Konzerts gleicht der elementaren Musikpädagogik: abwechselnd gibt es Spannung und Entspannung und die verschiedenen Handlungsfelder Hören, Bewegen,
Singen. ...Für mich ist es das allerwichtigste, dass ich ihnen musikalischen Besitz
nach Hause gebe, den sie da behalten in ihrem Herzen, in ihrem Kopf und mit dem
sie irgendwie weiterleben." [62]

Aufgrund ihrer Ausbildung verfügen sie über fundierte Kenntnisse bzgl. Aufmerk-
samkeitsspannen und Konzentrationsfähigkeit bei Kindern und Jugendlichen, sie
kennen die außermusikalischen Interessen der Kinder und Jugendlichen und
können daher in ihrer didaktischen Aufbereitung von musikalischen Elementen auf
die Lebenswelten des jungen Publikums Bezug nehmen.
Musikpädagogen und -pädagoginnen sehen sich in ihrer Tätigkeit immer mit der
Situation konfrontiert, dass sie für das und mit dem Publikum pädagogisch handeln,
die Umgebung des Konzertsaals und das Erlebnis Musikhören im Unterschied zum
regelmäßigen Unterricht in einem Klassenzimmer oder zum Einzelunterricht am
Instrument andere Zugänge und Erwartungshaltungen auf Seiten des Pädagogen
bzw. der Pädagogin und des Zuhörenden erfordert. Einerseits befindet sich im
Konzertsaal eine Gruppe von Menschen, die aufgrund des gemeinsamen Ortes und
des gemeinsamen Zwecks – Musik hören – miteinander verbunden ist, andererseits
ist das Hören von Musik ein höchst individueller Vorgang, der zwar Gruppengefühle
zulässt, aber bei jeder Person völlig unterschiedlich abläuft. Sich als Kind oder
Jugendlicher mit klassischer Musik an einem öffentlichen Ort auseinanderzusetzen,
ist entweder Ausdruck einer privat gelebten kulturellen Praxis (z.B. im Familienkon-
zert am Sonntagnachmittag) oder eine Exkursion in einer Gruppe von Gleichaltrigen
(Schülerinnen und Schüler oder Kindergartenkinder), die den Konzertbesuch als Teil
von erweitertem institutionellem Unterricht erleben.
Für das Handeln als Musikvermittler oder Konzertpädagogin stehen verschiedene
Methoden zur Verfügung, die sich den im dritten Kapitel beschriebenen Praxisfeldern „Moderiertes Konzert", „Inszeniertes Konzert", „Konzertpädagogischer Workshop" oder Einführungsvorträgen oder Musik vermittelnden Aktivitäten im Bereich
der Wissensvermittlung zuordnen lassen.

7.2.2   Instrumentalistinnen und Sänger

„Jeder Musiker, jede Musikerin will dem Zuhörer etwas mitteilen und vermitteln, mit
Musik eine Verbindung zum anderen herstellen; und jede Tonverbindung kann als

---

[62] Aus einem Interview der Verfasserin mit Bianka Wüstehube, Institutsdirektorin des Instituts für
Musikpädagogik der Anton Bruckner Privatuniversität [20.5.2006]

kommunikative Geste und als Brücke sowohl zwischen dem Inneren und dem Äußeren einer Person als auch zu anderen, zum Spieler und zum Publikum hin, verstanden werden." (Rüdiger 2006, S. 11)

Für Instrumentalisten und Sängerinnen bedeutet Musikvermittlung jenseits des Interpretierens eines Musikstücks auf der Bühne eine besondere Herausforderung. In ihrer Ausbildung streben sie die bestmögliche Wiedergabe einer Komposition an – im Idealfall authentisch, ausdrucksintensiv und stimmig. Dies erfordert neben Handwerk und interpretativer Kraft die routinierte Fähigkeit zur Konzentration. Daher wird es oft als schwierig empfunden, dieses Können um Moderation oder performative Elemente auf der Bühne zu erweitern. Viele wollen auf der Bühne nur als Interpretierende von Musik in Erscheinung treten, sozusagen als das Medium selbst, durch das Musik zum Klingen gebracht wird. Die Vermittlung hin zum Publikum soll ausschließlich durch die Musik selbst passieren. Sehr oft überschätzen Instrumentalisten und Sängerinnen dabei ihr Publikum. Da sie sich selbst seit früher Kindheit täglich mit Musik auseinandersetzen, fällt es nicht leicht, die Hör-Perspektive eines Konzertbesuchers oder einer Konzertbesucherin einzunehmen, bzw. sich vorzustellen, welche Erwartungen im Publikum abseits von Musik an das Live-Erlebnis Konzert bestehen. Einige Musiker und Musikerinnen suchen dennoch den Weg der Vermittlung und beschreiten dabei unterschiedliche Wege vom Moderierten bis zum Inszenierten Konzert:

Das Merlin Ensemble Wien beispielsweise sucht seit seiner Gründung 1991 als Kammermusikensemble die Zusammenarbeit mit Schauspielerinnen und Regisseuren, um gemeinsam musikdramatische Projekte zu entwickeln. Für die Aufführung ihrer Inszenierten Konzerte wählen sie neben klassischen Konzertorten auch gerne überraschende Kontexte wie Museen, wenn es für die Realisierung der Produktionen schlüssig erscheint. Zur Beschreibung ihres Ansatzes dient hier ein Konzertprogramm, das die Kreutzersonate von Ludwig van Beethoven zum Ausgangspunkt nimmt, diese mit der Kreutzersonate von Leoš Janácek verknüpft, die der Komponist anlässlich einer Tolstoi-Feier komponiert hat und dazu die gleichnamige Erzählung von Leo Tolstoi einflicht, die von einem Eifersuchtsdrama unter Eheleuten berichtet, die von Beethovens Kreutzersonate ausgelöst wurde. Das Merlin Ensemble Wien greift damit einen Gedanken auf, der bereits bei der Uraufführung der Komposition von Leoš Janácek umgesetzt wurde: 1909 wurde Beethovens „Kreutzersonate", eine Tolstoi-Rezitation und das neue Werk als Reflexion dazu wiedergegeben. Die Macht und die Wirkung von Musik stehen auch 100 Jahre später im Zentrum der Gestaltung des Ensembles. Für das Publikum entfaltet sich rund um die drei künstlerischen Zugänge, die konzentrierte Setzung der Übergänge zwischen den Musikstücken und die Qualität der Rezitation ein vielfältiger Kontext von Interpretation und Bedeutung, der das Konzerterlebnis zu einem nachhaltigen Ereignis macht und es aus dem Routinekonzertbetrieb herausragen lässt.

Die Ideen zu diesem Konzertprogramm und zu vielen anderen entstehen im Dialog zwischen Instrumentalisten, Dramaturginnen und Schauspielern und führen zu performativen Hörerlebnissen, die intellektuell und emotional herausfordern.

Ganz anders involvieren sich Orchestermusiker und -musikerinnen in das Praxisfeld der Musikvermittlung, wenn sie in kleinen Teams konzertpädagogische Workshops an Schulen zur Vorbereitung zu Konzerten des gesamten Orchesters machen:

> „Für mich ist es sinnvoll, ein Stück für Kinder intensiv vorzubereiten und dabei weg von der reinen Instrumentenpräsentation zu kommen, sondern gemeinsam mit den Kindern zu musizieren. Die Kinder genießen es, wenn sie mit Musikern des Orchesters spielen können.... Auch bei den Kollegen merkt man, dass sie Spaß daran haben: sie sitzen anders in der Probe, engagierter, haben mehr Kontakt zueinander und mehr Verantwortungsgefühl für das Gelingen des Konzerts.“[63]

Allein oder in Teams zu zweit verlassen die Orchestermusiker und -musikerinnen ihren Alltag für den Besuch von Schulklassen. Dort erfahren sie unmittelbares Feedback zu ihrer Arbeit und finden neue Kommunikationsräume für ihre kulturelle Praxis.

7.2.3   Komponistinnen und Komponisten

Bernhard König, heute einer der bekanntesten Komponisten-Konzertpädagogen Deutschlands, berichtet über seine Anfänge als Konzertpädagoge Mitte der 90er Jahre des vorigen Jahrhunderts:

> „Als ‚gelernte‘ Komponisten sind wir – wie viele andere Kollegen aus der Kulturvermittlungsbranche – von einem Berufsverständnis und einer Ausbildung geprägt, die ganz und gar in der Tradition des staatlich subventionierten Kulturbetriebs … steht. Jahrzehntelang hatte in diesem System die Utopie einer nahezu uneingeschränkten künstlerischen Autonomie eine ökonomische Entsprechung und Grundlage gefunden und war auf diese Weise ein Stück weit Realität geworden …“ (König 2005, S. 255f.)

König verließ wie viele seiner Komponistenkollegen die Hochschule ohne klare Vorstellungen, wie er als Komponist im Kulturbetrieb Fuß fassen könnte. Seine Lehrenden gingen noch von einer Subventionskultur aus, die zeitgenössische Musik durch öffentlich-rechtliche Rundfunkanstalten und an gut subventionierten Theatern, Opernhäusern und Konzerthäusern förderte. Komponisten und Komponistinnen kümmerten sich um ästhetische Inhalte, der Kulturbetrieb um Öffentlichkeits-

---

[63] Aus einem Interview der Verfasserin mit Albert Landertinger, Leiter der Education-Abteilung „Move On“ des Bruckner Orchesters Linz [8.5.2006]

arbeit und Audience Development. Erst das Ende der 90er Jahre und die Krise der öffentlichen Förderpraxis führte im Bereich der Neuen Musik zu einer Intensivierung der Musikvermittlung und Konzertpädagogik im deutschsprachigen Raum – einerseits auf der Suche nach einem interessierten Publikum, andererseits auf dem Weg heraus aus einem elitären autonomen Kunstverständnis.

Komponisten und Komponistinnen, die diese hermetische Position verlassen können, finden eine neue künstlerisch-pädagogische Autonomie: als „Experten für das Erfinden von und Suchen nach Musik" erhalten sie in der Tätigkeit als Musikvermittler und Konzertpädagogin eine neue Vielfalt an Begegnungen mit ihrem (jungen) Publikum und darüber hinaus zahlreiche Ideen und Anregungen für ihre eigene künstlerische Arbeit. (König 2005, S. 251–259)

> „Die Arbeit mit offenen Formen, das Überbordwerfen von überkommenen Selbstverständnissen gehört zu meinem Selbstverständnis als Künstlerin. Es geht ständig um die Schaffung von Strukturen, ob sie jetzt klingen oder nicht. Insofern würde ich sagen, es hat zumindest für mich sehr viel mit Musik zu tun." (Elisabeth Schimana in Schneider/Bösze/Stangl 2000, S. 94)

So beschreibt eine Komponistin die Arbeitsweise im Verlauf des Projekts „Klangnetze", das Schülerinnen, Komponisten und Lehrerinnen in gemeinsame künstlerische Arbeitsprozesse involviert.

Von 2002 bis 2006 lief in Finnland ein Composer-in-Residence-Programm an Musikschulen – vergleichbar der Initiative der Wiener Musikschulen „Musik im Hier und Jetzt 2006". Waren in Wien 17 Komponistinnen und Komponisten an Musikschulen vor Ort, um mit den Kindern entweder zu komponieren oder mit ihnen gemeinsam zeitgenössische Werke aufzuführen, arbeiteten in Finnland 21 Komponistinnen und Komponisten aller Stilrichtungen an Musikschulen und Konservatorien, um finnische Neue Musik zu verbreiten. Gemeinsam mit den Lehrenden an den Musikschulen entwickelten die Komponistinnen und Komponisten ihre Projekte: „There was very little one-to-one academic training in composition – oddly perhaps, the composers themselves felt that group tuition was the most appropriate option,"[64] sagt Timo Klemettinen, Direktor des Dachverbandes der finnischen Musikschulen. Markus Fagerudd, der u.a. bei Olli Kortekangas an der Sibelius Akademie und bei Wolfgang Rihm in Karlsruhe studierte und in Finnland besonders als Komponist von Werken für das Musiktheater in Erscheinung tritt, wählte für den Beginn seiner Kompositionsarbeit mit den Kindern der Musikschule Lappeenranta einen ungewöhnlichen Impuls: gemeinsam gingen er und die Schülerinnen und Schüler in einen nahe gelegenen Wald und begruben dort feierlich alle Ängste, die sie im Bezug auf das kommende Projekt hatten – Markus Fagerudd machte dabei den Anfang. Als

---

[64] Pietilä, Riita: Making music with young people: Markus Fagerudd is adopted by a music school. In: Finnish Music Quartely 3/2006 "Music Education in Finland – Music for all", S. 24-28

Folge seiner Arbeit an der Musikschule wurden Improvisation und Komposition in den Regellehrplan für alle Musikschülerinnen und -schüler aufgenommen.

Für zeitgenössisches Musikschaffen Interesse zu wecken und dabei auch außergewöhnliche Wege zu gehen, hat spätestens seit Arnold Schönberg und der Gründung seines Vereins für Privataufführungen Tradition. Viele Werke der Neuen Musik werden nicht öfter als ein- oder zweimal aufgeführt, nur wenige Stücke schaffen es ins Repertoire des Konzertbetriebs und haben damit die Möglichkeit, vom Publikum öfter als ein einziges Mal rezipiert zu werden. Komponistinnen und Komponisten des 20. und 21. Jahrhunderts suchen die Kommunikation mit ihrem Publikum also vermehrt auch jenseits der musikalischen Sprache. Gesprächskonzerte, Einführungen und neue Konzertsettings, die z.B. Visualisierung ins Konzertgeschehen integrieren, haben gerade im Bereich der Neuen Musik stilprägende Wirkung.

7.2.4   Dramaturginnen und Dramaturgen

Dramaturgie ist grundsätzlich ein Begriff, der aus dem Theater- und Opernbereich stammt, zunehmend aber auch im Konzertbetrieb heimisch geworden ist. Dramaturgie bezeichnet ein Tätigkeitsfeld, das musik- oder kulturwissenschaftliche Kenntnisse in den laufenden Betrieb eines Konzerthauses einfließen lässt. Die Arbeit eines Dramaturgen oder einer Dramaturgin richtet sich nach innen, wenn es um die inhaltliche Planung von Konzertreihen für unterschiedliche Alters- und Zielgruppen geht und nach außen, wenn es um den Kontakt zum Publikum und einer am Kulturleben interessierten Öffentlichkeit geht.

> „Mich prägt ein sehr weiter Kulturbegriff – für mich ist Kultur das gesamte Lebensumfeld, in dem jemand aufwächst und in dem er sich bewegt. Und damit hat Kultur sehr viel mit Selbstdefinition und vielfältigem Wahrnehmen zu tun."[65]

Als Berater des Intendanten oder der Konzerthaus-Leiterin prägt sein Verständnis von Kultur und kultureller Praxis die Programmatik eines Veranstaltungsortes entscheidend mit.

Während im Theater oder in der Oper seine Fähigkeiten bei der Redaktion von Libretti und ihre Zusammenarbeit mit Bühnenverlagen und zur Auswahl des Aufführungsmaterials gefragt sind, tritt für Dramaturginnen und Dramaturgen im Bereich der Musikvermittlung stärker die Aufgabe der Auswahl und Betreuung geeigneter Ensembles bzw. seine und ihre Initiative, unterschiedliche künstlerische Partner für ein Projekt zusammenzuführen, in den Vordergrund.

---

[65] Aus einem Interview der Verfasserin mit Johanna Möslinger, Musikvermittlerin an der Philharmonie Luxembourg [24.7.2006]

„Was für mich wichtig ist, ist dass derjenige, der das Konzert konzipiert, die Musiker, die dahinter stehen, etwas haben, was sie tatsächlich mitteilen wollen. Was wollen sie beim Zuhörer eigentlich mit ihrer Produktion erreichen? Und mit welchen Mitteln wollen sie das erreichen? Wieso soll die Geschichte genauso transportiert werden?"[66]

Oft übernimmt der Dramaturg oder die Dramaturgin die Redaktion der Abendprogrammhefte und hält Einführungsvorträge vor Konzerten – dabei bewähren sich seine musikwissenschaftlichen Kenntnisse im verständlichen Sprechen und Schreiben über Musik für musikalische Laien und interessiertes Publikum.

7.2.5   Schauspielerinnen und Regisseure

Schauspielerinnen und Regisseure haben viel dazu beigetragen, dass sich Konzerte für Kinder als inszenierte Konzertformen weiterentwickelt haben. Vom „Märchen mit Musik" über Geschichten von Instrumenten, die als Tiere oder Fabelwesen personifiziert im Verlauf des Konzerts verschiedene Abenteuer erleben bis hin zu assoziativen Kombinationen von Musik, Schauspiel und Licht hat sich eine große Bandbreite an Möglichkeiten der szenischen Auflösung von musikalischen Inhalten entfaltet.
Erster Impulsgeber für die Verknüpfung von Theater und Musik in Österreich war Marko Simsa. Aus dem Kindertheater kommend, stellten seine beiden Produktionen „Vivaldi für Kinder" und „Mozart für Kinder" in den 80er Jahren erste Schritte in Richtung einer szenischen Aufbereitung von musikalischen oder biografischen Elementen der beiden Komponisten dar. Die Musikerinnen und Musiker des Vivaldi-Konzerts setzten Mützen auf, wenn der Winter Einzug in die „Vier Jahreszeiten" hielt, die zuhörenden Kinder nahmen im Verlauf von Mitmach-Aktionen unterschiedliche Rollen ein: sie wurden zu Pferden, die die galoppierende Kutsche des jungen Mozart durch Europa begleiteten oder zu klatschendem Regen, der das Sommergewitter akustisch beschreibt.

„Ich bin Schauspieler und Erzähler – Schauspieler nur in dem Sinn, dass ich auf der Bühne bin und meine Rolle als Erzähler oder Moderator spiele. Ich sehe meine Arbeit als darstellerisches Handwerk – ob das auch pädagogische Züge hat, weiß ich nicht. Ich hoffe, dass es pädagogisch wertvoll ist, was ich mache und dass die Kinder eine Stunde lang konzentriert zuhören und es ihnen Freude bereitet."[67]

In der Folge entwickelte Simsa diesen Ansatz weiter und etablierte eine neue Form von Kinderkonzerten, die die bisher gängigen Erzähl- und Moderationskonzerte ergänzte bzw. in Österreich überwiegend ablöste und beeinflusste damit die Szene

---

[66] Ebda.
[67] Aus einem Interview der Verfasserin mit Marko Simsa, Schauspieler und Musikvermittler [10.4.2006]

der Kinder- und Jugendkonzerte nachhaltig: immer mehr Musikerinnen und Musiker, die für diese Altersgruppe Konzerte konzipieren, arbeiten dabei mit Kolleginnen
und Kollegen aus dem Schauspiel zusammen. Gemeinsam entstehen Programme,
die musikalische Themen szenisch aufbereiten, sei es durch Schauspieler, die durch
das Konzert führen oder Regisseurinnen, die gemeinsam mit Schauspielern und
Musikerinnen ein Genre entwickeln, das zwischen Konzert und Theater angesiedelt
ist und mit der Bezeichnung „Inszeniertes Konzert" bereits beschrieben wurde.
Gerade bei jungen Kindern ist die Aufbereitung von musikalischen Themen durch
Geschichten und Personen ein attraktiver Weg, künstlerische Zugänge altersgerecht
erlebbar zu machen. Manchmal wird dabei die Grenze zwischen Konzert und
Musiktheater zugunsten des Theaters verschoben und die Auseinandersetzung mit
Musik und dem Hören tritt vor den narrativen und performativen Elementen des
Schauspiels in den Hintergrund.
Für viele Veranstalter und Festivals stellt sich dieses ästhetische Phänomen nur am
Rande als Problem: Stattdessen erweitern sie die Kulturform des Kinderkonzerts um
Kammerversionen von Opernliteratur, Marionettentheater mit Klavier, experimen-
telle Klanginstallationen und vielfältige performative Ausdrucksformen.

7.2.6   Musikvermittlerinnen und -vermittler im Konzertveranstaltungsbereich

Im Organisationsgefüge größerer Konzertveranstalter gibt es Aufgaben, die je nach
Tradition des Hauses unterschiedlich benannt bzw. besetzt werden: So laufen im
Künstlerischen Betriebsbüro alle Fäden der Organisation zu Konzerten zusammen,
in der Dramaturgie werden Konzepte für Veranstaltungsreihen konzipiert und
Kommunikationsmedien wie Programmhefte oder das Internet betreut, geschrieben
und redigiert, während die Abteilungen für Öffentlichkeitsarbeit und Marketing für
die Präsenz in den Medien und die Vermarktung von Konzertreihen verantwortlich
sind.
Musikvermittler und -vermittlerinnen finden ihren Tätigkeitsbereich meist entweder
in der Dramaturgie oder in der Öffentlichkeitsarbeit. Manchmal übernimmt der oder
die für Musikvermittlung Zuständige auch gleichzeitig organisatorische Agenden aus
dem Betriebsbüro.
Zwei große in Wien ansässige Konzertveranstalter, Wiener Musikverein und
Jeunesse, haben die Profile im Feld der Musikvermittlung bspw. folgendermaßen
entwickelt:
Der Wiener Musikverein widmet seit über 20 Jahren eine Stelle den Kinder- und
Jugendprojekten: Die Musikvermittlerin konzipiert und gestaltet kontinuierlich
Konzertreihen für verschiedene Altersstufen und moderiert Proben und Künstler-
gespräche für Schulklassen. Dabei ist sie gleichzeitig für organisatorische Belange
wie das Aushandeln von Verträgen, das „Einkaufen" fertiger Produktionen, das

Entwickeln neuer Formate gemeinsam mit den Künstlerinnen und Künstlern und das dramaturgische Aufarbeiten der Konzertinhalte im Programmheft verantwortlich.[68]

> „Ich hoffe, dass es in Zukunft eine zunehmende Kommunikation zwischen Bühne und Publikum geben wird. Ich glaube, dass das wichtig ist, damit das Konzertleben nicht ganz zum Museum verkommt."[69]

Bei der Jeunesse gibt es eine eigene Stelle für Kinder- und Jugendprojekte seit rund 10 Jahren. Ebenso wie im Musikverein sorgt die oder der Verantwortliche für die Zusammenstellung geeigneter Konzertreihen für unterschiedliche Altersgruppen und ist dabei für das Aushandeln von Verträgen genauso verantwortlich wie für die inhaltliche Gestaltung der Programmhefte und die Weiterentwicklung der Musikvermittlung für alle Altersgruppen. So bietet die Jeunesse zusätzlich zu den Konzertreihen für Kinder auch Workshops zur Musikvermittlung für Familien oder Lehrlinge an.[70]

Ähnliche Organisationsmodelle für Musik- bzw. Kunstvermittlung prägen in Österreich Einrichtungen wie die Internationale Stiftung Mozarteum in Salzburg mit einem neuen Jugendreferenten[71] oder das FestSpielHaus St. Pölten mit einer eigenen Abteilung Kunstvermittlung[72], die sich um Belange der interdisziplinären Vermittlung von Tanz und Musik bemüht.

Musikvermittlung im Veranstaltungswesen ist sowohl von kulturpädagogischen Zielen der Mitarbeiterinnen und Mitarbeiter getragen als auch den Erfordernissen des Audience Development für die gesamte Organisation geschuldet. Berufsbiografien der einzelnen Stelleninhaber und -inhaberinnen zeigen unterschiedliche Karriereverläufe, die zur Musikvermittlung im Veranstalterwesen führen: Theaterwissenschaftler, Musikwissenschaftlerinnen, Musikpädagogen, Kulturpädagoginnen, Kulturmanager oder Öffentlichkeitsarbeiterinnen finden sich in diesem Segment und prägen das Berufsprofil durch Vielfältigkeit und Kommunikationsfähigkeit zwischen Management und Vermittlung.

Die Veranstalter an der Spitze von Konzerthäusern setzen mit eigenen Stellen für Musikvermittlung Signale für das Verständnis von Audience Development in ihrer Institution: Kinder und Jugendliche werden in ihren eigenen Bedürfnissen wahrgenommen und als Publikum von heute und von morgen gesehen, das möglichst früh

---

[68] Aus einem Interview der Verfasserin mit Marko Simsa, Schauspieler und Musikvermittler [10.4.2006]
[69] Aus einem Interview der Verfasserin mit Désirée Hornek, Leiterin der Education-Abteilung des Wiener Musikvereins [3.5.2006]
[70] http://www.jeunesse.at/musikvermittlung.html [14.4.2009]
[71] http://www.mozarteum.at/07_Jugend/07_Jugend.asp?SID=608207445163551&PAGE=2 [14.4.2009]
[72] http://www.festspielhaus.at/kunstvermittlung/kalendarium [14.4.2009]

an die Institution genauso wie an die Kulturform Konzert gebunden werden soll –
aus wirtschaftlichen und allgemein kulturpolitischen Überlegungen heraus.

7.3   Ausbildung, Weiterbildung und Fortbildung zum Musikvermittler und zur Konzertpädagogin

Während in Großbritannien oder den USA bereits seit einigen Jahren bzw. Jahrzehn-
ten Ausbildungen zur Musikvermittlung bzw. „Education", „Community Music" und
„Outreach Projects" angeboten werden, sind die Aus- und Weiterbildungsmöglich-
keiten in Österreich, Deutschland und der Schweiz noch auf einzelne Module im
Rahmen von Musikstudien und wenige Weiterbildungslehrgänge beschränkt.
Drei unterschiedliche Zugänge zur Professionalisierung der Musikvermittler und
Konzertpädagoginnen prägen das Lernen von Fähigkeiten und Fertigkeiten und das
Erlangen von entsprechenden Kompetenzen:
- die Ausbildung während des Studiums zum Instrumentalmusiker bzw. zur
  Musikpädagogin
- die Weiterbildung nach dem Studium: meist schließt diese nicht unmittelbar
  an das Grundstudium an, sondern wird erst nach einigen Jahren im Beruf als
  notwendig erachtet.
- Einzelne Fortbildungen zu spezifischen Themen der Musikvermittlung wie
  Moderation, Bühnenpräsenz oder Musikauswahl bei Kinderkonzerten.

7.3.1   Ausbildungswege

In Deutschland entwickelte sich das heutige Spektrum von unterschiedlichen
Ausbildungs-Angeboten zur Kulturvermittlung aus drei Strängen:
- Führungskräfte der Kulturverwaltungen durchliefen ursprünglich allgemeine Verwaltungsausbildungen, einschlägige geisteswissenschaftliche oder ju-
  ristische Studien und ab den 80er Jahren Weiterbildungen zum Kulturmanagement. Darüber hinaus boten Verbände, Bundes- und Landesakademien
  spezifische Fort- und Weiterbildungen zu den fachlichen Bedürfnissen an
  Museen, Theatern, Bibliotheken oder Konzerthäusern an.
- Seit den späten 60er Jahren gab es zusätzlich Angebote zur Kunst- und Freizeitpädagogik, die für die neuen Arbeitsfelder im Bereich der kulturell-
  ästhetischen Bildung in der Soziokultur, der Stadtteilkultur, der sozialen Kulturarbeit und außerschulischen Kinder- und Jugendkultur qualifizieren sollten.
- Der dritte Strang verband Studium und spätere kulturvermittelnde Berufspraxis in den Volkskunde-Studiengängen der Universitäten. „Empirische
  Kulturwissenschaft" in Tübingen oder „Kulturanthropologie und europäi-

sche Ethnologie" gehörten zu den ersten, die diesen neuen Anforderungen Rechnung trugen.

Als 1979 der erste grundständige Studiengang „Kulturpädagogik" an der Universität Hildesheim gegründet wurde, wirkte dies wie ein Startschuss für die eigenständige Qualifizierung für kulturelle Praxisfelder. Ab der Mitte der 80er Jahre entstanden auch an anderen deutschen Hochschulen neue Studien für Kulturvermittlung, Kulturarbeit und Kulturwissenschaften, bevor sich Ende der 80er Jahre wiederum ein Schwerpunkt in Richtung Kulturmanagement ablesen ließ und sich damit auch die gesellschaftspolitische Entwicklung von „Kultur für alle" in den 70er Jahren hin zu Kunst und Kultur unter ökonomischen Gesichtspunkten in den 80er Jahren wieder spiegelte.

Etwa 30 Jahre später hat sich das Feld der Aus- und Weiterbildungen weitgehend stabilisiert und zunehmend ausdifferenziert. Heute gibt es grundständige und postgraduale Studiengänge zu Kultur-, Theater-, Museums-, Musik- und Medienmanagement, zur Kulturverwaltung, zu Kulturarbeit in sozialen und soziokulturellen Feldern, Kultur-, Spiel- und Freizeitpädagogik und zur Musik- und Kunstvermittlung. (Wagner 2005, S. 133–142)

Beispiele für grundständige Ausbildungen zur Kulturvermittlung in Deutschland

„Angewandte Kulturwissenschaft" an der Universität Lüneburg

1986 wurde in Lüneburg der Studiengang „Angewandte Kulturwissenschaften" gegründet, der einerseits wissenschaftsbezogen auf die „Neuen Kulturwissenschaften" Bezug nimmt und andererseits einen Praxisbezug akzentuiert, der auf kulturelle Berufsfelder flexibel vorbereiten soll. Die Studierenden belegen ein Hauptfach aus insgesamt sieben Fächern (z.B. Kunst- und Bildwissenschaften, Musik oder Kulturtheorie) und kombinieren dieses mit Nebenfächern, wobei hier das Nebenfach „Kulturvermittlung und Kulturorganisation" näher vorgestellt werden soll:

„Kulturvermittlung und Kulturorganisation" sieht das Fach aus einer kultursoziologischen Perspektive, die sich in empirische Kultursoziologie (z.B. Rezeptionsforschung, Bevölkerungsbefragungen, Besucherbefragungen), universale Kulturökonomie, Stadtsoziologie und Organisationssoziologie aufsplittet. Kulturvermittlung selbst wird im Spannungsfeld von Produktion (Kreation), Konsumtion (Rezeption) und des vermittelnden Feldes Distribution wahrgenommen und geht dabei von vier Annahmen aus:

- Kulturvermittlung verfolgt einen Kommunikationsansatz im Sinne von Übersetzung: Kultur ist in diesem Verständnis ein Kommunikationsmittel, mit dem Moral und Werte sowie Funktionen und Beziehungen ausgetauscht werden können. Vermittlung dient dabei als Übersetzerin und Dolmetscherin von Tauschgeschäften, wenn sie Inhalte vom Sender zum Empfänger transportiert. Dies tut sie genauso zwischen Kunstproduktion und Kulturrezeption wie zwischen Geldgebern und Geförderten und greift dabei – wenn notwendig – steuernd ein.

- Kulturvermittlung verfolgt einen Sozialisationsansatz im Sinne einer Identitätsagentur: Um kulturelle Kompetenz zu erwerben, bedarf es einer Vielzahl an Informationen und Erfahrungen in kulturellen Feldern, die lebenslang erworben werden. Kulturvermittlung steht dabei beratend zur Seite, wenn sie Wissen über Kunst, Medien oder Design auswählt und zur Verfügung stellt. Dies tut sie vermehrt im Sektor der Cultural Industries, wenn sie beispielsweise in der Werbung vergangene Traditionen oder fremde Kulturen zur Gestaltung von neuen Symbolen mischt und auf den Markt bringt.
- Kulturvermittlung ist Teil des Massenkonsums: Lüneburg sieht eine wesentliche Aufgabe von Kulturvermittlung darin, Kultur in einer postmodernen Gesellschaft von 'high brow' und 'low brow' auf 'no brow' zu bringen. Unterschiede zwischen Hochkultur und Populärkultur sind zunehmend schwieriger zu erfassen, wenn Alltagsobjekte zur Ausdifferenzierung von (Lebens-)Stilmerkmalen verwendet werden. Kulturvermittlung soll durch ihre Einbettung in den Konsum dazu beitragen, dass Kultur zur Auflösung statt zur Verstärkung sozialer Differenzierung beiträgt.
- Kulturvermittlung versteht sich als Distributionsinstanz: Dieser Bereich fasst Themen der Kulturvermittlung zusammen, die sich mit kultureller Organisation von der Produktion zur Konsumtion befassen – mit Management, Evaluation und Rezeption und nimmt damit wieder unmittelbar Bezug zum Spannungsfeld Produktion, Distribution und Konsumtion. (Kirchberg 2005, S. 150–162)

Die Universität Lüneburg grenzt sich mit diesem Verständnis von Kulturvermittlung von jeglichem kulturpädagogischen Zugang klar ab und verfolgt ein stark soziologisch untermauertes Ausbildungsfeld, das vor allem auf Berufe im urbanen kulturellen Zusammenhang abzielt.

„Kulturwissenschaften und ästhetische Praxis" an der Universität Hildesheim

„Der Kulturvermittler muss weder Künstler noch Wissenschaftler sein, aber er braucht den künstlerischen und den wissenschaftlichen Blick, der die jeweilige Kunstform ebenso genau im Auge hat wie die Adressaten, die mit ihr kompetent umgehen sollen." (Kurzenberger 2005, S. 170)

Wie bereits erwähnt stellt der Studiengang „Kulturwissenschaften und ästhetische Praxis" mit seiner Gründung 1979 den ältesten deutschsprachigen Studiengang für Kulturvermittlung dar. Bevor Hildesheim Universität wurde, gab es bereits an der

Vorgängerinstitution, einer Pädagogischen Hochschule, den Studiengang „Kultur-pädagogik", der stark an das polyästhetische Konzept von Wolfgang Roscher ange-lehnt war. Aus dieser Gründungsgeschichte haben sich in den letzten 30 Jahren drei kulturwissenschaftliche Studiengänge herauskristallisiert, die inzwischen alle den pädagogischen Anspruch in der Benennung gestrichen haben und auf die kulturwis-senschaftlichen Trends der jüngsten Vergangenheit Bezug nehmen:

- Kulturwissenschaften und ästhetische Praxis
- Kreatives Schreiben und Kulturjournalismus
- Szenische Künste

Die beiden letzteren Angebote sind vertiefende Spezialstudiengänge, die dem Ausgangsstudiengang zu Seite stehen. „Kreatives Schreiben" bezieht sich auf die angelsächsische Ausbildungtradition des 'Creative Writing' und setzt einen Schwerpunkt in der Schriftkultur als unerlässlichem Werkzeug der Vermittlung. „Szenische Künste" betont den *Performative Turn* der Kulturwissenschaften und greift Ansätze auf, die Kunst und Kultur als Inszenierungsprozesse und performative Ereignisse begreifen.

Studierende machen zunächst eine künstlerische Eignungsprüfung in ihrem Haupt-fach (Theater, Literatur, Medien, Bildende Kunst oder Musik) und verschränken und vertiefen dann ihre eigene künstlerische Praxis mit kulturwissenschaftlichen Inhal-ten und kulturpolitischen sowie kulturorganisatorischen Kompetenzen.

Die Hildesheimer Studienverantwortlichen charakterisieren ihr Ausbildungsangebot im Spannungsverhältnis von Kunst, Wissenschaft, Vermittlung und Berufspraxis und betonen, dass eine Verschiebung des Ganzen zugunsten eines Bereiches den Hori-zont verengen würde und das Ausbildungsspektrum, das auf Reibung und Differenz angelegt ist, reduzieren würde. In diesem Sinne ist es ihnen ein Anliegen, ihre Studierenden zu Vermittlungskompetenz, Ästhetischer Kompetenz, Wissenschaftli-cher Kompetenz und Managementkompetenz zu führen, ohne dabei aus dem Auge zu verlieren, dass diese Kompetenzen in der Praxis oft ineinander fließen und erst in der Verbindung und Verknüpfung wirksam werden.

> „Der Kunstvermittler aber sollte in seiner Ausbildung so kunstkompetent und so begriffsstark werden, dass er im späteren Beruf auch überholte Kunstvorstellungen und Kunstkonventionen dieser Art zu benennen weiß und sie hinter sich lassen kann." (Kurzenberger 2005, S. 166)

Die Universität Hildesheim grenzt sich in diesem Verständnis deutlich von kultur-vermittelnden Ansätzen ab, die als Dienstleistung im Rahmen einer kulturellen Ereignisgesellschaft aufgefasst werden könnten. Die Funktion von Kunst würde durch Kulturvermittler und Kulturvermittlerinnen als „Schmier-Maxen, die die Kultur in Betrieb und in Fahrt halten" (Kurzenberger 2005, S. 166) in ihrer Eigenheit nur schlecht wahrgenommen. Kunst sollte zwar nicht zum auratischen (Selbst-)

Verständnis zurückkehren, jedoch auf ihren Eigensinn beharren, der neuen Sinn anregen und produzieren kann.

Gleichzeitig sieht der Hildesheimer Studiengang in einer „falschen Pädagogisierung der Kulturvermittlung" (Kurzenberger 2005, S. 166) das „Heruntervermitteln von Kunst". Der Studiengang möchte seine Studierenden dazu anregen, die Einmaligkeit jeweiliger Vermittlungssituationen anschaulich zu machen und ihre künstlerische Kompetenz dabei herauszufordern. (Kurzenberger 2005, S. 161–171)

„Kulturarbeit" an der Fachhochschule Potsdam

Das dritte und letzte Beispiel soll die Schwierigkeit des Begriffs „Kulturvermittlung" veranschaulichen: Die Fachhochschule Potsdam sieht sich in einer Reihe von 40 vergleichbaren „kulturvermittelnden Studiengängen" (Voesgen 2005, S. 173) in Deutschland, die sich aus den Studiengängen zum Kulturmanagement heraus entwickelt haben und versteht Kulturvermittlung als neues Kulturmanagement.

„Kulturarbeit" an der Fachhochschule Potsdam wurde 1995 als Modellversuch eingerichtet und ist sei 2000 ein grundständiges Regelangebot, das für Schlüsselqualifikationen in allen kulturellen Tätigkeitsbereichen ausbilden soll. Das Studium hat zum Ziel, einen Typus von kulturvermittelnden Berufen zu etablieren, im Bezug auf die besondere Lage der Fachhochschule ost- und westdeutsche Erfahrungen der Kulturarbeit, Kulturpädagogik, des Managements, der Verwaltung und der angewandten Kulturwissenschaft zusammenzuführen und zu ermöglichen, so dass seine Studierenden Kompetenzen für die kulturelle Praxis im Sinne konzeptioneller und kommunikativer Konzepte erwerben.

Viel stärker als die oben beschriebenen universitären Angebote widmen sich die Lehrenden selbst der Frage, welche beruflichen Möglichkeiten den Absolventinnen und Absolventen zur Verfügung stehen werden und wie sie mit dem Spannungsverhältnis von kritischer Distanz zu kurzfristigen Arbeitsmarktentwicklungen sowie damit verbundener wissenschaftlicher Unabhängigkeit und programmatischer Verantwortung für die Gestaltung zukünftiger Arbeitsplätze im Kulturbereich umgehen sollen. Die Fachhochschule Potsdam kommt für ihren Studiengang zum Schluss, dass die Legitimation für die Ausbildungsgänge in der Kulturvermittlung nicht aus dem aktuellen Arbeitsmarkt allein gewonnen werden können, sondern aus einer grundlegenden Gesellschaftsanalyse, die den großen Vermittlungsbedarf bestätigt und damit per se ausreichend Arbeitsplätze in der Kulturvermittlung fordert. (Voesgen 2005, S. 172–179)

Die Beschreibung dieser drei Studiengänge aus Deutschland soll exemplarisch für den weit gefächerten Zugang zur Kulturvermittlung gelten, der sich in der Schwerpunktsetzung der Angebote widerspiegelt: Sieht die Universität Lüneburg ihre Kernkompetenz in den Kunst- und Kulturwissenschaften, betrachtet die Universität Hildesheim Kunstvermittlung als immanenten Bestandteil der Auseinandersetzung mit Kunst und betont die Fachhochschule Potsdam das Tätigkeitsfeld des Vermittlers an sich und damit verbunden die Bedürfnisse des Kulturmanagements. Alle drei Ausbildungen machen offensichtlich, dass die drei Bereiche nicht voneinander zu trennen seien, bewerten sie aber in den eigenen Zielen der Lehr- und Lerninhalte unterschiedlich. Auffallend ist, dass sich die Universitäten Lüneburg und Hildesheim deutlich von kulturpädagogischen Zielsetzungen abgrenzen – die Universität Hildesheim vollzieht diesen Paradigmenwechsel auch symbolisch in der Änderung der Bezeichnung des Studiengangs von „Kulturpädagogik" zu „Ästhetischer Praxis".

<u>Musikvermittlung findet als Modul Eingang in die musikpädagogische Ausbildung</u>
Der europäische Bologna-Prozess bedingt derzeit eine neue Ausrichtung aller universitären Studien und betrifft in der Umwandlung in modularisierte Bachelor- und Masterstudien auch die Musik-, Instrumental- und Musikpädagogikstudiengänge im deutschsprachigen Raum. In Deutschland haben sich die Musikhochschulen im Zuge einer Hochschulrektorenkonferenz dazu verpflichtet, an allen Hochschulen im Zuge der Modularisierung Pflichtmodule zu Musik und ihrer Vermittlung einzuführen. Dieses wird sehr unterschiedlich umgesetzt, da der Begriff der Musikvermittlung nach wie vor weit gefasst scheint. Als Beispiel möge an dieser Stelle die Einführung des Pflichtmoduls „Musikvermittlung" an der Hochschule für Künste Bremen fungieren, das Musikvermittlung im Sinne von Musikvermittlung/Konzertpädagogik begreift:
Im Dialog zwischen Lehrenden und Studierenden entstand im Laufe eines Jahres ein viersemestriges Modul, das alle Musikstudierenden ab dem ersten Semester in Bremen absolvieren müssen. Damit wird dem vielfach geäußerten Wunsch Rechnung getragen, dass sich Musiker und Musikpädagoginnen nicht erst in und durch Weiterbildung neue Berufsfelder erschließen, sondern vom ersten Studientag an Kompetenzen erlangen, die ihre künstlerischen Ansprüche mit pädagogischer Verantwortung verknüpft und für die Realisierung von kommunikativen Prozessen mit dem Publikum auch organisatorische Fähigkeiten beherrschen. Bremen fasst diese Fähigkeiten und Fertigkeiten folgendermaßen zusammen:
- Kommunizieren, Interagieren und Üben
- Didaktische Grundlagen der Musikvermittlung
- Konzertpädagogik
- Kreatives Schreiben

Die Studierenden der Hochschule Bremen haben bereits während ihres grundständigen Studiums die Möglichkeit, mit einem Konzertveranstalter praktische Erfahrungen mit Konzertpädagogik zu machen und damit Praxis und Reflexion wirkungsvoll zu verknüpfen – die Studierenden einer Instrumentalklasse gestalten gemeinsam ein Konzert für Kinder für eine bereits eingeführte Familienkonzertreihe der Glocke Bremen.[73]

7.3.2 Weiterbildungsangebote

Die Entwicklung von Weiterbildungsstudiengängen zur Musikvermittlung an Musikhochschulen und Universitäten reagiert auf die Veränderungen im gegenwärtigen Musikleben. Portfolio-Karrieren führen Musiker, aber auch Musikpädagoginnen durch einen Berufsweg, der von ihnen lebenslanges Lernen für und in verschiedenen Kontexten ihrer Berufsausübung verlangt. Charakteristisch für diesen Zugang zum lebenslangen Lernen erscheint in diesem Zusammenhang die Kritikfähigkeit der Akteure für die Notwendigkeit, neue und immer wieder passende musikpädagogische Annäherungen an das Publikum zu erarbeiten. Eine starke Beziehung zwischen Weiterbildung und Berufspraxis verdichtet die Lehr- und Lernprozesse. (Smilde 2007, S. 277–281)

Weiterbildung meint dabei einen weitgehend auf Selbst-Steuerung ausgerichteten Prozess, der bei den Akteuren die Akzeptanz voraussetzt, dass Bildung nicht mit einem Studienabschluss zu Ende sein kann. Sowohl die Anbieter der Lehrgänge als auch die daran teilnehmenden Studierenden gestalten den kulturellen Wandlungsprozess aktiv mit, indem sie Reflexivität zu ihrer eigenen Tätigkeit und zu den Kontexten, in denen sie wirken, zum zentralen Parameter des Lehrens und Lernens machen.

Niermann zeichnet für diese Haltung zur Weiterbildung das Bild eines Schwungrades: Aus der Beobachtung und Analyse des aktuellen Berufsbildes und -alltags ergeben sich Perspektiven zur Weiterentwicklung und Überlegungen zu Ansatzpunkten dafür. Mit dieser Energie setzt sich eine Bewegung in Gang, die von der Situationsklärung und Selbstvergewisserung über die Beobachtung und das Feedback zum eigenen Praxis- und Erfahrungsfeld hin zu Reflexion, Auswertung und neuen Anhaltspunkten für die weitere Arbeit verläuft. Wie bei der Bewegung eines Schwungrades kann dabei nicht von einem linearen Konzept der Weiterbildung ausgegangen werden, sondern von Spiral- und Kreisverläufen. (Niermann 2004, S. 9–13)

Die neue Eigenverantwortung des Lernenden, sich auf einem wachsenden Bildungsmarkt zurecht zu finden und seine Chancen zu nützen, zeichnet sich auch durch Schattenseiten aus: das Schwinden von Sicherheit und Beständigkeit in den jeweiligen Berufssparten schafft Platz für Wettbewerb und Konkurrenz. Der Besitz von einmal erlerntem Wissen ist kein gesichertes Gut – weder für Lernende noch für Lehrende. Besonders im Bereich der Fort- und Weiterbildung besteht folgerichtig

---

[73] http://www.nmz.de/artikel/von-kuenstlern-paedagogen-und-organisatoren [15.4.2009]

auch kein grundsätzliches Vertrauen für die tradierten asymmetrischen Rollenverteilungen zwischen beiden. Wer in seine eigene Weiterbildung investiert, hinterfragt per se die Qualität des vermittelten Wissens. Darüber hinaus wird Weiterbildung meist erst nach ersten Berufserfahrungen gesucht: eigene Erfahrungen werden nun zu den Erfahrungen der Lehrenden ins Verhältnis gesetzt:

> „Wenn Erwachsene die Ansprechpersonen für Lernen sind, dann ist ihre Biografie der Ausgangspunkt, und Kompetenzen in Form von Lebenserfahrung sind schon reichlich vorhanden. Institutionelles und informelles Lernen wachsen zusammen." (Lion 2007, S. 285)

Darüber hinaus müssen Weiterbildungsangeboten im Bereich Kulturvermittlung folgende Parameter berücksichtigen:

- Weiterbildung für Tätigkeiten in der Kulturvermittlung macht nur Sinn, wenn diese multidisziplinär verstanden wird: Internationale Perspektiven aus Kunst, Pädagogik, Kulturmanagement, Soziologie und Kulturpolitik müssen ineinander fließen und die kritische Reflexion der eigenen Rolle als Kulturvermittlerinnen und -vermittler ermöglichen.
- Kulturvermittlung muss künstlerisch gedacht und entwickelt werden. Die eigene künstlerische Tätigkeit der Akteure spielt in der Weiterbildung eine zentrale Rolle, da sich nicht nur die Produktion von Kunst, sondern auch Vermittlungsprozesse durch ästhetische Kompetenz auszeichnen.
- Kulturunternehmerisches Denken und Handeln stärkt Strategien, die im eigenverantwortlichen Gestalten, dem Arbeiten in Teams und der Entwicklung neuer Ideen gefordert werden.
- Forschungsprojekte in der Kulturvermittlung brauchen eine enge Anbindung an die jeweiligen Weiterbildungsangebote, um das Forschen, Lehren und Lernen zu kommunizierenden Zugängen zum Praxisfeld zu gestalten. (Mandel 2008, S. 60f.)

Musikvermittlung ist in ihrer Aus- und Weiterbildung ein Teilbereich der Kulturvermittlung, deren Angebotspalette im deutschsprachigen Raum stetig wächst. In Österreich werden derzeit rund 15 Lehrgänge angeboten, die sich damit auseinandersetzen, Zugänge zur Kunst zu schaffen und in der Vermittlung kultureller Kompetenz Anregungen zur Teilhabe am kulturellen Leben und Interesse an der Gestaltung künstlerischer Prozesse zu liefern. Die Lehrgänge sind an unterschiedlichen Institutionen beheimatet – während Pädagogische Hochschulen als Ausbildungsstätten für Pflichtschullehrer vor allem einen Schwerpunkt in der Kulturpädagogik setzen[74],

---

[74] - Hochschullehrgang Kulturpädagogik an der Pädagogischen Hochschule Niederösterreich (www.ph-noe.ac.at/infor-mationen [10.7.2008])
- Hochschullehrgang Kulturpädagogik an der Kirchlich Pädagogischen Hochschule Graz (www.kphgraz.at)

bieten Einrichtungen an Universitäten in erster Linie kunstspartenspezifische Weiterbildung an.[75]
Diese Schwerpunktsetzung verläuft nicht zufällig, sondern ist den grundständigen Studien der jeweiligen Institutionen angepasst. Während künstlerische Hochschulen Weiterbildung in der Vermittlung ihrer vertretenen Kunstsparten anbieten, suchen Pädagogische Hochschulen nach vernetzenden Angeboten, die den breit gestreuten Aufgabenfeldern ihrer Absolventinnen und Absolventen entgegen kommen.
Im Folgenden werden drei deutschsprachige Weiterbildungslehrgänge zu Musikvermittlung und Konzertpädagogik vorgestellt:

Weiterbildungsstudiengang „Musikvermittlung – Konzertpädagogik" an der Hochschule für Musik in Detmold (D)
Als erstes der Musikvermittlung gewidmetes deutschsprachiges Studienangebot hat der Weiterbildungslehrgang „Musikvermittlung – Konzertpädagogik" an der Musikhochschule Detmold Pioniercharakter. Der Lehrgang wurde 1998 gegründet und bildet seitdem Musikpädagogen, Musikerinnen und Musikwissenschaftler im Praxisfeld Musikvermittlung weiter.
Die Entwicklung des Lehrgangs geht auf die Erfahrungen dreier Musikvermittler zurück, die über Jahrzehnte Konzerte für Kinder gestaltet haben: Hermann Große-Jäger, Ernst Klaus Schneider und Joachim Harder. Gemeinsam konzipierten sie ein Weiterbildungsmodell, das auf drei grundsätzlichen Entscheidungen fußte:

- Das Angebot zur Weiterbildung sollte sich an künstlerischen Vorgaben orientieren und Musikvermittlung als Weg öffnen, der Kindern ein intensives Erleben von Musik ermöglicht.
- Der Lehrgang sollte eng mit Orchestern, Theatern, Verlagen und Rundfunkanstalten zusammenarbeiten.
- Die Studierenden sollten im Verlauf der Weiterbildung eigenverantwortlich und öffentlich Konzerte für Kinder moderieren. (Schneider 2006, S. 21f.)

Im Zentrum der Ausbildung stehen Methoden der Gestaltung von Konzerten für Kinder und mittlerweile auch für Jugendliche und Erwachsene wie die Didaktische Interpretation von Musik oder das Elementarisieren von Musik, darüber hinaus gibt es Schwerpunkte zu Bühnenpräsenz, Sprechtechnik, Schreibwerkstätten und

---

- Hochschullehrgang Kulturpädagogik – Kulturelle Bildung und Praxis an der Pädagogischen Hochschule Oberösterreich (http://www.ph-ooe.at/fileadmin/user_upload/lehrgaenge/Lehrgaenge_WS08/Kulturpaedagogik.pdf [10.7.2008])
[75] - Ausstellungsdesign und Ausstellungsmanagement an der Donau Universität Krems (www.donau-uni.ac.at/aus-stellungsdesign[10.7.2008])
- Literaturmanagement und Literaturvermittlung an der Donau Universität Krems (www.donau-uni.ac.at/literatur-management [10.7.2008])
- Ecm-educating, curating, managing – Masterlehrgang für Ausstellungstheorie und Praxis an der Universität für Angewandte Kunst Wien (www.uni-ak.ac.at/ecm [10.7.2008])

Öffentlichkeitsarbeit. Die Teilnehmerinnen und Teilnehmer erproben ihre erworbenen Kenntnisse und Fähigkeiten in Kooperationsprojekten mit Kultureinrichtungen und können ihre neuen Qualifikationen nach Absolvierung des Lehrgangs als Konzertpädagogen an ihrer Musikschule, in den Kultureinrichtungen von Kommunen oder in neuen Berufsfeldern einsetzen. (Schneider/Stiller 2004, S. 99–107)

MAS Master of Advanced Studies in Musikvermittlung – Konzertpädagogik an der Zürcher Hochschule der Künste und der Schweizer Akademie für Musik und Musikpädagogik (CH)

Das Schweizer Weiterbildungsangebot startete zum ersten Mal im Sommersemester 2009 und wurde von Absolventinnen des Detmolder Lehrgangs initiiert und entwickelt. Bereits von Beginn an fokussiert der Lehrgang sowohl Musikvermittlung und Konzertpädagogik für Kinder als auch für Erwachsene und Senioren. Anhand von altersspezifisch gestalteten konzertpädagogischen Konzepten, dem gezielten Einsatz performativer Elemente wie Licht und Requisiten, Workshopmethoden für die Vorbereitung von Konzerten in Schulklassen, aber auch Komponieren mit Laien, Improvisation und die Vermittlung von Musik des 20. und 21. Jahrhunderts an Laien füllen die Module des Masterlehrgangs. Ebenso wird der Umgang und Einsatz von neuen Medien in der Vermittlungsarbeit berücksichtigt, wenn Computergames und Homepages für Orchester oder Musikschulen in den Blickpunkt rücken.

Die Bedeutung von Musikvermittlung für Seniorinnen und Senioren wächst nicht zuletzt aufgrund der Geburtenstatistik zunehmend. Immer mehr physisch agile alte Menschen nutzen ihre Zeit zur Auseinandersetzung mit den Künsten: sie bilden einen wesentlichen Teil des Publikums im Theater, im Konzert und in der Oper und suchen dabei ebenso nach intellektuellen wie emotionalen Zugängen zu ihnen vertrauter und noch unbekannter Musik.

In diesem Zusammenhang weist das Schweizer Weiterbildungsangebot in eine zukunftsorientierte Richtung, wenn neben Konzerteinführungen und experimentellen Zugängen zur Vermittlung für Menschen im dritten Lebensalter auch kulturtouristische Formen wie Musikreisen Gegenstand der Auseinandersetzung wird.[76]

Postgradualer Universitätslehrgang „Musikvermittlung – Musik im Kontext" (M.A.) an der Anton Bruckner Privatuniversität (A)

Die Anton Bruckner Privatuniversität bildet Musiker, Tänzerinnen und Schauspieler für die österreichische und internationale Kulturszene aus. Die kulturelle Infrastruktur (sei es die Orchesterlandschaft, das Musikschulwesen, die Theaterszene oder die allgemeine Bildungslandschaft) erfordert höhere Flexibilität, die Bereitschaft zum

---

[76] http://www.samp-asmp.ch/downloads/BROSCH%c3%9cRE_MAS.pdf [15.4.2009]

lebenslangen Lernen und das Interesse an neuen Partnerschaften zwischen Kunstszene und Publikum und zwischen Kunstszene und Bildungsbereich.

Der österreichische Master-Studiengang reiht sich als jüngster in die deutschsprachigen Lehrgänge ein und startete sein Weiterbildungsangebot im Wintersemester 2009. Dabei spricht er wie die beiden anderen Lehrgänge Musikpädagogen, Musikerinnen und Musikwissenschaftler an, die als Akteure der Musik- und Kulturszene nach Methoden der Musikpädagogik, musikwissenschaftlichen Anwendungsgebieten und Kompetenzen des Kulturmanagements suchen, um diese im Praxisfeld Musikvermittlung wirken zu lassen.

Der Universitätslehrgang betont besonders die Verknüpfung von Musikvermittlung mit anderen Kunstsparten sowie die Vermittlung Neuer Musik und widmet dem Sprechen und Schreiben über Musik einen intensiven Schwerpunkt.

<u>Welche Inhalte werden in den drei Weiterbildungsangeboten vermittelt?</u>

Facetten der Persönlichkeit schärfen
Musikvermittlung findet häufig auf einer Bühne statt – diese kann im Konzertsaal deutlich erkennbar sein oder nur in der Wahrnehmung der Zuhörer als solche erscheinen. Sobald eine Performance in Form einer Moderation oder angeleiteter Mitmachaktion stattfindet, entsteht eine Bühnensituation, in der Vermittlerinnen und Vermittler Glaubwürdigkeit in ihrer Präsenz benötigen. Sie müssen überlegen, wie sie Raum auf der Bühne ausfüllen, wie sie Kontakt zu ihrem Publikum aufnehmen und auf dieses wirken und welche Möglichkeiten der Identifikation sie bieten möchten.

Musikpädagogisch handeln
Musiker, Instrumentalpädagoginnen oder Musikwissenschaftler benötigen Erfahrungen im Umgang mit größeren Gruppen, die die Lebenswelten von Kindern, Jugendlichen und Erwachsenen in die konzertpädagogische Arbeit einfließen lassen und Möglichkeiten eröffnen, musikalische Prozesse durch Bewegung und Stimme zu begleiten. Darüber hinaus weisen Methoden aus der elementaren Musikpädagogik und Konzepte der didaktischen Interpretation in die verschiedenen Praxisfelder der Musikvermittlung.

Verbinden und Vernetzen von Kunstsparten
Viele Projekte der Musikvermittlung vernetzen Musik mit anderen Kunstsparten: Geschichten führen als roter Faden durch ein Konzert, Tänzerinnen und Schauspieler verkörpern musikalische Elemente, Filme oder Bilder vertiefen den Höreindruck oder regen zu Assoziationen an. Der Kompetenz des Musikvermittlers und der Musikvermittlerin bleibt es überlassen, ob sie mit aktuellen Entwicklungen in den

benachbarten Künsten vertraut sind, welche Kooperationen sie eingehen möchten bzw. wie weit sie sich mit den Künstlerinnen und Künstlern darüber verständigen können, ob andere Kunstformen als Medium für das Verständnis und das Erlebnis von Musik wirken sollen oder zu einem verbindenden Gesamten zusammenwachsen.

Konzepte entwickeln

Die Varianten der Musikvermittlung erscheinen im aktuellen Kulturbetrieb mittlerweile sehr vielfältig: von konzertpädagogischen Workshops für Schülerinnen und Schüler über Gesprächskonzerte zu Einführungsvorträgen und Kulturvermittlung in einer Region reicht die Palette der Möglichkeiten. Für jedes dieser Praxisfelder bedarf es einer unterschiedlichen Herangehensweise an die Musik und ihr Publikum. Manchmal ist es lohnenswert, die Entstehungsgeschichte von Werken der Klassik in einen Bezug zu kulturhistorisch interessanten Ereignissen zu stellen, die Kompositionsweise zu analysieren oder den Komponisten bzw. die Komponistin genauer vorzustellen. In konzertpädagogischen Workshops bilden einzelne musikalische Parameter eines Werks die Basis zur persönlichen Annäherung an ein Musikstück. Es liegt am Musikvermittler und an der Musikvermittlerin, die für ihr spezielles Publikum relevanten Aspekte musikhistorisch oder musikanalytisch aufzuarbeiten und in die Arbeit einfließen zu lassen und darüber hinaus Fertigkeiten zu üben, diese Bezüge in eine verständliche Schrift- bzw. Moderationssprache zu übertragen.

Kontexte der Vermittlung erfassen

Musikvermittlung entwickelt den aktuellen Kulturbetrieb lebendig weiter. Analysen des Konzert- und Kulturbetriebs in Österreich und im internationalen Zusammenhang lassen Trends und Entwicklungen in der Programmplanung und Konzertgestaltung für verschiedene Zielgruppen erkennen. Es ist notwendig, die eigene Arbeit aus einer ökonomischen Perspektive einschätzen und bewerten zu können. Musikvermittlerinnen und Musikvermittler richten ihr Augenmerk genauer auf die einzelnen Zielgruppen: Wer ist mein Publikum, wer könnte mein Publikum werden und welche Kenntnisse kann ich voraussetzen?

Bewusstsein für Konkurrenz um Aufmerksamkeit schaffen

Musikvermittlung setzt an der Schnittstelle von Kunst und Bildung an, wobei inzwischen zahlreiche Angebote im Kulturbereich um Aufmerksamkeit in der Öffentlichkeit konkurrieren. Für die Akteure der Musikvermittlung ist es als Voraussetzung erfolgreicher Arbeit innerhalb und außerhalb von Institutionen unerlässlich, wirksame Strategien der Öffentlichkeitsarbeit von der Kommunikation in Netzwerken bis hin zu Medienarbeit zu entwickeln.

7.3.3   Fortbildung

Für Musiker und Musikpädagoginnen, die sich nicht im Rahmen eines mehrsemestrigen Studienganges weiterbilden, aber dennoch das Tätigkeitsfeld für ihr Berufsleben erschließen möchten, stehen im deutschsprachigen Raum inzwischen mehrere Möglichkeiten der spezifischen Fortbildung zur Verfügung:
Allen voran hat sich die Bundesakademie für kulturelle Bildung in Wolfenbüttel (D) einen Namen im Bereich der Musikvermittlung erworben. Die Akademie bietet seit einigen Jahren Kurse und Seminare zu verschiedenen Facetten der Musikvermittlung an. Für Orchestermusiker gibt es Einführungen zum konzertpädagogischen Arbeiten mit Schulklassen, für freie Ensembles und Musikerinnen und Musiker werden Seminare zum Inszenieren von Konzerten angeboten, und Konzertpädagogen und Musikvermittlerinnen an Konzerthäusern oder bei Orchestern finden Wissenswertes zum Thema Moderieren oder zum Umgang mit dem Mikrofon auf der Bühne.
In Österreich gibt es derzeit lediglich einzelne Seminare im Bereich der Lehrerfortbildung für Instrumentalpädagoginnen und -pädagogen, die Musikvermittlung und Konzertpädagogik als Erweiterung und Vertiefung des Berufsalltags eines Musikschullehrers bzw. einer Musikschullehrerin begreifen. Das Musikschulmanagement Niederösterreich bietet dazu bereits einige Jahre Fortbildungen während der Sommermonate an.

7.3.4   Tagungen und Kongresse als Podien der Fortbildung zu Musikvermittlung und Konzertpädagogik

Im Jahr 2001 organisierte die Jeunesses Musicales Deutschland im Zuge ihres mehrjährigen Aktionsschwerpunktes „Initiative Konzerte für Kinder" einen internationalen Kongress zu Methoden und Zugängen zur außerschulischen Vermittlung von Musik für Kinder. Vertreterinnen und Vertreter aus den USA, Norwegen, Großbritannien, Deutschland und Österreich trafen sich in Weikersheim zu einem Kongress mit Folgewirkungen. Zum ersten Mal setzte sich eine deutschsprachige Expertenrunde mit den angloamerikanischen „Education"-Programmen von Orchestern und Kultureinrichtungen auseinander und trug diese Erfahrungen in unterschiedliche Arbeitsfelder, wo sie unmittelbar Früchte zeigten: in Österreich entstand mit „Move On" am Bruckner Orchester Linz das erste „Education-Department" eines heimischen Orchesters, die Jeunesses Musicales Deutschland brachte ein Buch heraus, das die Musikvermittlungs-Aktivitäten für Kinder aus theoretischer und praktischer Sicht beleuchtete und in einen historischen und internationalen Zusammenhang stellte.

Parallel, unabhängig und im Austausch dazu widmen sich Kongresse und Tagungen regelmäßig den Bedingungen und Entwicklungen von Audience Development, Musikvermittlung und Konzertpädagogik und tragen dazu bei, dass sich eine internationale „Community" auf forschender, theoretischer und praxisorientierter Ebene dem Thema der Vermittlung von Musik annimmt und die Perspektive auf verschiedene Schwerpunkte legt, seien es Methoden der Akteure wie die Elementare Musikpädagogik im Kinderkonzert oder organisatorische Bedingungen der Kultureinrichtungen wie Marketing und Öffentlichkeitsarbeit unter dem Aspekt der Vermittlung. Die veröffentlichten Tagungsbände und Kongressberichte vertiefen und erweitern den wissenschaftlichen Diskurs.

8   Zusammenfassung

„Die musikalische Aufklärung ist nicht die Mitte, sondern das Hin und Her zwischen
den Extremen, wobei das eine Extrem nur mit Bezug auf das andere formulierbar ist.
Kaum ist man im Gefühlsrausch, da verlangt's einen nach der Schärfe des Begriffes,
da versucht man, Konzepte herauszuholen, gedankliche Gebäude. Hat man aber das
wieder erreicht, dann zieht es einen wieder mächtig, sich ganz auf die rauschhafte
Verblendung einzulassen und das magere Gedankenkonstrukt aufzugeben.“ [77]

Auf der Suche nach Antworten auf die Frage „Was ist musikalische Bildung?“ beschreibt Bazon Brock, Professor für Ästhetik und Kulturvermittlung, ein Ideal von
musikalischer Aufklärung, das musikalische Bildung als den Erwerb der Fähigkeit
begreift, Distanz zum Pathos der Emotionen zu gewinnen, die das Erleben von
Musik unmittelbar auslöst und sich gleichzeitig darauf einlassen zu können. In
dieser Ambivalenz befindet sich Musikvermittlung als kulturpädagogisches und
künstlerisches Praxisfeld, das Produktion, Rezeption und Distribution von Musik in
Beziehung bringen möchte.

Seit rund zwanzig Jahren befindet sich Musikvermittlung im beständigen Diskurs
um eine geeignete Definition der Tätigkeit und des Aufgabengebietes. In immer
wiederkehrenden Suchbewegungen verortet sie sich zu Kunst- und Kulturvermittlung und Musikpädagogik. Dabei findet sie neue Begriffe, wenn sie die Nähe zum
Zentrum ihrer Vermittlung ausdrücken möchte – und nennt sich Konzertpädagogik.
Oder sie schafft Distanz zur Bildungsinstitution Schule – und nennt sich außerschulische Musikvermittlung. Während die einen bereits neue Berufsfelder kreieren und
Aus- und Weiterbildungsangebote für Musikvermittlerinnen und Konzertpädagogen
entwickeln, fragen die anderen, ob sich Musik denn nicht ohnehin von selbst
vermittle.

Die vorliegende Arbeit streift Fragen der Definition und der Legitimation lediglich
am Rande und nur insoweit, als eine Einbettung in das größere Umfeld des sich
beeindruckend wandelnden kulturellen und gesellschaftlichen Lebens der Gegenwart sinnvoll erscheint und das Panoramabild deutschsprachiger Formate der
Musikvermittlung deutlich werden kann.

Vielmehr geht sie der Frage nach, wie die Wege beschaffen sind, wenn im Rahmen
dieser Formate der Moderierten und Inszenierten Konzerte, der Workshops und
Einführungen Kontextualisierung und Übersetzung von Musik im Konzertleben und
im öffentlichen Kulturleben stattfinden. Zum einen, weil sich das Nachempfinden
kultureller Interpretationen unserer Gesellschaft ohne Kontext kaum erschließen

---

[77] Bazon Brock im Gespräch mit Werner Klüppelholz zu musikalischer Bildung, http://www.brock.uni-
wuppertal.de/Schrifte/AGEU/Musik.html [16.4.2009]

lässt, zum anderen weil Interpretationen des Publikums ästhetische Erfahrungen und Lernprozesse voraussetzen.

Das Aufspüren der Besonderheiten der Sprache der Musik und ihrer Übersetzung im Vermittlungsprozess führt zu dem Schluss, dass Musik kein Medium ist, um die Welt zu beschreiben, sondern um sie zu erfassen. Vom Vermittler und der Vermittlerin wird große Sensibilität verlangt, Bedeutungen zu erschließen, die zu individuellen Interpretationen von Musik führen können, während er bzw. sie sich bewusst ist, dass Musik unmittelbar körperlich, sinnlich und emotional wirkt, bevor noch ein Verständnis für musikalische Bedeutungen einsetzt.

Vermittlungsprozesse finden nicht als geschlossene Ereignisse statt, die objektiv bewertet werden könnten, sie sind im Sinne des Kulturbegriffs der Cultural Studies Teil aller Lebensformen und -arten, die bestimmte Bedeutungen und Werte zum Ausdruck bringen: in Kunst und Bildung ebenso wie in Institutionen und im Alltagsleben der Menschen. Kultur definiert sich durch die Beziehung, die Menschen zu Kunstwerken und Objekten haben, die sie umgeben. Dies geschieht in Gruppen, die über ein „kulturelles Feld" verfügen und Elemente auswählen, die für diese Gruppe Relevanz hat. Die gesellschaftlichen Gruppen stehen in asymmetrischen Beziehungen zueinander, deren jeweilige Dominanz von vielen Konstellationen innerhalb aller gesellschaftlichen Ebenen abhängt und an Zustimmung gewinnen oder verlieren können.

Ob Gruppen, die Popkultur bevorzugen, Gruppen dominieren, die Hochkultur für identitätsstiftend empfinden oder umgekehrt, ob junge Menschen in der Öffentlichkeit stärker wahrgenommen werden als ältere oder umgekehrt, ob Kinder in ihren Lebenswelten Platz beanspruchen können oder an den Rand gedrängt werden kann nicht für alle Gesellschaftsbereiche gültig beantwortet werden und unterliegt einem ständigen Wandlungsprozess innerhalb der kulturellen Praxis.

Für die Akteure der Musikvermittlung bedeutet dieser Befund, dass stimmige Vermittlung nicht Überbrückungen zwischen abgegrenzten Kontexten der Produzierenden und der Rezipierenden vornimmt, sondern zwischen unterschiedlichen kulturellen Praktiken interagiert, die jeweils wieder in ihre Kontexte eingebunden sind.

Die Verfahren der Kontextualisierung und der Übersetzung im Vermittlungsprozess wurden in diesem Buch mit den kulturtheoretischen Ansätzen des Radikalen Kontextualismus von Lawrence Grossberg und des Encoding-Decoding-Modells von Stuart Hall in Beziehung gesetzt und führten zu ethnographischen Interpretationen von fünf Fallbeispielen von Musikvermittlung, die ihren Verlauf in ihren strukturellen, medialen und personalen Kontext betrachteten. Dabei wurde nicht das kulturelle Erlebnis an sich analysiert und lediglich sein Inhalt beleuchtet, sondern in besonderer Weise die Gestaltungsmittel untersucht, die das Geschehen vorantreiben und das Publikum durch den Prozess des Hörens führen.

Die Analyse der drei Beispiele ergab unterschiedliche Ansätze der Übersetzung: von einem Vermittlungsprozess, der die Lebenswelten von Kindern aus ihrem historischen Kontext nimmt und als Folie für das Interpretieren von klassischer Musik zur Verfügung stellt, über die Förderung der kulturgeschichtlichen Lesefähigkeit von ästhetischen Codes und Symbolen eines Komponisten zu einer Übersetzungsstrategie, die die handwerkliche Arbeitsweise eines Komponisten zum Anlassfall für die Arbeit mit Laien in einem Workshop werden ließ.

Die Praxis der Musikvermittlung und ihre Akteure bilden im deutschsprachigen Raum und partiell auch international eine Community, die den Fokus ihrer Diskussionen zunehmend auf die Qualität von Prozessen der Musikvermittlung und Konzertpädagogik lenkt und nach Kriterien sucht, wie diese Prozesse adäquat evaluiert werden können. Die Verfasserin hofft, mit den interpretativen Ansätzen von Übersetzung und Kontextualisierung dazu beitragen zu können.

9   Literaturverzeichnis

ADORNO, Theodor W. (1975; 1962): Einleitung in die Musiksoziologie. Zwölf theoretische Vorlesungen, Frankfurt/Main: Suhrkamp Verlag.

BAACKE, Dieter (1984): Die 6- bis 12jährigen: Einführung in Probleme des Kindesalters. Weinheim/Basel: Beltz.

BAACKE, Dieter (1999): Die neue Medien-Generation im New Age of Visual Thinking. In: Ingrid Gogolin; Dieter Lenzen (Hrsg.): Medien-Generation. Beiträge zum 16. Kongress der Deutschen Gesellschaft für Erziehungwissenschaft. Opladen: Leske+ Budrich, S. 135–149.

BACHMANN-MEDICK, Doris (2007; 2006): Cultural Turns. Neuorientierungen in den Kulturwissenschaften. Reinbek bei Hamburg: Rowohlt Taschenbuch Verlag.

BAMFORD, Anne (2006): The Wow Factor. Global research compendium on the impact of the arts in education. Münster: Waxmann Verlag GmbH.

BARBAUD, Pierre (1997): Joseph Haydn mit Selbstzeugnissen und Bilddokumenten. (rowohlts monographien, begründet von Kurt Kusenberg, hg. Von Wolfgang Müller und Uwe Naumann), Reinbek bei Hamburg: Rowohlt Taschenbuch Verlag GmbH (17. Auflage).

BERG, Christa (Hg.) (1991): Kinderwelten, Frankfurt/Main: edition suhrkamp.

BERNARD, Jeff (mit zusätzlichen Beiträgen von Erich Fries, Gerald Gröchenig, Klaus Nüchtern und Herwig Pöschl) (1995): Strukturen autonomer Kulturarbeit in Österreich, Bd.3: Programmatik und Kulturpolitik. Wien: Institut für Sozio-Semiotische Studien.

BERNSTEIN, Leonard (1963): Freude an der Musik. München: Deutscher Taschenbuch Verlag.

BERNSTEIN, Leonard (1999): Konzerte für junge Leute. Die Welt der Musik in 15 Kapiteln. München: C. Bertelsmann Jugendbuch Verlag.

BIEDERMANN, Marc; Ovey, Joey-David (2008): Kultureinrichtungen und der demografische Wandel. In: KM-Kultur und Management im Dialog, Nr. 26/ Dezember 2008, S. 3–6; http://kulturmanagement.net/downloads/magazin/km0812.pdf.

BOURDIEU, Pierre (1970): Zur Soziologie der symbolischen Formen. Frankfurt/M.: Suhrkamp.

BOURDIEU, Pierre (1982): Die feinen Unterschiede. Kritik der gesellschaftlichen Urteilskraft. Frankfurt/Main: Suhrkamp.

BRACKERT, Helmut; Wefelmeyer, Fritz (1990): Kultur. Bestimmungen im 20. Jahrhundert. Frankfurt/M: Suhrkamp Verlag.

BRANDSTÄTTER, Ursula (2008): Grundfragen der Ästhetik. Bild – Musik – Sprache – Körper. Köln, Weimar, Wien: Böhlau Verlag.

COULDRY, Nick (2000): Inside Culture. Re-Imagining the method of cultural studies. London/Thousand Oaks/New Delhi: SAGE Publications.

DOLLASE, Rainer (1998): Das Publikum in Konzerten, Theatervorstellungen und Filmvorführungen. In: Bernd Strauß (Hg.): Zuschauer. Göttingen; Bern; Toronto; Seattle: Hogrefe-Verlag, S. 139–174.

DOSTAL, Werner (2003): Innovative Vorläufer. Empirische Ergebnisse zur Sturktur und Situation von Kulturberufen. In: Institut für Kulturpolitik der Kulturpoliti-schen Gesellschaft (IfK); Institut für Bildung und Kultur (IBK) (Hg.): Kultur. Kunst. Arbeit – Perspektiven eines neuen Transfers. Essen: Klartext Verlag, S. 137–148.

DRAXLER, Helmut (1994): Arbeit am Kontext. Ein Entwurf über die institutionellen Bedingungen ‚technischer Unfälle'. In: Peter Weibel (Hg.): Kontext Kunst. Köln: DuMont Buchverlag, S. 201–205.

DUBIEL, Helmut (1990): Kulturtheorie der Frankfurter Schule. In: Brackert, Helmut; Wefelmeyer, Fritz (Hg.): Kultur. Bestimmungen im 20. Jahrhundert. Frankfurt/M.: Suhrkamp Verlag, S. 255–275.

EHRENFORTH, Karl Heinrich (2001): Den Schüler abholen, wo er steht. Anmerkun-gen zu einem Missverständnis. In: Nimczik, Ortwin (Hg.): Musik – Vermittlung – Leben; Festschrift für Ernst Klaus Schneider. Essen: Die blaue Eule, S. 9–17.

ELSCHENBROICH, Donata (2001): Weltwissen der Siebenjährigen. Wie Kinder die Welt entdecken können. München: Verlag Antje Kunstmann GmbH.

FIGDOR, Helmuth; Röbke, Peter (2008): Das Musizieren und die Gefühle. Instru-mental-pädagogik und Psychoanalyse im Dialog. Mainz: Schott Music GmbH & Co.

FRANKE, Ursula (2000): Bildung/Erziehung, ästhetische. In: Barck, Karlheinz; Fontius, Martin; Schlenstedt, Dieter; Steinwachs, Burkhart; Wolfzettel, Friedrich (Hg.): Ästhetische Grundbegriffe (ÄGB). Historisches Wörterbuch in sieben Bän-den (Band 1), Stuttgart: J.B. Metzlersche Verlagsbuchhandlung und Carl Ernst Poeschel Verlag GmbH , S. 696–727.

FUCHS, Max (1998a): Kultur – Macht – Politik. Studien zur Kultur und Bildung in der Moderne. In: Schriftenreihe der Bundesvereinigung Kulturelle Jugendbildung, Bd. 43, Remscheid: Topprint Remscheid.

FUCHS, Max (1998b): Kulturpolitik als gesellschaftliche Aufgabe: eine Einführung in Theorie, Geschichte, Praxis. Opladen/Wiesbaden: Westdeutscher Verlag.

FUHRMANN, Manfred (1999): Der europäische Bildungskanon des bürgerlichen Zeitalters. Frankfurt a. Main/ Leipzig: Insel Verlag.

GEERTZ, Clifford (1993; 1988): Die künstlichen Wilden. Der Anthropologe als Schriftsteller. Frankfurt a. Main.

GEERTZ, Clifford (1987; 1983): Dichte Beschreibung. Beiträge zum Verstehen kultureller Systeme. Frankfurt a. Main: Suhrkamp Taschenbuch Verlag.

GEPPERT, Stella; Lenz, Seraphina (2006): Kunst und Lernen im Prozess. Kommunikations- und Reflexionsprozesse zur Förderung von künstlerischen Prozessen. In: Sabine Baumann; Leonie Baumann (Hg.): Wo laufen S(s)ie denn hin?! Neue Formen der Kunstvermittlung fördern. Wolfenbüttel (Wolfenbütteler Akademie-Texte, Bd. 22), S. 118–130.

GERMANN, Sabine (2006): Zukunftsmodell Konzertpädagogik. Eine Studie zur Begegnung von Schulen und Sinfonieorchestern. Saarbrücken: Pfau-Verlag.

GLOGNER, Patrick; Rhein, Stefanie (2005): Neue Wege in der Publikums- und Rezeptionsforschung? Zum Verhältnis der empirischen Medienpublikums- und Kulturpublikumsforschung. In: Wagner, Bernd (Hg. für das Institut für Kulturpolitik der kulturpolitischen Gesellschaft e.V.): Jahrbuch für Kulturpolitik 2005 Thema: Kulturpublikum, Essen: Klartext Verlag, S. 431–439.

GOEHLER, Adrienne (2008): Kulturgesellschaft – mehr und anders als der Sozialstaat. In: Birgit Mandel (Hg.): Audience Development, Kulturmanagement, Kulturelle Bildung. Konzeptionen und Handlungsfelder der Kulturvermittlung, München: kopaed Verlag,
S. 75–78.

GOSLICH, Siegfried (o.J.): Musikalische Volksbildung. (Werkreihe des Amtes Deutsches Volkbildungswerk in der NS-Gemeinschaft „Kraft durch Freude" der Deutschen Arbeitsfront) Hamburg: Hanseatische Verlagsanstalt Hamburg.

GROSSBERG, Lawrence (1999): Globalization and the „Economization" of Cultural Studies. In: Bundesministerium für Wissenschaft und Verkehr; Internationales Forschungszentrum Kulturwissenschaften: The Contemporary Study of Culture. Wien: Turia und Kant, S. 23–46.

HARNISCHMACHER, Christian (2008): Subjektorientierte Musikerziehung. Eine Theorie des Lernens und Lehrens von Musik. Augsburg: Wißner-Verlag.

HEILIGENDORFF, Simone (2008): Neue Live-Kulturen der westlichen Kunstmusik: Für eine Rezeption musikalischer Interpretationen mit Körper und Ort. In:

Gensch, Gerhard; Stöckler, Eva Maria; Tschmuck, Peter (Hg.): Musikrezeption, Musikdistribution und Musikproduktion. Der Wandel des Wertschöpfungsnetzwerks in der Musikwirtschaft. Wiesbaden: Gabler Edition Wissenschaft, S. 109–137.

HEINRICHS, Werner (1997): Kulturpolitik und Kulturfinanzierung: Strategien und Modelle für eine politische Neuorientierung der Kulturfinanzierung. München: Beck.

HOLDEN, John (2008): Culture and Learning: Towards a New Agenda. Consultation Paper; http://www.demos.co.uk/publications//cultureandlearningconsultationpaper [23.7.2008]

HOFFMANN, Hilmar (1981; 1979): Kultur für alle. Perspektiven und Modelle. Frankfurt a. Main: S. Fischer.

HORAK, Roman (2002): Die Praxis der Cultural Studies. Wien: Erhard Löcker GesmbH.

IHRENBERGER, Elisabeth (2007): Schwer vermittelbar? Die Ausbildung für Kunst- und Kulturvermittlung in Österreich. In: Neues Museum. Die österreichische Museumszeitschrift, Nr. 3, Oktober 2007, S. 49–53.

INSTITUT FÜR KULTURSTUDIEN (IKUS) (1993): Ästhetische Standards und individuelle Kunsterfahrung. Podiumsdiskussion mit Jochen Boberg, Renate Goebl, Karl-Josef Pazzini, Toni Stooss, Manfred Wagner, Ulf Wuggenig; Moderataion: Peter Huemer. Zur Studie: Kunstvermittlung in der Schule (Renate Goebl, Elisabeth Kamenicek, Eleonora Louis), Wien: Institut für Kulturstudien 1993.

JANSEN, Ulrich; Steuernagel, Ulla (2003): Die Kinder-Uni. Forscher erklären die Rätsel der Welt. Stuttgart/ München: Deutsche Verlags-Anstalt.

JOHNSON, Gil; Pfrommer, Pam (e.a.) (Ed.): New Audiences: http://www.takingpartinthearts.com/content.php?content=1021 [16.12.2008]

KEUCHEL, Susanne (2005): Das Kulturpublikum zwischen Kontinuität und Wandel – Empirische Perspektiven, In: Bernd Wagner (Hg. für das Institut für Kulturpolitik der kulturpolitischen Gesellschaft e.V.): Jahrbuch für Kulturpolitik Bd. 5 (Thema: Kulturpublikum), Essen: Klartext Verlag, S. 111–125.

KIRCHBERG, Volker (2005): Kulturvermittlung und Kulturorganisation. Der Studiengang „Angewandte Kulturwissenschaften" an der Universität Lüneburg. In: Birgit Mandel (Hg.): Kulturvermittlung – zwischen kultureller Bildung und Kulturmarketing. Eine Profession mit Zukunft. Bielefeld: transcript Verlag, S. 150–162.

KLEIN, Armin (1993): Kinder.Kultur.Politik. Perspektiven kommunaler Kinderkultur-arbeit. Opladen: Leske + Budrich.

KLEIN, Armin (2003): Besucherbindung im Kulturbetrieb. Ein Handbuch. Wiesba-den: Westdeutscher Verlag.

KLEIN, Armin (2005): Kultur-Marketing. Das Marketingkonzept für Kulturbetriebe. München: DTV-Beck.

KÖNIG, Bernhard (2005): Um den heißen Brei. Kulturvermittlung als Dienstleistung. In: Birgit Mandel (Hg.): Kulturvermittlung – zwischen kultureller Bildung und Kulturmarketing. Eine Profession mit Zukunft. Bielefeld: transcript Verlag, S. 251–259.

KRAEMER, Rudolf-Dietrich (2007): Musikpädagogik – eine Einführung in das Studium. Augsburg: Wißner-Verlag (1. Auflage 2004).

KUMOLL, Karsten (2006): Clifford Geertz: Die Ambivalenz kultureller Formen. In: Stephan Moebius; Dirk Quadflieg (Hg.): Kultur. Theorien der Gegenwart, Wiesba-den: VS Verlag für Sozialwissenschaften/GWV Fachverlage GmbH, S. 81–90.

KURZENBERGER, Hajo (2005): Kulturvermittlung ist (eine) Kunst. In: Birgit Mandel (Hg.): Kulturvermittlung – zwischen kultureller Bildung und Kulturmarketing. Eine Profession mit Zukunft. Bielefeld: transcript Verlag, S. 163–171.

LANGER, Armin (2007): „Stell dir vor, es wird Musik vermittelt, aber keiner macht mit". In: Malmberg, Isolde; Wimmer, Constanze (Hg.): Communicating Diversity: Musik lehren und lernen in Europa. Festschrift für Franz Niermann. Augsburg: Wißner-Verlag, S. 187–193.

LION, Brigitte (2007): Lebenslanges Lernen – ein Paradigmenwechsel. Auf dem Weg zu einem neuen Lehr-/Lernverständnis. In: Malmberg, Isolde; Wimmer, Constan-ze (Hg.): Communicating Diversity: Musik lehren und lernen in Europa (Festschrift für Franz Niermann), Augsburg: Wißner-Verlag, S. 283–288.

LINDNER, Rolf (2002): Konjunktur und Krise des Kulturkonzepts. In: Musner, Lutz/Wunberg, Gotthart (Hg.): Kulturwissenschaften: Forschung – Praxis – Positi-onen. Wien: WUV-Universitätsverlag, S. 69–87.

LOTTER, Konrad (2004): Kultur. In: Henckmann, Wolfgang Henckmann; Lotter, Konrad (Hg.): Lexikon der Ästhetik. München: Verlag C. H. Beck, S. 199f.

LUTTER, Christina (1999): Zur Einrichtung eines Forschungsschwerpunktes Kultur-wissen-schaften/Cultural Studies. In: Bundesministerium für Wissenschaft und Verkehr und Internationales Forschungszentrum Kulturwissenschaften: The Con-temporary Study of Culture. Wien: Verlag Turia + Kant, S. 17–20.

LUTTER, Christina; Reisenleitner, Markus (2002): Cultural Studies: eine Einführung. Wien: Erhard Löcker GesmbH.

MACIAN, Marie-Pierre; Fanjas, Philippe (Hg.) (2003): Pretez l'oreille! Livre blanc des actions educatives des orchestres, Paris. Association française des orchestres, S. 208–223.

MALMBERG, Isolde (2006): „Kreative Partnerschaften" In: Musikerziehung Dezember 2006.

MANDEL, Birgit (2004): PR für Kunst und Kultur. Zwischen Event und Vermittlung, Frankfurt a. Main.

MANDEL, Birgit (2005): Audience Development Programme in Großbritannien – Ein Modell zur Förderung kultureller Teilhabe in Deutschland? In: Bernd Wagner (Hg. Für das Institut für Kulturpolitik der kulturpolitischen Gesellschaft e.V.): Jahrbuch für Kulturpolitik Bd. 5 (Thema: Kulturpublikum), Essen: Klartext Verlag, S. 77–85.

MANDEL, Birgit (2008): Kulturvermittlung als Schlüsselfunktion auf dem Weg in eine Kulturgesellschaft. In: Birgit Mandel (Hg.): Audience Development, Kulturmanagement, Kulturelle Bildung. Konzeptionen und Handlungsfelder der Kulturvermittlung, München: kopaed Verlag, S. 17–72.

MARK, Desmond (1998): Wem gehört der Konzertsaal? Das Wiener Orchesterrepertoire im internationalen Vergleich. Zur Frage des musikalischen Geschmacks bei John H. Mueller. Wien; Mühlheim a. d. Ruhr: Guthmann-Peterson.

MASET, Pierangelo (2006a): Perspektive Kunstvermittlung. Beitrag zum Symposium "Mediation. Wie ist Kunst im öffentlichen Raum vermittelbar?" am 6. Juli 2006, VorOrt, Hamburg. http://ask23.hfbk-hamburg.de/draft/archiv/misc/mediation_maset.html [22.7.2008]

MASET, Pierangelo (2006b): Zur Notwendigkeit Ästhetischer Operationen. In: Sabine Baumann; Leonie Baumann (Hg.): Wo laufen S(s)ie denn hin?! Neue Formen der Kunstvermittlung fördern. Wolfenbüttel (Wolfenbütteler Akademie-Texte, Bd. 22), S. 54–62.

MIKOS, Lothar (2001): Cultural Studies, Medienanalyse und Rezeptionsästhetik. In: Udo Göttlich; Lothar Mikos; Rainer Winter (Hg.): Die Werkzeugkiste der Cultural Studies. Perspektiven, Anschlüsse und Interventionen. Bielefeld: transcript Verlag, S. 323–342.

MOEBIUS, Stephan; Quadflieg, Dirk (Hg.) (2006): Kultur. Theorien der Gegenwart. Wiesbaden: VS Verlag für Sozialwissenschaften /GWV Fachverlage GmbH.

MOLLENHAUER, Klaus (1993): Über die bildende Wirkung ästhetischer Erfahrung. In: Lenzen, Dieter (Hg.): Verbindungen. Weinheim: Deutscher Studienverlag, S. 17–36.

MÜLLER-FUNK, Wolfgang (2006): Kulturtheorie. Einführung in Schlüsseltexte der Kulturwissenschaften. Tübingen, Basel: A. Francke Verlag.

NEUHOFF, Hans (2008): Konzertpublika. Sozialstruktur, Mentalitäten, Geschmacks-profile. http://www.miz.org/static_de/themenportale/einfuehrungstexte_pdf/03_Konzert eMusiktheater/neuhoff.pdf [15.12.2008]

NIERMANN, Franz (2004): Weiterbildung in Musik. In: Niermann, Franz; Wimmer, Constanze (Hg.): Musiklernen – ein Leben lang. Materialien zu Weiterbildung (lifelong development). Wien: Universal Edition, S. 9–16. (6)

NOLTE, Eckhard (2001): „… indem es die Zahl der Verstehenden und Genießender mehrt" – Musikpädagogische Aspekte in Franz Liszts Konzeption der Programm-Musik,. In: U. Eckart-Bäcker (Hrsg.): Musikalisches Lernen außerhalb von Schule. Sitzungsbericht 1998/1999 der Wissenschaftlichen Sozietät Musikpädagogik (= Musikpädagagogik. Forschung und Lehre, Beiheft 9) Mainz: Schott Musik Interna-tional. S. 48–54.

NÜNNING, Ansgar (Hg.) (2005): Grundbegriffe der Kulturtheorie und Kulturwissen-schaften. Weimar: Verlag J.B. Metzler Stuttgart.

PFEFFER, Martin (1992): Hermann Kretzschmar und die Musikpädagogik zwischen 1890 und 1915, Mainz: Schott (Musikpädagogik: Forschung und Lehre, begründet von Sigrid Abel-Struth, Bd. 29).

PRIEBERG, Fred K. (1982): Musik im NS-Staat, Frankfurt a. Main: Fischer Taschen-buch Verlag.

RICHTER, Christoph (2005): Editorial in Diskussion Musikpädagogik 28/2005, S 1.

ROLLE, Christian (1999): Musikalisch-ästhetische Bildung. Über die Bedeutung ästhetischer Erfahrung für musikalische Bildungsprozesse. Kassel: Gustav Bosse Verlag.

RÜDIGER, Wolfgang (2006): Vermittlung als Wesen der Musik. Grundsätzliche Gedanken zu einem viel gebrauchten Begriff. In: Üben & Musizieren 6/06, S. 8–13.

SCHMIDT-BANSE, Hans Christian (2001): „Stillsitzen und anbeten und nichts verstehen…" in nmz Feb. 2001, S. 51.

SCHMIDT-OTT, Thomas (1998): Orchesterkrise und Orchestermarketing. Untersu-chungen zur „turnaround"-spezifischen Relevanz US-amerikanischer Marketing-Strategien im deutschen Orchesterbetrieb. Frankfurt a. Main, Wien (u.a.): Lang.

SMILDE, Rineke (2007): Lifelong Learners in a Changing Musical Landscape. Musicians' Perspectives. In: Malmberg, Isolde; Wimmer, Constanze (Hg.): Communicating Diversity: Musik lehren und lernen in Europa (Festschrift für Franz Niermann), Augsburg: Wißner-Verlag, S. 277–282.

SCHNEIDER, Ernst Klaus (1999): Ein Kaleidoskop von Umgangsweisen mit Musik. Vermittlungsformen in Detmolder Familienkonzerten. In: Niermann, Franz (Hg.): Erlebnis und Erfahrung im Prozess des Musiklernens. (Fest-)Schrift für Christoph Richter. Augsburg: Wißner-Verlag, S. 82–91.

SCHNEIDER, Ernst Klaus (2006): Weiter Bildung? Weiterbildung! In: Hochschule für Musik Detmold in Verbindung mit der Gesellschaft der Freunde und Förderer der Hochschule für Musik Detmold e.V. (Hg.): Jahrbuch ad notam, Detmold, S. 20–26.

SCHNEIDER, Ernst Klaus; Stiller, Barbara (2004): Das Pilotprojekt „Musikvermittlung/Kon-zertpädagogik". Ein Weiterbildungsangebot für MusikerInnen und MusiklehrerInnen an der Hochschule für Musik Detmold. In: Niermann, Franz; Wimmer, Constanze (Hg.): Musiklernen – ein Leben lang. Materialien zu Weiterbildung (lifelong development). Wien: Universal Edition, S. 99–107.

SCHNEIDER, Hans; Bösze Cordula; Stangl, Burkhard (Hg.) (2000): Klangnetze. Ein Versuch, die Wirklichkeit mit den Ohren zu erfinden. Saarbrücken: Pfau Verlag.

SCHRUFF, Martin (2002): Kinderkonzerte moderieren. In: Barbara Stiller; Constanze Wimmer; Ernst Klaus Schneider (Hg.): Spielräume Musikvermittlung. Konzerte für Kinder entwickeln, gestalten, erleben. Regensburg: Con Brio, S. 123–131.

SCHULZE, Gerhard (2005; 1992): Die Erlebnisgesellschaft: Kultursoziologie der Gegenwart. Frankfurt a. Main/New York: Campus Verlag.

STILLER, Barbara (2008): Erlebnisraum Konzert. Prozesse der Musikvermittlung in Konzerten für Kinder. Regensburg: Con Brio.

SOMMER, Heinz-Dieter (1985): Praxisorientierte Musikwissenschaft. Studien zu Leben und Werk Hermann Kretzschmars, München-Salzburg: Musikverlag Emil Katzbichler.

THURN, Hans Peter (1990): Anthropologie als Vermittlung und Versöhnung. Zu Claude Lévi-Strauss' zivilisationskritischer Kulturtheorie. In: Brackert, Helmut; Wefelmeyer, Fritz (Hg.): Kultur. Bestimmungen im 20. Jahrhundert. Frankfurt/M.: Suhrkamp Verlag, S. 344–367.

TRABER, Habakuk (2005): Präludien in Worten. Was sich vor und um Konzerte zur Musik sagen lässt. In: Diskussion Musikpädagogik 28/2005, S. 43–48.

TRÖNDLE, Martin (2008): Man muss das Konzert verändern, um es zu erhalten. Eine Forschungsskizze zur Musikvermittlung. In: Birgit Mandel (Hg.): Audience Development, Kulturmanagement, Kulturelle Bildung. Konzeptionen und Handlungs-felder der Kulturvermittlung, München: kopaed Verlag, S. 133–143.

TURNER, Graeme (1992): British Cultural Studies. An Introduction. London & New York: Routledge.

VOESGEN, Hermann (2005): „Vermittlungsprobleme". Kulturmanager werden eigentlich gebraucht, aber schlecht bezahlt – der Studiengang „Kulturarbeit' an der Fachhochschule Potsdam. In: Birgit Mandel (Hg.): Kulturvermittlung – zwi-schen kultureller Bildung und Kulturmarketing. Eine Profession mit Zukunft. Bie-lefeld: transcript Verlag, S. 172–179.

VOGEL, Sabine B. (1994): Kiosk und Kunst. In: Peter Weibel (Hg.): Kontext Kunst. Köln: DuMont Buchverlag, S. 207–217.

VON HENTIG, Hartmut (1996): Bildung. Ein Essay. München/ Wien: Carl Hanser Verlag.

VON HENTIG, Hartmut (1999): Jugend im Medienzeitalter. In: Ingrid, Gogolin; Dieter Lenzen (Hrsg.): Medien-Generation. Beiträge zum 16. Kongress der Deut-schen Gesellschaft für Erziehungswissenschaft. Opladen: Leske+Budrich, S. 17–42.

VON WELCK, Karin (2004): „Kinder zum Olymp!" Zur Notwendigkeit einer Kultur- und Bildungsinitiative für Kinder und Jugendliche, in: V. Welck, Karin; Schweizer, Margarete (Hg.): Kinder zum Olymp! Wege zur Kultur für Kinder und Jugendliche. Köln: Wienand Verlag, S. 14–17.

WAGNER, Bernd (2005): Die Vermittlung der Vermittlung. In: Birgit Mandel (Hg.): Kulturvermittlung – zwischen kultureller Bildung und Kulturmarketing. Eine Pro-fession mit Zukunft. Bielefeld: transcript Verlag, S. 133–142.

WEIBEL, Peter (1994): Kontextkunst – zur sozialen Konstruktion von Kunst. In: Peter Weibel (Hg.): Kontext Kunst. Köln: DuMont Buchverlag, S. 1–68.

WILLIAMS, Raymond (1976; 1958): Culture and Society, 1780 – 1950, Harmondsworth.

WIMMER, Michael (2007): Vielfalt und Kooperation. Kulturelle Bildung in Österreich – Strategien für die Zukunft. Bericht im Auftrag des Bundesministeriums für Un-terricht, Kunst und Kultur.
http://www.educult.at/fileadmin/files/Studien_und_Berichte/vielfalt_kooperation_klein.pdf [23.7.2008]

WIMMER, Michael (1995): Kulturpolitik in Österreich: Darstellung und Analyse 1970–1990. Innsbruck/Wien: Österreichischer Studien Verlag.

WINTER, Rainer (2001a): Die Kunst des Eigensinns. Cultural Studies als Kritik der Macht, Weilerswist: Velbrück Wissenschaft.

WINTER, Rainer (2001b): Ethnographie, Interpretation und Kritik: Aspekte der Methodologie der Cultural Studies. In: Udo Göttlich; Lothar Mikos; Rainer Winter (Hg.): Die Werkzeug-kiste der Cultural Studies. Perspektiven, Anschlüsse und Interventionen. Bielefeld: transcript Verlag, S. 43–62.

WINTER, Rainer (2006a): Stuart Hall: Die Erfindung der Cultural Studies. In: Stephan Moebius; Dirk Quadflieg (Hg.): Kultur. Theorien der Gegenwart, Wiesbaden: VS Verlag für Sozialwissenschaften/GWV Fachverlage GmbH, S. 381–393.

WINTER, Rainer (2006b): Kultur, Reflexivität und das Projekt einer kritischen Pädagogik.
In: Mecheril, Paul; Witsch, Monika (Hg.): Cultural Studies und Pädagogik. Kritische Artikulationen, Bielefeld: transcript Verlag, S. 21–50.

WINTER, Rainer (2006c): Reflexivität, Interpretation und Ethnographie: zur kritischen Methodologie der Cultural Studies. In: Hepp, Andreas; Winter, Rainer (Hg.): Kultur-Medien-Macht. Cultural Studies und Medienanalyse. (3. überarbeitete & erweiterte Auflage).

WULF, Joseph (1983; 1966): Musik im Dritten Reich. Eine Dokumentation, Frankfurt a. Main-Berlin-Wien.

ZACHARIAS, Wolfgang (2001): Kulturpädagogik. Opladen: Leske + Budrich.

ZACHARIAS, Wolfgang (2005): Kulturpublikum von und für morgen? In: Bernd Wagner (Hg. für das Institut für Kulturpolitik der kulturpolitischen Gesellschaft e.V.): Jahrbuch für Kulturpolitik Bd. 5 (Thema: Kulturpublikum), Essen: Klartext Verlag, S. 373–385.

ZEMBYLAS, Tasos (2004): Kulturbetriebslehre. Grundlagen einer Inter-Disziplin. Wiesbaden: VS Verlag für Sozialwissenschaften.